修訂十二版

保險法論

鄭玉波　著
劉宗榮　修訂

三民書局

◇◆ 修訂十二版序 ◆◇

　　拉丁法諺有云：「有社會必有法律」、「有法律斯有社會」，社會與法律，二者密不可分，無社會固然不可能有法律；有社會而無法律，則行為舉止，失所依據；定紛止爭，欠缺準繩。其結果，成敗得失，不以是非論斷，而必須訴諸暴力解決，到處以強凌弱，以眾暴寡，與叢林社會何異。

　　韓非子云：「法與時轉則治，治與世宜則有功。」縱觀一部法律發展史，都是先有事實，而後才有法律，而法律制定頒布之後，並非一成不變，而是必須配合事實的演變，與時俱進，才能發揮預期的規範作用。

　　保險法包括保險契約法以及保險業法。自民國十八年十二月公布施行以來，由於社會經濟結構的變化，交易模式的創新，保險契約法前後經過多次的變革，修正重點是提升消費者保護以及強化定型化契約的規制。保險業是準金融業，其經營的良窳，影響社會的安定，因此如同銀行業一般，都受到主管機關高度的行政監督。近年保險業法的修正重點主要是：強化保險業負責人的責任，規範保險業資金的運用，並加重違規處罰，以達到嚇阻效果。

　　法律是公平與善良的藝術，誠實信用原則是法律的最高指導原則、帝王條款、君臨法域，保險法的落實與發展，也唯誠實信用原則是賴，是為序。

劉宗榮

於新店小碧潭
中華民國一一二年五月

◇◆ 修訂四版序 ◆◇

　　本書係著名法學家、前國立臺灣大學教授、司法院大法官鄭玉波教授之遺著。全書不但章節層次井然，析理敘述十分中肯，而且文字流暢，淺顯易懂，因此發行以來，廣為風行，對於提升我國保險法之學術水準，深具助益。

　　為因應經濟自由化及國際化，近年以來，保險法之修正十分頻仍，繼民國八十一年兩度修正，民國八十六年三度修正之後，民國九十年又復大規模修正。綜觀數度修正之內容，幅度既大，且內容十分重要。加上民國八十三年我國實施全民健保，社會保險有根本性變革，本書亟須配合修正，始能與時俱進，足以久傳。

　　三民書局董事長劉振強先生以余多年忝列鄭玉波教授之門牆，又在國立臺灣大學法律學院講授保險法，乃囑余負責修正，余追念恩師，感懷知遇，不敢辭命，惟為保留原著之風貌，尊重恩師之法學思想，只允就修正條文相關部分增刪修補，其餘一律維持原狀。茲值修訂完成之際，謹綴數言，以誌緣由，是為修訂版序。

劉宗榮

國立臺灣大學法律學院教授
中華民國九十年七月三十一日

◇◆ 增訂二版序 ◆◇

　　我國保險法於民國五十二年九月二日總統令修正公布全文一百七十八條並施行後，分別於民國六十三年十一月三十日、八十一年二月二十六日、八十一年四月二十日總統令修正公布部分條文並施行。本書係以五十二年九月二日總統令修正公布施行之保險法為論述對象，保險法既已先後經過三次修正，雖絕大部分涉及保險業之監督與管理，惟修正幅度甚大，為刷新內容，俾資與現行條文配合，本書自亦有作修訂之必要。茲承吾師鄭教授玉波先生之命，按照現行保險法規定撰擬修訂本書草稿，於撰稿期間適逢鄭師身體欠安未能一一請示就教，稿成時鄭師赴美休養，無法修改斧正，因此修訂部分疏漏難免，甚或有違鄭師之意者，凡此均應由吾負其責任。

　　　　　　　　劉春堂　謹誌
　　　　　　　　中華民國八十一年八月六日

◇◆ 初版序 ◆◇

　　本書係以我新保險法為論述對象，兼列社會保險一章，以期完備。在體例上雖採取教科書之方式，但已將保險法之條文，全部引述，並儘量詳加解釋，舉例說明，於可能範圍內，使兼具註釋書之功用。至於有關保險法之特殊問題，例如新舊保險法之有何不同，傷害保險被保險人未設年齡限制之是否妥當，責任保險保險事故之究竟為何，以及再保險業對於兼業禁止規定之是否適用等等，或特予提出，或略參淺見，藉供研究之參考。惟筆者學殖未深，疏漏難免，倘蒙斯學先進不吝賜正，則無任感幸。

　　本書撰著之際，承蒙張則堯先生惠示卓見，張先生治財經之學，兼及商事法，曾於保險契約有所專攻，故本書獲益良多，併此誌謝。

鄭玉波

序於臺大法學院研究室

中華民國五十四年三月七日

保險法論
Insurance Law

目 次

修訂十二版序

修訂四版序

增訂二版序

初版序

第一章　保　險

第一節　保險的概念　　1

第一項　保險的意義　　1

第二項　保險的種類　　3

　　壹　財產保險、人身保險　　3

　　貳　營業保險、社會保險　　4

　　參　原保險、再保險　　5

第三項　保險的經濟作用　　5

第四項　保險和它類似概念的比較　　8

Content ▶▶▶

第二節　保險的主體　　　　　　　　　　　　9

第一項　保險的當事人　　　　　　　　　　10

第二項　保險的關係人　　　　　　　　　　12

第三項　保險的輔助人　　　　　　　　　　16

第三節　保險的標的（保險的客體）　　　　19

第一項　保險標的的意義及種類　　　　　　19

第二項　保險標的的移轉　　　　　　　　　20

第三項　保險標的的消滅　　　　　　　　　20

第二章　保險法

第一節　保險法的意義　　　　　　　　　　23

第二節　保險法的法源　　　　　　　　　　24

第三節　保險法的法系　　　　　　　　　　25

第一項　法國法系　　　　　　　　　　　　26

第二項　德國法系　　　　　　　　　　　　27

第三項　英美法系　　　　　　　　　　　　27

第四節　保險法的特性　　　　　　　　　　　　　　　　　28

第三章　保險契約

第一節　總　說　　　　　　　　　　　　　　　　　　31

第一項　保險契約的意義　　　　　　　　　　　　　　31

第二項　保險契約的種類　　　　　　　　　　　　　　35

　　壹　定值保險契約、不定值保險契約　　　　　　　35

　　貳　個別保險契約、集合保險契約　　　　　　　　36

　　參　特定保險契約、總括保險契約　　　　　　　　36

　　肆　單保險契約、複保險契約　　　　　　　　　　37

　　伍　原保險契約、再保險契約　　　　　　　　　　40

　　陸　為自己利益的保險契約、為他人利益的保險契約　41

第三項　保險契約的解釋　　　　　　　　　　　　　　42

　　壹　定型化條款的解釋　　　　　　　　　　　　　43

　　貳　個別商議約款的解釋原則　　　　　　　　　　43

　　參　定型化條款與個別商議約款內容衝突的解釋　　44

第二節　保險利益（保險契約的標的）　　　　　　44

第一項　保險利益的意義　　　　　　　　　　　　　　44

第二項　保險利益的種類　　　　　　　　　　　　　　45

Content ▶▶▶

第三項　保險利益的要件　　　　　　　　　　48

第四項　保險利益的作用　　　　　　　　　　48

第五項　保險利益的存在　　　　　　　　　　49

第六項　保險利益的變動　　　　　　　　　　51

第三節　保險契約的成立　　　　　　　　　53

第一項　保險契約的訂立程序　　　　　　　　53

　　壹　要保人的聲請　　　　　　　　　　　53

　　貳　保險人的同意　　　　　　　　　　　53

　　參　契約的簽訂　　　　　　　　　　　　53

　　肆　要保人的說明義務　　　　　　　　　54

第二項　保險契約的記載事項　　　　　　　　58

　　壹　基本條款　　　　　　　　　　　　　58

　　貳　特約條款　　　　　　　　　　　　　62

第四節　保險契約的效力　　　　　　　　　64

第一項　要保人的義務　　　　　　　　　　　64

　　壹　保險費的交付　　　　　　　　　　　64

　　貳　危險的通知　　　　　　　　　　　　67

第二項　保險人的義務　　　　　　　　　　　70

　　壹　賠償責任的負擔　　　　　　　　　　70

　　貳　保險金的給付　　　　　　　　　　　72

第五節　保險契約的變動　　　　　　　　　76

第一項　保險契約的變更　　　　　　　　　　　　76

第二項　保險契約的停止　　　　　　　　　　　　78

第三項　保險契約的消滅　　　　　　　　　　　　79

　　壹　保險契約的無效　　　　　　　　　　　　79

　　貳　保險契約的解除　　　　　　　　　　　　80

　　參　保險契約的終止　　　　　　　　　　　　81

第四章　財產保險

第一節　火災保險　　　　　　　　　　　　　　85

第一項　總　說　　　　　　　　　　　　　　　　85

　第一目　火災保險的概念　　　　　　　　　　　85

　　壹　火災保險的意義　　　　　　　　　　　　85

　　貳　火災保險的種類　　　　　　　　　　　　86

　第二目　火災保險的沿革　　　　　　　　　　　87

第二項　火災保險的保險事故　　　　　　　　　　88

第三項　火災保險的保險標的　　　　　　　　　　89

第四項　火災保險的保險金額與保險價額　　　　　91

　　壹　保險金額　　　　　　　　　　　　　　　91

　　貳　保險價額　　　　　　　　　　　　　　　91

　　參　保險金額與保險價額的關係　　　　　　　92

第五項　火災保險契約的效力　　　　　　　　　　96

Content ▶▶▶

第一目　總　說 96

第二目　保險人的義務 96

　　壹　損失賠償義務 96

　　貳　費用償還義務 99

第三目　要保人的義務 100

第六項　火災保險契約的終止 101

　　壹　因全部損失的終止 101

　　貳　因部分損失的終止 101

第二節　海上保險 102

第三節　陸空保險 103

第一項　總　說 103

　　壹　陸空保險的意義 103

　　貳　陸空保險的種類 104

第二項　陸空保險的保險標的 105

第三項　陸空保險的保險事故 105

第四項　陸空保險的保險期間 106

第五項　陸空保險契約的記載事項 106

第六項　陸空保險保險人的責任 107

第四節　責任保險 108

第一項　總　說 108

　　壹　責任保險的意義 108

　　　貳　責任保險的種類　　　　　　　　　　　　　109

第二項　責任保險的保險標的　　　　　　　　　　　111

第三項　責任保險的保險事故　　　　　　　　　　　112

第四項　責任保險契約的效力　　　　　　　　　　　113

　　　壹　保險人的義務　　　　　　　　　　　　　114

　　　貳　保險人的權利　　　　　　　　　　　　　115

第五節　保證保險　　　　　　　　　　　　　　　116

第一項　總　說　　　　　　　　　　　　　　　　　116

　　　壹　保證保險的意義　　　　　　　　　　　　116

　　　貳　開辦保證保險的理由　　　　　　　　　　117

　　　參　保證保險的種類　　　　　　　　　　　　117

第二項　誠實保證保險　　　　　　　　　　　　　　118

　　　壹　誠實保證保險契約的訂立　　　　　　　　118

　　　貳　誠實保證保險契約的效力　　　　　　　　119

第三項　確實保證保險　　　　　　　　　　　　　　120

　　　壹　確實保證保險契約的訂立　　　　　　　　120

　　　貳　確實保證保險的種類　　　　　　　　　　120

　　　參　確實保證保險契約的效力　　　　　　　　121

第六節　其他財產保險　　　　　　　　　　　　　122

第一項　總　說　　　　　　　　　　　　　　　　　122

　　　壹　其他財產保險的意義　　　　　　　　　　122

　　　貳　其他財產保險的種類　　　　　　　　　　123

Content ▶▶▶

參　其他財產保險準用的法規　　　125

第二項　其他財產保險契約的效力　　　126

壹　保險人的權利　　　126

貳　要保人的責任　　　126

第三項　其他財產保險契約的變動　　　127

第五章　人身保險

第一節　人壽保險　　　129

第一項　總　說　　　129

壹　人壽保險的意義　　　129

貳　人壽保險的種類　　　130

參　人壽保險的沿革　　　134

第二項　人壽保險契約的訂立　　　134

壹　當事人及關係人　　　134

貳　保險金額　　　141

參　記載事項　　　142

第三項　人壽保險契約的效力　　　144

第一目　對於保險人的效力　　　144

壹　保險金額的給付　　　144

貳　代位的禁止　　　144

參　保險人的免責事由　　　145

　　　肆　保單價值準備金的返還　　　　　　　147

　　　伍　解約金的償付　　　　　　　　　　　149

　第二目　對於要保人的效力　　　　　　　　150

　　　壹　保險費的交付　　　　　　　　　　　150

　　　貳　款項的質借　　　　　　　　　　　　151

　　　參　年齡的告知　　　　　　　　　　　　153

第四項　人壽保險契約的變動　　　　　　　　155

　　　壹　內容的變更　　　　　　　　　　　　155

　　　貳　效力的停止與恢復　　　　　　　　　157

　　　參　無效與終止　　　　　　　　　　　　157

第二節　健康保險　　　　　　　　　　　159

第一項　總　說　　　　　　　　　　　　　　159

　　　壹　健康保險的意義　　　　　　　　　　159

　　　貳　健康保險的種類　　　　　　　　　　160

第二項　健康保險契約的訂立　　　　　　　　160

　　　壹　當事人及關係人　　　　　　　　　　160

　　　貳　健康檢查　　　　　　　　　　　　　161

　　　參　記載事項　　　　　　　　　　　　　161

第三項　健康保險契約的效力　　　　　　　　161

　　　壹　對於保險人的效力　　　　　　　　　161

　　　貳　對於要保人的效力　　　　　　　　　162

第三節　傷害保險　　　　　　　　　　　163

Content ▶▶▶

第一項　總　說　163

　　壹　傷害保險的意義　163

　　貳　傷害保險的種類　164

第二項　傷害保險契約的訂立　165

　　壹　當事人及關係人　165

　　貳　記載事項　166

第三項　傷害保險契約的效力　166

　　壹　對於保險人的效力　166

　　貳　對於要保人的效力　167

第四節　年金保險　168

第一項　總　說　168

　　壹　年金保險的意義　168

　　貳　年金保險的種類　169

第二項　年金保險契約的訂立　170

　　壹　當事人及關係人　170

　　貳　記載事項　171

第三項　年金保險契約的效力　172

　第一目　對於保險人的效力　172

　　壹　年金金額的給付　172

　　貳　代位的禁止　173

　　參　保險人的免責事由　173

　　肆　保單價值準備金的返還　173

　第二目　對於要保人的效力　174

壹　保險費的交付　　　　　　　　　　　　　174

貳　款項的質借及要保人終止契約之限制　　175

參　年齡的告知　　　　　　　　　　　　　175

第四項　年金保險契約的變動　　　　　　176

壹　內容的變更　　　　　　　　　　　　　176

貳　效力的停止與恢復　　　　　　　　　　177

參　無效與終止　　　　　　　　　　　　　177

第六章　社會保險

第一節　社會保險的概念　　　　　　　179

第一項　社會保險的意義　　　　　　　　179

第二項　社會保險的類屬　　　　　　　　180

第三項　社會保險與營業保險的區別　　　180

第二節　各國社會保險的概況　　　　　181

第三節　我國社會保險的概況　　　　　185

第一項　概　況　　　　　　　　　　　　185

第二項　全民健康保險之特性　　　　　　185

第三項　保險憑證　　　　　　　　　　　187

第四項　保險給付　　　　　　　　　　　188

Content ▶▶▶

第五項　自行負擔的規定　　　　　　　　　　　188

第六項　代位求償　　　　　　　　　　　　　　189

第七章　保險業

第一節　通　則　　　　　　　　　　　　　191

第一項　總　說　　　　　　　　　　　　　　191

　　壹　保險業的意義　　　　　　　　　　　191

　　貳　保險業的組織　　　　　　　　　　　191

　　參　非保險業不得兼營保險業務　　　　　193

　　肆　經主管機關核准創新實驗　　　　　　193

　　伍　保險業的負責人　　　　　　　　　　193

第二項　保險業開始營業的條件　　　　　　　194

第三項　高額持股的申報義務　　　　　　　　195

第四項　經營的限制　　　　　　　　　　　　197

　　壹　經營範圍的限制　　　　　　　　　　197

　　貳　資金運用的限制　　　　　　　　　　199

　　參　舉債借款、為保證人或提供擔保的限制　205

　　肆　維持資本適足等級的限制　　　　　　205

　　伍　分配盈餘之限制　　　　　　　　　　206

　　陸　行使股東權利的限制　　　　　　　　207

第五項　風險的分攤與轉嫁——共保與再保險　208

壹	得以共保方式分攤風險	208
貳	應以強制再保險方式轉嫁風險	208
第六項	**設置安定基金**	**208**
壹	安定基金之設置	208
貳	安定基金之辦理事項	209
第七項	**主管機關對保險業的監督**	**211**
壹	隨時命令報告營業狀況與隨時檢查業務、財務狀況	211
貳	提出年度營業狀況暨資金運用報告書	212
第八項	**財務資訊的公開與重大訊息的揭露**	**212**
第九項	**內部控制與稽核制度**	**212**
第十項	**主管機關的行政處分**	**213**
壹	主管機關對保險業的行政處分	213
貳	接管	215
參	解散的清算程序——原則上分別準用公司法與合作社法	217
肆	股份有限公司保險業受讓受接管保險業的程序	217
伍	保險業的清理	218
第十一項	**健全保險業發展相關的法律責任**	**220**
壹	民事賠償責任	220
貳	刑事犯罪責任	221
參	行政處分責任	224
第二節	**保險公司**	**233**
第一項	**總　說**	**233**
第二項	**保險公司的股票**	**233**

Content ▶▶▶

第三項　保險公司負責人的連帶賠償責任　　　234

第四項　保險公司的登記　　　234

第三節　保險合作社　　　235

第一項　總　說　　　235

第二項　保險合作社的基金　　　235

第三項　保險合作社的社員　　　236

第四項　保險合作社的理事　　　237

第五項　保險合作社的登記　　　237

第四節　外國保險業　　　237

第一項　外國保險業之意義　　　237

第二項　外國保險業之許可及管理　　　238

第五節　保險業代理人、經紀人、公證人、
　　　　　保險業務員　　　239

第一項　保險業代理人、經紀人、公證人　　　239

第二項　保險業務員　　　240

附　錄

保險法參考書目　　　241

第一章　保　險

◀◀ 第一節　保險的概念 ▶▶

第一項　保險的意義

　　保險的意義如何？不可單從字面上去推求，若單從字面上去推求的話，那麼或可解釋為：「保你發生危險」，也可以解釋為：「保你不生危險」。前者成了有保必險，誰敢領教？後者除非是上帝的化身，不然誰敢說此大話。可見保險二字若只憑字面去解釋，是無法表明其真義的。那麼這一問題，究竟該怎樣解釋呢？應從「經濟」和「法律」兩方面去觀察。經濟上的意義，也就是保險的經濟作用之問題，其詳當另述。茲先就法律方面言之：保險可分廣狹二義。狹義的保險，就是指著保險契約而言；廣義的保險，則指著保險的法律關係而言。我舊保險法採取狹義，所以其第一條規定：「本法所稱保險，謂當事人約定，一方支付保險費於他方，他方對於因不可預料或不可抗力之事故，所致之損害或責任，負擔賠償之契約。」新保險法採取廣義，將保險與保險契約分別規定，所以其第一條第一項規定：「本法所稱保險，謂當事人約定，一方交付保險費於他方，他方對於因不可預料，或不可抗力之事故所致之損害，負擔賠償財物之行為。」❶這是保險的法定定義，可分三點

---

　❶　立法院保險法聯席審查修正案，關於本條之說明：「查保險為當事人經濟互助之行
　　　為，損失須賠償，災害亦須賠償；但均以財物為計算及執行之代表，故保險之目
　　　的，在求損害之補償。唯云損失對人身保險尚嫌不足包括，同時執行此種互助與
　　　補償之方法，即在契約之規定，故保險不能逕稱為契約，爰予分列兩項，加以詮
　　　釋。」

說明如下：

㈠**保險是一種法律關係**　什麼叫做關係？就是人與人間的牽連。關係原有多種，其中受法律支配的，便是法律關係。保險有雙方的當事人，而其彼此間又發生權利義務的問題，換句話說，都是受著法律的支配，所以說保險是一種法律關係。這種法律關係的成立，並非由於法定，而是出於當事人間的契約。此一契約，叫做保險契約，也可以簡稱為保險，但在此意義上的保險，便是狹義的保險了。本書採取廣義，認為保險是一種法律關係，而保險契約乃是這種法律關係成立原因。

這裏不免有人要問：依照上開條文，很明白地稱保險為「行為」，而你這裏卻詮釋為「法律關係」，是何緣故？我的回答是：本法第一條第一項，在用語上稱保險為「行為」，而在第二項，又特別規定：「根據前項所訂之契約，稱為保險契約」等語。這雖然很顯明地把「保險」和「保險契約」區分為兩個概念，而將保險用為廣義。不過既稱保險為「行為」，而於此行為外復承認有所謂「保險契約」的存在，那麼這一行為的性質如何？就不免費人斟酌了。按吾人的行為，在法律上發生效果的，只有適法行為和違法行為兩類。保險不屬於違法行為，不待多言。至於適法行為，又可分為事實行為和法律行為兩種，而保險也不是事實行為，更無須多講，那麼惟有屬於法律行為了。法律行為有單獨行為、契約行為（簡稱契約）、合同行為之分，本條第一項所稱的「行為」，既標有「當事人約定」等字樣，那麼它不是契約是什麼？既屬契約，那它和第二項所規定的契約又有什麼分別？若說它不是契約，那麼它又將何所歸屬？由此可知若將「保險」用為廣義，而又稱它為「行為」的時候，便不足以和保險契約有所區別了。所以本書不用「行為」，而特別標出「法律關係」四字，用作保險二字在廣義時的上位概念。

㈡**保險是當事人一方負擔賠償財物的法律關係**　這是保險在法律關係裏的第一特徵，也就是與其他法律關係的不同點。保險既然是當事人（保險人）一方負擔賠償財物的法律關係，那麼保險人所負的債務，便是損害賠償債務，對於民法上所定損害賠償債務言之，屬於一種特別損害賠償債務。因為這裏所說的損害，是僅指他方因不可預料或不可抗力之事故所致的損害而言。這種不可預料或不可抗力之事故，叫做保險事故，例如物的災害，人的死亡都

是，它的種類範圍如何？當然是委諸當事人自由約定，而後保險人按其約定，負責賠償。

㈢**保險是當事人一方支付保險費的法律關係**　這是保險在法律關係裏的第二特徵。所謂保險費，就是當事人之一方（要保人）支付（法條用「交付」，但慣例關於金錢的給付，多用「支付」，其他之物始用「交付」）他方（保險人）作為負擔損害賠償責任對價的金額。保險必有保險費的存在，否則僅當事人一方對於他方因一定事項所生危險，負擔賠償責任，而無對價的時候，那不過是一種損害擔保契約 (indemnity; Garantievertrag) 而已，和這裏所說的保險，並不相同。所以說保險是一方支付保險費的法律關係。不過保險費，和他方的損害賠償，雖處於對價關係，但保險費是必定支付，而他方是否賠償，卻繫乎偶然事故之發生與否，兩者顯不相襯，所以學者稱此為「不對等價值交換」(inequality of values to be exchanged)。

第二項　保險的種類

 財產保險、人身保險

這是我保險法上對於保險的分類，其區別係以保險標的為標準。本法第一三條第一項規定：「保險分為財產保險及人身保險。」茲分述之如下：

㈠**財產保險**　財產保險俗稱「產物保險」，就是對物或其他財產利益之損害的保險，包括火災保險、海上保險、陸空保險、責任保險、保證保險及經主管機關核准之其他財產保險等六種（本法一三條二項）。除其詳另述之外，於此應注意者，就是這六種保險的區別，並無統一的區別標準。如火災保險係以保險事故為標準，海上保險、陸空保險係以保險事故發生的地域為標準，而責任保險、保證保險及其他財產保險，則又以保險標的為標準了。

㈡**人身保險**　人身保險就是對人保險，也就是以人為標的的保險。這種保險包括人壽保險、健康保險、傷害保險及年金保險等四種（本法一三條三項），其詳亦另述之。

綜據上述，保險在我國保險法上之分類，可列如圖 1–1：

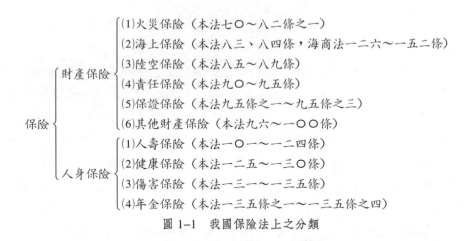

圖 1–1　我國保險法上之分類

　　依圖 1–1 可知，以上各種保險之區別實益，在適用法規上見之。就是保險法就各種保險之個別問題，均分別設有特別之規定，而就各種保險之共通問題，亦設有通則性的規定，在適用時自應優先適用特則，而後始適用通則，尤其海上保險，應優先適用海商法之規定，海商法無規定的事項，始適用保險法的規定（本法八四條，海商法一二六條）。

營業保險、社會保險

　　保險以其舉辦之目的，是否在乎營利，作為區別標準，還可以分為營業保險和社會保險兩種。分述之如下：

　　㈠**營業保險**　營業保險舉辦之目的，在乎營利，其保險契約屬於商事行為。我保險法上之財產保險和人身保險都屬此類。而其保險業，都由私人（保險公司或保險合作社）經營，所以屬於私營保險。但簡易人壽保險法上之人壽保險，則屬於公營（編按：此指舊法規，新法已有變更），這是因為它的舉辦目的，不在乎積極營利的緣故。

　　㈡**社會保險**　社會保險舉辦之目的，不在乎營利，乃在乎推行社會安全政策，由國家以法律強制實行，所以也叫強制保險。例如我國的軍人保險、公教人員保險、勞工保險以及漁民保險都是。這些保險都由公營，所以屬於公營保險。而這些保險，現在又都屬於對人保險，至於對物的社會保險，例

如農作物保險、農具工具保險等。

以上兩種保險的區別實益，也是在適用法規上見之。申言之，關於社會保險，都各有特別法的制定，而本法第一七四條也明定：「社會保險，另以法律定之。」所以多不適用保險法（本書以營業保險為論述對象，但關於社會保險，亦專設一章討論之）。

 原保險、再保險

保險以保險人所負責任之次序為區別標準，又可分為原保險和再保險兩種，分述如下：

㈠**原保險**　原保險就是對被保險人因保險事故所致之損害，第一次予以賠償的保險，所以也叫做第一次保險。

㈡**再保險**　再保險就是將第一次保險之保險責任的全部或一部，再予承保的保險。再保險以有第一次保險的存在為前提，所以也叫做第二次保險。其性質依通說屬於責任保險的一種；但本法上的責任保險卻不包括再保險在內。

以上兩者是對待名詞，無原保險固無所謂再保險，但無再保險也無所謂原保險。至於兩者區別之實益，主要於其效力及適用法規上見之，尤其再保險具有國際性。本法關於再保險設有數條規定（本法三九～四二條），其詳俟於保險契約中述之（本書四一頁）。

第三項　保險的經濟作用

保險是一種法律關係，同時也是一種經濟制度，因為它在經濟上具有作用，所以法律上才加以規範，那麼保險的經濟作用如何呢？說來不外下列兩端：

㈠**就個人經濟言，是未雨綢繆，有備無患**　吾人的生活，表面上雖似平靜無波，但其背後卻危機四伏：有屬於自然的，像颱風、地震、海嘯、洪水以及人的生死等都是；有屬於人為的，像戰禍、失業、經濟恐慌等都是。這些危機，一旦爆發，常使人傾家蕩產，無法維生，興念及此，令人不安。為了消除這種不安，可採取的手段不外兩種：一是精神上的手段，例如宗教上

的祈禱便是；一是物質上的手段，也是經濟上的手段。前者在精神上或能得到安慰，但究不如後者來得現實，所以後者較為重要。

經濟上的手段，有三種辦法：①預防的辦法：就是在危險事故發生以前，先行消除它的發生因素，所謂防患於未然者便是。如油庫附近，禁止吸煙；傳染病易於流行之季節，實行普遍預防注射，以及古人所說的「曲突徙薪」之故事，都是很好的例子。②抑制的辦法：就是在危險事故已經發生之後，予以迅速的撲滅的辦法。如對於患病者，施以醫療；對於遭遇海難者，加以救助，以及古人所說的「焦頭爛額」之故事，都是很好的例子。③填補的辦法：這在事前事後，都可以去辦。在事前可用作一種準備，在事後可用作一種補救。上述預防的辦法和抑制的辦法，都是對於事故的直接行動，而此種填補的辦法，卻是一種間接的行動。其方法有二：一是儲蓄，一是保險。儲蓄雖也不失為一種未雨綢繆的辦法，但它有兩個缺點：第一，吾人月入有限，能儲幾何？非達長久時間，則無濟於事。而其存儲與否，又純屬吾人之自由，因之往往不能持續，難免半途而廢。第二，即使儲有相當之數額，但因取用自由，往往因臨時的需要而用掉，致不能達成儲蓄最初之目的。例如本為子女教育基金而儲蓄，結果乃因添製新衣而輕易報銷是。可見儲蓄是不十分可靠的。保險則不然，要保人僅支付少額保險費，雖月入微薄者，也不難做到，一旦遭遇到保險事故，便有鉅額保險金可領，足以填補損害，而回復原狀。同時保險金的給付，非遇有特定的保險事故發生不可，否則不得任意挪用，因之縱已債臺高築，也不能以之還債，更不愁被其債權人強制執行（就人身保險言）。那麼惟有保險一事，對個人經濟言之，才真正是未雨綢繆，有備無患。

㈡**就社會經濟言，是分散危險，集體安全**　社會群眾由形式上觀之，本來「你是你，我是我」，互不相關；但在實質上觀之，卻是「一夫不耕，天下或為之饑；一婦不織，天下或為之寒。」也就是大家在經濟上是互通聲息的。那麼一個人的傾家蕩產，一個工廠的倒閉關門，雖屬該個人或該工廠的不幸，但積少成多，社會全體也不免受連累，而這種連累的結果如何，頗難估計，甚至於「訟獄繁興，盜賊滋熾」，而造成天翻地覆的現象也未可知。換句話說，它的後患是無窮的。於是為了消弭此種無窮的後患，乃不得不利用眾擎易舉的辦法，使該項危險分散於大眾，每人所耗無幾，不關痛癢，而不致損

害集中，造成上述之現象。

　　不過分散危險，雖也可以用募捐的方式去做，但是募捐的結果，必定是「善財難捨」，而「慷慨解囊」者，能有幾人？所以不如透過保險的方法去做，來得切實。因為保險在本質上就是由多數人各釀出少許金額，加以儲存，俟其中某個人遭受一定的危險時，就由所儲存的金額中，撥出一部分，給與該個人，以填補其損害，使不致釀成後患。也就是以可預知的、有限的保險費，而消滅不可預知的、無限的後患的辦法。這種辦法，在原理上本和募捐相通，所不同的是手段問題。具體地說來，募捐是叫人發慈善心，不易收效，而保險係打動人的利己心，極易奏功。你看勸人參加保險的必說：「加入吧！萬一你有事故的時候，好得到一筆賠償。」絕不會說：「加入吧！萬一他人有事故時，好用你的錢去賠。」可見保險是利用人類的利己心，才能達成共濟的目的。

　　不僅如此，近來工業進步，大規模企業勃興，一方面有火車、汽車、航空機等高速度交通機關之發達；一方面有礦業、電業等危險設備企業之發達，此等企業發達之結果，給人群造福甚多，但同時也給人類貽害不少（如車禍、觸電等），因而法律上乃採取無過失責任主義，使各該企業者，對於其所造成之損害，縱無過失也負賠償責任。不過賠償之結果，雖可使受害者獲得填補，但該項損失，仍然集中轉嫁於企業者，如此也不是社會之福。於是該企業者對於集中轉嫁而來的損失，也有分散的必要。分散的方式，在一般情形，雖可加入於運費或產品售價之中，而陸續地轉嫁於消費的公眾，然而究不如利用保險的方法，取諸保險公司，來得迅速（形式上是取諸保險公司，實際上也是分散於多數人——要保人）。這是透過保險而分散危險的另一新方式。那麼保險一事，不但對個人經濟具有有備無患的作用，同時對於社會經濟，也具有分散危險的機能。結果社會上個人與企業都會得到安全——集體的安全。

　　此外保險對於社會經濟尚有兩個副作用：第一，是由於保險業業務的廣泛普及，其所聚集的資金，在工商業發達的國家，已成為社會上長期資金的主要來源之一。其在經濟方面的勢力，已不下於銀行。第二，是由於保險業已成為國際性的事業，果能大事開展，自能向國外吸收很多的保戶，等於為國家賺取很多的外匯。以上兩點也是值得注意的。

第四項　保險和它類似概念的比較

吾人欲明瞭一個概念的真相，除了要知道「它是什麼」之外，還要知道「什麼不是它」，如此正反推求，才能徹底瞭解。所以本書於說明保險的意義和種類（知道保險是什麼）之後，還要和它的類似概念加以比較（以便知道什麼不是保險）。本來和保險類似的概念很多，但這裏只將其重要者加以比較如下：

㈠**保險與保證**

⑴類似點　保險係對於他人偶然事故所致之損害，負賠償責任；而保證係對他人債權之不得獲償（在債務人方面言，則為債務不履行），代負履行責任（民法七三九條）。又保證為有名契約，而保險契約亦為有名契約（不認保險為有名契約者亦有之），所以兩者類似。

⑵差異點　保險契約係雙務契約，保證係片務契約；保險契約為有償契約，保證則為無償契約；保險契約為獨立契約，保證則為從契約。保險除為一種法律關係外，同時也是一種經濟制度，保證則純為個人間的契約關係。保險人之賠償財物，係履行自己之債務，保證人之代償債務，形式上雖亦係履行自己之債務（從債務），但實質上是履行他人之債務。所以保證人有先訴抗辯權、求償權和代位權（民法七四五、七四九條），而保險人除於特殊情形（如本法五三條一項）有代位權之外，原則上於賠償後再無其他權利之可言。

㈡**保險與賭博**

⑴類似點　保險金之是否給付，和賭博的或輸或贏，都是取決於偶然的事件，所以兩者都是射倖行為，而互相類似。

⑵差異點　保險的目的不惟謀求個人生活之安定，同時也是除去社會全體之不安，所以它的手段是利己利人，其結果共存共榮；賭博的目的，在乎僥倖圖利，它的手段好像是損人利己，但其結果必致損己損人，兩敗俱傷，擾亂社會。（袁著，三一頁：「保險之結果，變無定（偶然事件）為一定（獲得保險金），排除危險；賭博之結果，變一定（原有之賭本），為無定（贏或輸），創造危險。」）所以保險乃形成一種重要的經濟制度，由國家大力推行，

而賭博則常成為違法行為，法律上加以處罰（刑法二六六條以下）。

㈢**保險與儲蓄合會**

⑴**類似點**　儲蓄合會是多數人共同醵金，而為經濟互助之制度，保險在本質上也是如此。又保險金與合會金之受領，都取決於偶然事件。所以兩者類似。

⑵**差異點**　保險金之受領，係本於保險契約上之權利，所以於受領後，保險關係即歸消滅；而合會金之受領，乃儲蓄金之回收，在會期結束前受領者，還含有借貸之性質，所以於受領後，仍須陸續補還。可見儲蓄合會不過是一種附有特殊條件的儲蓄而已，與保險之以分散危險為最終目的者，並不相同。

㈣**保險與共同海損**

⑴**類似點**　保險是分散危險的制度，共同海損是分擔損失及費用的制度，兩者類似。

⑵**差異點**　保險是根據契約，共同海損乃出於法之所定（關於共同海損之法律性質如何，請參閱鄭著《海商法》二四二頁），保險之損害係由於不可預料或不可抗力；共同海損之損失或費用，乃出於船長之故意處分；保險要事前繳納保險費，共同海損僅於事後分攤損失。

以上係保險與其重要的類似概念的簡單比較，此外與保險類似之概念尚多，其中如「儲蓄」、「慈善」兩者，已於前述保險之經濟作用中見之，茲不再贅。至於「自家保險」「折舊準備」等，也都和保險有類似之點，限於篇幅，暫從略述。

◀◀ 第二節　保險的主體 ▶▶

保險既然是一種法律關係，法律關係必有主體，來享受權利，或負擔義務，因而保險自亦有其主體。主體屬於人的問題，在保險言之，不外：①保險的當事人，②保險的關係人，③保險的輔助人三種。此三者若嚴格言之，只有①②兩者始為保險之主體，但③所列者，也和保險契約的訂立或履行，

發生關係，所以也應該一併敘列。茲將上述三者，分別說明如下：

第一項　保險的當事人

保險的當事人，一為保險人，一為要保人，此二者乃保險契約的訂立人，分述如下：

㈠**保險人**　保險人 (insurer, underwriter; Versicherer, Versicherungsträger; assureur)，也叫承保人，依本法第二條：「本法所稱保險人，指經營保險事業之各種組織；在保險契約成立時，有保險費之請求權；在承保危險事故發生時，依其承保之責任，負擔賠償之義務。」之規定，可知：

⑴**保險人係指經營保險事業之各種組織**　保險人係指經營保險事業的各種組織，並非指自然人而言。所謂各種組織，依本法第一三六條第一項規定：「保險業之組織，以股份有限公司或合作社為限。但經主管機關核准者，不在此限。」股份有限公司是法人（公司法一條），合作社也是法人（合作社法二條），因之在我國，除了經主管機關核准者外，保險法上的保險人一律以法人為限（他國亦有自然人經營保險業者，如美人 John Copson 個人承保水險是）。保險人雖以法人為限，但吾人不可因此卻說：凡屬法人都可以為保險人，因本法第一三六條第二項還有：「非保險業不得兼營保險業務。」之規定，所以縱屬法人，但非為保險業者，則仍不得為保險人。

未依本法第一三七條規定，經主管機關核准經營保險業務者，應勒令停業，並處新臺幣三百萬元以上三千萬元以下罰鍰（本法一六六條）。非保險業經營保險業務者，處三年以上十年以下有期徒刑，得併科新臺幣一千萬元以上二億元以下罰金。其因犯罪獲取之財物或財產上利益達新臺幣一億元以上者，處七年以上有期徒刑，得併科新臺幣二千五百萬元以上五億元以下罰金（本法一六七條一項）。法人之代表人、代理人、受僱人或其他從業人員，因執行業務犯前項之罪者，除處罰其行為人外，對該法人亦科該項之罰金（本法一六七條二項）。

惟應注意者，以上所述，僅指營業保險之保險人而言，若屬社會保險，或兼具社會保險性質之營利保險，則其保險人自不必非屬於股份有限公司或

合作社不可。例如：公務人員保險及軍人保險，均依法指定臺銀人壽承保（公教人員保險法五條，軍人保險條例四條）。勞工保險，由勞工保險局為保險人（勞工保險條例五條）。而郵政簡易人壽保險則以中華郵政公司為保險人（簡易人壽保險法三條）。此等機構雖然不全是股份有限公司或信用合作社組織，但依法仍得為保險人。

(2)保險人在保險契約成立時有保險費之請求權　這是保險人的權利問題（其反面為要保人的保險費交付義務），其詳後述之（本書六四頁）。

(3)保險人在承保危險事故發生時依其承保之責任負擔賠償之義務　這是保險人的義務問題，其詳亦後述之（本書七〇頁）。

(二)**要保人**　要保人 (Versicherungsnehmer; party insuring, policyholder, insured; preneur d'assurance)，也叫投保人，依本法第三條：「本法所稱要保人指對保險標的具有保險利益，向保險人申請訂立保險契約，並負有交付保險費義務之人。」之規定，可知：

(1)**要保人係向保險人申請訂立保險契約之人**　向保險人申請訂立保險契約之人，才算是要保人，可見要保人就是保險人的相對人，也就是保險契約的另一方。所謂申請訂立契約，不但指向保險人為契約之要約，而且指實際上與之訂立契約而言。申請訂立契約屬於一種意思表示，自得由代理人代理，所以要保人本人，不以具有行為能力為必要。保險契約由代理人代訂時，除應依照本法第四六條：「保險契約由代理人訂立者，應載明代訂之意旨。」之規定辦理外，餘則應適用民法有關代理之規定。

(2)**要保人對於保險標的須具有保險利益**　要保人對於保險標的須具有保險利益，這是要保人在資格上的唯一要件。所謂保險標的就是保險的對象，如財產保險之財產（房屋火災保險之房屋），人身保險之人身便是。所謂保險利益就是要保人對於保險標的的有可保護的利害關係。要保人除非對於保險標的的具有一種可以保護的利害關係（詳見本書四四頁至五三頁），否則不得申請訂立保險契約。已訂立者，則因無保險利益而失其效力（本法一七條）。

要保人除對於保險標的須具有保險利益之外，在資格上再無其他限制，自然人或法人，商人或非商人，本國人或外國人，均無不可。但在「再保險契約」中，其要保人須由原保險人充之，自不待言（本法三九條）。又一保險

契約之要保人，並不以一人為限，由多數人共同為之（即要保人為複數）亦無不可。

(3)**要保人須負交付保險費的義務**　交付保險費是要保人的主要義務，此外還有其他不少義務，除其詳後述之外（本書六七頁以下），這裏要注意的是：本條中僅列要保人的義務，而未將請求保險金的支付，列為要保人的權利。按保險費與保險金互為對價，那麼要保人只負有交付保險費的義務，就沒有請求保險金的權利嗎？這是因為要保人的訂立保險契約，有的是為了自己的利益，也有的是為了他人的利益。前者叫做「為自己利益的保險契約」，這時候要保人就有保險金的請求權；後者叫做「為他人利益的保險契約」（本法二二條三項、四五條、五二條所稱之為他人利益訂立之保險契約，即指此而言），這時候要保人就沒有保險金的請求權，但是仍有請求保險人向他人給付保險金的權利（民法二六九條一項），自不待言。這裏所說的「他人」，指「被保險人」或「受益人」而言，其詳見下述。無論要保人自己有無保險金的請求權，對其所負的交付保險費義務，並無影響，不過有時候利害關係人均得代要保人交付保險費而已（本法一一五條）。此種情形，只是利害關係第三人的清償（民法三一一條二項但書），並不能說是利害關係人有交付保險費的義務。

第二項　保險的關係人

保險，除上述之雙方當事人外，在要保人這一方面，還有被保險人和受益人的問題，分述如下：

㈠**被保險人**　被保險人 (insured, assured; Versicherte, Versicherter; assuré)，依本法第四條：「本法所稱被保險人，指於保險事故發生時，遭受損害，享有賠償請求權之人；要保人亦得為被保險人。」之規定，可知：

(1)**被保險人是保險事故發生時遭受損害之人**　被保險人須是保險事故發生時，遭受損害之人。所謂保險事故，就是保險人依保險契約所應擔保的責任事由，例如火災保險的「火災」，人壽保險的「人之死亡」便是。保險事故一旦發生，則被保險人必遭受損害。何以會遭受損害？此在財產保險與人身

保險兩不相同。就財產保險言之，被保險人須為該財產（保險標的）的所有人或其他權利人，故能遭受損害；就人身保險言之，被保險人就是保險的對象，所以也能遭受損害。那麼被保險人在財產保險上便是保險標的的主體；在人身保險上便同時是保險的標的。由此觀之，則財產保險的被保險人和人身保險的被保險人，其地位頗有差異。

⑵被保險人是享有賠償請求權之人　被保險人因保險事由之發生，而遭受損害，自應享有賠償請求權。不過此點在財產保險和人身保險也不大相同。在財產保險，只是財產上的事故（毀損滅失），一般情形被保險人無恙，當然得自行享有其賠償請求權；但在人身保險，尤其人壽保險的死亡保險，被保險人如非死亡，則保險事故不算發生，當然也沒有賠償請求的問題，可是一有賠償請求的問題，那被保險人就已死亡，又何能自行享受其賠償請求權？所以須有「他人」享受其賠償請求權。此之「他人」法律上稱為「受益人」，其詳見下述。

⑶被保險人亦得由要保人為之　條文中所謂「要保人亦得為被保險人」就是要保人和被保險人可為同一人的意思，也就是說被保險人亦得由要保人為之。無論財產保險契約，或者人身保險契約，其要保人與被保險人既均可為同一人，亦均可為不同之二人。茲圖示之如圖 1–2：

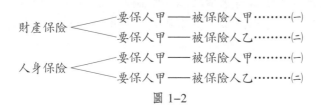

圖 1–2

圖 1–2 財產保險中，㈠之情形，係要保人與被保險人同為甲一人。就是甲以自己之財產，自行訂立保險契約，如以自己的房屋，自行投保火險便是。此種情形，在財產保險中，最為常見。至於㈡之情形，係要保人為甲，而被保險人為乙，也就是要保人就他人之財產，以自己之名義訂立保險契約（注意，與代理他人訂立保險契約不同）。此種情形，要保人若非同時為受益人時（在財產保險，是否得另有受益人？見下述），則甚少可能。例如甲願出保險

費為乙之財產投保火險，將來於保險事故發生時，由乙享有賠償請求權，而甲毫無所得。此種情形，除甲乙間另有其他法律關係外，畢竟不多。至若要保人同時為受益人時，例如甲以乙之財產投保，而指定自己為受益人，此種情形，需要甲對乙（被保險人）之財產，有保險利益，所以其實例也不會多。

其次圖 1–2 人身保險中，㈠之情形，也是要保人與被保險人同為甲一人，例如要保人以自己之生命身體為保險標的，而自行訂立保險契約便是。此種情形，如屬人壽保險，以另行指定受益人為常。至於㈡之情形，係要保人為甲，被保險人為乙，例如甲以乙之生命身體為保險標的，而以自己名義訂立保險契約是。此種情形，如屬人壽保險自亦以另行指定受益人為常。

上述各種情形，無論財產保險或人身保險，若均未另有受益人時，當然就都由被保險人享有賠償請求權，而享受其利益（死亡保險則其保險金額作為被保險人的遺產，本法一一三條）。於是在要保人與被保險人為同一人之情形，則屬於「為自己利益之保險契約」；在要保人與被保險人為非同一人之情形，則屬於「為他人利益之保險契約」。但如均已另定受益人者，則又當別論。

㈡**受益人**　受益人 (beneficiary; Begünstigter; bénéficiaire)，也叫保險金受領人，依本法第五條：「本法所稱受益人，指被保險人或要保人約定享有賠償請求權之人；要保人或被保險人均得為受益人。」之規定，可知：

⑴**受益人是享有賠償請求權之人**　受益人是就保險契約享有賠償請求權之人，也就是具有受領保險金，而享受其利益的資格之人。受益人並非保險契約的當事人，所以只享有賠償請求權，而不負交付保險費之義務。同時此種賠償請求權，屬於固有權，並非繼受而來，因而被指定之受益人縱同時為要保人或被保險人之繼承人，但其所應受領之保險金，亦不屬於要保人或被保險人之遺產（本法一一二條），從而要保人或被保險人之債權人即不得就其保險金為扣押。

⑵**受益人是由被保險人或要保人所約定之人**　受益人通常係因被保險人或要保人之約定而產生（受益人與要保人相同者，為「為自己利益之保險契約」；受益人與要保人不同者，為「為他人利益之保險契約」，詳下述並參照本書四二頁），不過若未確定者，本法亦設有確定之方法（本法五二條，詳後述）。又受益人之約定原因如何，係無償的，抑有償的，均於保險契約不生影響。

　　受益人通常僅於人身保險中見之，本法也是在人身保險章中，詳加規定，
而於財產保險中，並無直接規定。那麼在財產保險裏是否得有受益人？便成
了疑問。依日學者的解釋，受益人僅於人身保險中有之，而財產保險中則無
有（朝川，《保險法》，一一七頁；大林，《保險辭典》，五一七頁）。但我學者
解釋，財產保險中，不妨有受益人（陳著，五六頁；袁著，四五頁）。本書亦
認為在財產保險中亦不妨有受益人之指定，例如甲就自己之貨物，自訂水險
契約，而以丙為受益人，有何不可。況且本法總則及保險契約通則中，均設
有關於受益人之規定（本法五、二二、四五條），此等規定自得適用於財產保
險契約。可見財產保險契約，並非絕對沒有受益人的問題。又由我動產擔保
交易法第一六條第一項第六款、第二七條第七款、第三三條第七款之規定觀
之，亦可確知財產保險亦得有受益人，而無疑義。

　　(3)受益人亦得由要保人或被保險人為之　依本法第五條末段規定，要保
人得為受益人，被保險人亦得為受益人，而依本法第四條末段「要保人亦得
為被保險人」之規定推論之，則要保人尚得同時為被保險人及受益人，一人
而兼三種資格。茲將上述各情形配列之如圖 1–3：

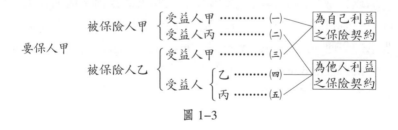

圖 1–3

　　依據圖 1–3，可知：

　　在㈠之情形，係要保人與被保險人及受益人為同一人（甲）；在㈡之情
形，係要保人與被保險人為同一人（甲），而受益人則為另一人（丙）；在㈢
之情形，要保人與受益人為同一人（甲），而被保險人則為另一人（乙）；在
㈣之情形，被保險人與受益人為同一人（乙），而要保人為另一人（甲）；在
㈤之情形，要保人，被保險人，受益人均為各別之人（甲、乙、丙）。無論財
產保險或人身保險，通常要不出此五種情形之外。

要保人自為受益人者，不論被保險人是否為其自己，均屬於「為自己利益之保險契約」，如㈠㈢所列者是；要保人自己不為受益人，不論被保險人是否為要保人自己，亦不論受益人為被保險人抑為被保險人以外之人，均屬於「為他人利益之保險契約」，如㈡㈣㈤所列者是。

要保人自為被保險人之契約，無論受益人為何人，在訂立上並無何特殊程序；但要保人不自為被保險人，而以他人為被保險人，訂立死亡保險契約時，不論受益人為要保人自己，或另指定第三人，其契約之訂立須經特別程序（本法一○五條），其詳當另述於後，於此提請注意。

此外要保人為自己之利益，兼為他人之利益，而訂立保險契約者，亦有之。如本法第四七條、第七一條第二項及第九二條所定之情形均是，其詳當亦後述之。

第三項　保險的輔助人

保險事業既然是一種商業，同時又是一種有關社會安全之事業，所以必須推廣。加以保險有關的事項，多涉及專門知識或技術，因而保險契約之訂立或履行上，除當事人之外，乃有輔助人的問題。這可分四點述之如下：

㈠**保險代理人**　保險代理人 (insurance agent; Versicherungsagent, Geschäftsstelle; agent d'assurance)，也叫保險代理商，依本法第八條規定：「本法所稱保險代理人，指根據代理契約或授權書，向保險人收取費用，並代理經營業務之人。」可知：

⑴**保險代理人係代營保險業務之人**　保險代理人的任務，係代理經營保險業務。所謂代理經營保險業務，主要即指對外招攬業務，而代訂保險契約而言，但不以此為限，他如代收保險費或代核賠款等業務，也都包括在內（在人壽保險之代理人，通常不得代訂契約），其範圍如何，自應依代理契約或授權書定之。保險代理人既須代營保險業務，所以本法第一六五條乃規定，保險代理人應有固定業務處所，並專設帳簿記載業務收支。

保險代理人因代營保險業務，故屬於保險人方面之輔助人，與前述（本書一一頁）代理要保人訂立保險契約之代理人不同。前述者乃一般的代理人，

而此乃具有代辦商之性質。所以前者僅適用民法上有關代理之規定，而此則除對外應亦適用民法上代理之規定外，其與保險人之內部關係，得準用民法上代辦商之規定。二者既不相同，故本法特稱「保險代理人」，以示區別。不過無論何者，對於本法第四六條：「保險契約由代理人訂立者，應載明代訂之意旨。」之規定，均應適用，自不待言。

(2)保險代理人向保險人收取費用　保險代理人代經保險業務，自須支出營業或其他費用，此項費用得向保險人收取。至於報酬之請求，當依代理契約定之。

(3)保險代理人代經業務收取費用須根據代理契約或授權書　保險代理人須根據代理契約或授權書之所定，以代經業務及收取費用。按民法上所定之意定代理，係由本人之授權行為而發生，此授權行為屬於單獨行為，而保險代理人之代理，除亦得依授權行為（授權書）之外，並得依代理契約為之，此又與民法上代理有所不同之處。

㈡**保險經紀人**　保險經紀人 (insurance broker; Versicherungsmakler; courtier d'assurance)，俗叫保險掮客或跑街，依本法第九條規定：「本法所稱保險經紀人，指基於被保險人之利益，洽訂保險契約或提供相關服務，而收取佣金或報酬之人。」可知：

(1)保險經紀人係代向保險人「洽訂」保險契約之人　保險經紀人的任務，係代要保人向保險人洽訂保險契約或提供相關服務，但是並不代訂保險契約，保險契約仍由要保人自行訂定。

(2)保險經紀人之代洽訂約或提供相關服務，必須是「為被保險人的利益」　保險經紀人之代向保險人洽訂契約或提供相關服務，必須本於善良管理人之注意為之，亦即須使在最優惠之條件下，訂立保險契約。若基於此點觀之，保險經紀人似屬於被保險人方面之輔助人。

(3)保險經紀人向承保之保險業收取佣金　保險經紀人雖基於被保險人之利益，而洽訂契約，但不向被保險人收取佣金或報酬，而是向承保之保險業收取佣金或報酬。保險經紀人既向保險人方面收取佣金或報酬，若基於此點觀之，保險經紀人又好像是保險人方面的輔助人。其實保險經紀人，並不是單屬於某一方面的輔助人，而係處於「居間」之地位，因而對於民法上居間

之規定，自得適用。不過民法上之居間，其報酬原則上由契約當事人雙方平均負擔（民法五七〇條），而此則僅向保險人一方收取，故稍有不同。

　　㈢保險公證人　保險公證人 (public adjustor, appraiser) 依本法第一〇條：「本法所稱公證人指向保險人或被保險人收取費用，為其辦理保險標的之查勘、鑑定及估價與賠款之理算洽商，而予證明之人。」之規定可知：

　　⑴公證人係辦理關於保險標的及理賠工作之人　公證人之工作，在乎辦理：①保險標的之查勘、鑑定及估價。②賠償之理算與洽商。此等工作，非具有專門之知識及技術者則不能勝任，所以多由公證人為之。

　　⑵公證人係就其所承辦之工作出具證明之人　公證人除辦理上述工作之外，並須就其所承辦之工作，出具證明，使當事人雙方，獲得確信，據以訂立契約或據以履行契約上之賠償義務方可。

　　⑶公證人係向保險人或被保險人收取費用　公證人可為保險人方面工作，亦可為被保險人方面工作，因而可向保險人收取費用，亦可向被保險人收取費用。所以公證人乃是保險契約雙方當事人的輔助人。

　　綜據上述，可知保險代理人、經紀人及公證人，均屬保險的輔助人，而對於保險事業的推廣及社會公益，具有莫大之關係，因而政府必須加以適當的管理。關於此等人的管理，本法保險業章第四節及「保險代理人管理規則」、「保險經紀人管理規則」、「保險公證人管理規則」中，均有適當的規定，詳後述之（本書二三九頁）。

　　㈣保險業務員　依本法第八條之一規定：「本法所稱保險業務員，指為保險業、保險經紀人公司、保險代理人公司或兼營保險代理人或保險經紀人業務之銀行，從事保險招攬之人。」分析如下：

　　⑴保險業務員係從事保險招攬之人　在保險事業之經營上，積極為招攬或勸募行為乃其不可或缺之一環，此等從事保險招攬之人員即為保險業務員。

　　⑵保險業務員係為保險業、保險經紀人公司、保險代理人公司或兼營保險代理人或保險經紀人業務之銀行，從事保險招攬之人　保險業務員就是為保險業、保險經紀人公司、保險代理人公司或兼營保險代理人或保險經紀人業務之銀行進行招攬。從而即使二者之間，未存有僱傭契約，亦應將保險業務員解為其係該保險業、保險經紀人公司、保險代理人公司或兼營保險代理

人或保險經紀人業務之銀行的使用人，從而該保險業、保險經紀人公司、保險代理人公司或兼營保險代理人或保險經紀人業務之銀行，就其保險業務員的行為，也應負責任（民法一八八、二二四條參照）。

◂◂ 第三節　保險的標的（保險的客體）▸▸

第一項　保險標的的意義及種類

保險有其主體，必有其客體，客體也就是保險的標的。所謂保險的標的 (object of insurance; Versicherungsgegenstand; objet de l'assurance) 就是作為保險對象的經濟上的財貨（財產保險）或自然人（人身保險），也就是保險事故發生所在的本體。若為「物」時則稱為「保險之標的物」，而必須載明於保險契約（本法五五條二款），若為「人」時，便同時是被保險人，當然也要載明於保險契約（本法一〇八條一款、一二九條一款、一三二條一款）。保險標的可分為以下兩類：

　　㈠**財產保險的保險標的**　財產保險係以經濟上的財貨為標的。所謂經濟上的財貨，指具有經濟價值的財貨而言，自由財不包括在內。例如動產（海上保險之船舶、貨物、運費）及不動產（火災保險之房屋）便是。惟此之財貨，不限於有體物，他如債權及其他無形的利益（如責任保險之責任），也都可以作為財產保險的保險標的。不過若以有體物為保險標的時，法律上特稱之為「保險標的物」，以示區別。又以有體物為標的時，不限於單一物，集合物亦可。以單一物為標的之保險，叫做「個別保險」或「單獨保險」(single insurance; Einzelversicherung; assurance individuele)，以集合物（如寄存倉庫之多數貨物）為標的之保險，叫做「集合保險」或「集團保險」(collective insurance; kollektive Versicherung; assurance collective)。

㈡**人身保險的保險標的** 人身保險係以「人」為保險對象，別無所謂標的物，所以在人身保險裏，其保險標的與被保險人成為一事之兩面，與財產保險除了保險標的（物）之外，另有被保險人者，大不相同（學者間認為人身保險無保險標的者亦有之）。此之所謂「人」指已出生而具有生命之自然人而言，像屍體、胎兒以及法人等都不在內。又人身保險之標的也不以單一人為限，以集合的多數人為標的，亦無不可。其中有所謂「聯合保險」(jointlife insurance; Versicherung auf verbundenes Lebon; assurance sur têtes jointes)，就是二人或二人以上為保險標的（被保險人），而因其中一人之死亡，即支付保險金。又有所謂「團體保險」(group insurance; Gruppenversicherung; assurance de groupe)，就是以特定多數人之集團（如一工廠中之全體工人，一商店之全體店員）為標的之保險，其特點在乎僅開立一張保險單，並通常無須就各個人為身體檢查，而保險費也特別低廉。

第二項　保險標的的移轉

保險標的的移轉，僅財產保險方面有之，人身保險方面，並無此一問題。所謂保險標的的移轉，即其權利人有所變易之謂。其移轉之原因，由於法律規定者，如繼承、公司之合併；由於法律行為者，如買賣、互易、贈與是。保險標的移轉後，保險關係是否對於繼承人或受讓人繼續存在？本法第一八條規定：「被保險人死亡或保險標的物所有權移轉時，保險契約除另有訂定外，仍為繼承人或受讓人之利益而存在。」可見原則上保險關係仍繼續存在，但保險契約另有訂定者（如火災保險每因被保險人管理標的物之情形如何，對於危險之發生與否，大有影響，因之，通例火災保險契約均有標的物移轉時，則契約即行終止之訂定），則屬例外。

第三項　保險標的的消滅

保險標的的消滅，在人身保險方面即為被保險人的死亡，屬於保險事故的發生，於是保險人即應為保險金之給付（本法一〇一條）。在財產保險方

面，則分兩種情形：①保險標的因保險契約所載的保險事故之發生，而消滅時，保險人亦應為保險金之給付（本法七〇、八三、八五條），這與人身保險相同。②保險標的非因保險契約所載的保險事故之發生，而消滅者（如房屋投保火險，但被大水沖毀），保險契約即為終止（本法八一條），這和人身保險稍異。

又在財產保險，如其標的物因發生保險事故而滅失，倘該標的物上設有擔保物權（抵押權、質權）者，其擔保物權人對於保險金有「物上代位權」（民法八八一、八九九條，詳請參照鄭著，《民法物權》，二六三頁）。這在人身保險，也是沒有的問題（注意：這裏所說的物上代位和本法五三條所規定的代位，不可混為一談）。

第二章 保險法

◀◀ 第一節　保險法的意義 ▶▶

保險法 (insurance law; Versicherungsrecht; droit des assurance) 的意義，有廣義與狹義之分，又有形式的意義與實質的意義之別，茲分述之如下：

㈠**廣義與狹義**　①廣義的保險法是以保險為規律對象的一切法規之總稱，包括保險公法和保險私法兩者而言。所謂保險公法就是保險有關之公法的法規，例如保險事業監督法及社會保險法都是；所謂保險私法就是保險有關之私法的法規，如保險企業組織法及保險契約法都是。②狹義的保險法，則專指保險私法而言，保險公法不包括在內。

㈡**形式的意義與實質的意義**　保險私法可再分為形式的意義和實質的意義。①形式的意義之保險法，係指法典裏以「保險」二字命名者而言，如我國新實行之保險法便是。②實質意義的保險法，則不限於成文的保險法，就連保險有關的習慣、判例和法理，也都包括在內。本書之論述，以形式意義的保險法為主要對象，至於實質意義的保險法，以至於廣義的保險法，於必要時，亦兼及之。

本書既以形式意義的保險法為主要論述對象，那麼這種保險法的意義如何？總括地說：「保險法就是以規律保險關係及保險企業組織為對象的一種商事法。」分開來說：

⑴**保險法是一種商事法**　我國採民商統一制度，在民法法典之外，別無「商法」的存在，原屬商法部分之法規，有的編入民法債編之中，如交互計算、經理人代辦商、居間、行紀等都是。有的頒為單行之法，如公司、票據、海商、保險等都是。頒為單行法者，在講學上把它叫做商事法，保險法便是其中的一種。

　　(2)保險法是以保險關係為規律對象的商事法　保險是私人間的權利義務關係，也就是一種法律關係（本書二頁參照），保險法就以這種關係為主要的規律對象，這是保險法與其他商事法的第一個不同點。基於此點觀察，保險法則具有行為規範的性質。

　　(3)保險法也是以保險企業組織為規律對象的商事法　一般言之，形式意義的保險法，只是規律保險關係而已，但我國新修正之保險法，卻將保險企業組織問題（原屬保險事業法之範圍）也納入其中，所以保險法也以保險企業組織為規律對象，這是保險法與其他商事法的第二個不同點。所謂保險企業組織，即指保險公司及保險合作社而言，其中關於保險公司之規定，居於公司法的特別法之地位；關於保險合作社之規定，居於合作社法的特別法之地位。基於此點觀察，則保險法又具有組織規範的性質。

　　綜據上述，保險法既屬一種商事法，當然也就是一種特別民事法，與民法具有普通法和特別法的關係。所以保險法無規定者，自得以民法補充適用。又保險法雖絕大的部分屬於私法，但其中也有不少公法的規定，如第五章中有關保險業監督之規定與罰則之規定都是。這和公司法裏面，也設有公司登記的公法規定一樣。可見形式意義的保險法，在我國雖然大體上可以說它是保險私法，但卻不能說它是純粹的保險私法。

◀◀ 第二節　保險法的法源 ▶▶

　　保險法的法源是指實質意義的保險法之存在形態而言，此可分下列各點述之：

　　㈠成文法　保險法以成文法的形態而存在者，如下：

　　(1)保險法是以成文法的形式規定　保險法最早由國民政府於民國十八年公布，偏重保險契約法，歷經多次修正，民國五十二年將財政部主管的保險業管理辦法併入保險法，稱為保險業法，保險業法與保險契約法共同構成保險法。

　　近年保險法的修正，除了將目的事業主管機關改為金融監督管理委員會、

就保險費遲延給付導致保險契約效力的停止、終止作重大修正；加強未成年人以及受監護宣告尚未撤銷者的保護，以避免道德風險外，還有多次修正，修正重點都集中在保險業法，特別是資本適足性、對保險業投資不動產、有價證券、國外投資的限制，明定保險業負責人在保險業被監管、接管、勒令停業時的配合義務，設立安定基金，並強化安定基金的職責等。

(2)**簡易人壽保險法**　簡易人壽保險法係民國二十四年五月十日公布，民國三十六年十一月四日修正公布，以無需健康檢查為其特色。該法歷經十三次修正，最近一次為民國一〇七年，全文四十四條。簡易人壽保險制度的目的，在便利全民投保，增進社會福祉。簡易人壽保險由中華郵政股份有限公司經營者，屬交通部主管，業務並受金融監督管理委員會監督。簡易人壽保險，以中華郵政公司為保險人，依法負保險給付責任。簡易人壽保險對於被保險人，免施體檢。

(3)**其他保險法令**　有關保險的成文法，主要有下列幾種：①軍人保險條例；②公教人員保險法；③勞工保險條例；④公教人員保險法；⑤農民健康保險條例。以上五者均屬社會保險之範圍。

(二)**習慣**　法律所未規定者依習慣，所以習慣也是法源之一。保險界的習慣不少，凡與法律不相牴觸者，當然都可以適用。

(三)**判例**　法院判例是否亦為法源之一，學者間見解不一，通說認為判例非屬獨立的法源，只是一種習慣或者法理而已。但近來認為判例係獨立的法源之學說，漸趨有力。所以有關保險的判例，自然也是保險法的法源。

(四)**法理**　法理是否亦為法源，學說上也不一致，但以肯定說為通說。因而關於保險問題，如法律無規定，而又無習慣可據者，自亦得運用法理以解決之。所以法理也是保險法法源之一。

◀◀ 第三節　保險法的法系 ▶▶

保險法因世界交通進步，萬國通商的關係，已漸成為具有國際性的法規❶，因而吾人於研究保險法之際，對於世界各國保險法之概況，實有明瞭

之必要。世界各國之保險法可分為三大系統如下：

第一項　法國法系

　　法蘭西，關於保險的立法，首先見之於海上保險，就是在一六八一年的海事條例 (L'ordonnance sur la marine) 及一八〇八年的商法法典 (Code de commerce) 第十章第三三二條以下，第三九六條均設有規定。至於陸上保險，僅適用其民法第一九六四條所設射倖契約 (le contrat aléatoire) 之規定 。因十九世紀之初，陸上保險尚未發達之故。其後經濟進步，危險加多，同時由於社會連帶思想的發達，乃積極從事保險法立法工作，但仍遲遲未能成功，其經過情形如下：①一九〇四年曾開始擬訂保險契約法草案，計八十二條，擬成後，四度向國會提出，均未獲通過。②一九二五年，乃重新擬訂草案，以上述之草案為基礎，參照判例、學說及外國立法例，以改正其缺點，或補其不足，結果向國會提出，幾經修正，延至一九三〇年七月八日始獲通過。③上述之法案，經修正通過後，正式成為保險契約法 (Loi sur le contrat d'assurance) 乃於一九三〇年七月十三日公布施行 （同年七月十八日公報刊出）。溯自該法案著手擬訂以來，已將近三十年，可謂「千呼萬喚始出來」，而我國舊保險法公布三十餘年而未施行，可與之東西媲美了。此一保險契約法之內容：第一章為保險之一般規定，包括：第一節總則（一～七條），第二節保險契約之證據、保險單之方式及轉讓（八～一一條），第三節保險人及被保險人之義務、無效、解除（一二～二四條），第四節時效（二五～三九條）。第二章為損害保險，包括：第一節總則（二八～三九條），第二節火災保險

---

❶　國際間有國際保險法學會 (International Law Association for Insurance Law) 之成立，由漢堡大學、羅馬大學及加利福尼亞大學學者們所發起，成立於一九六〇年四月，其總會設於漢堡及羅馬。一九六二年由此學會主辦，召開國際保險法會議 (International Congress for Insurance Law) 於羅馬。因保險企業，係具有國際性的商業，則各國之保險法便不得各自為政，否則保險企業必受影響。所以保險法乃漸成為國際性的法規，而有全世界統一之趨勢。

（四○～四五條），第三節雹害保險、家畜保險（四六～四九條），第四節責任保險（五○～五三條）。第三章為人身保險，包括：第一節總則（五四～五五條），第二節人壽保險（五六～八三條）。第四章為程序規定（八四～八六條）。此法除「再保險」外，關於陸上保險大都設有相當的規定，可謂一部體例完整的保險法典。其後曾經修正，以迄於今。至於保險業監督法方面，先後有商法三七條及一八六七年七月、一九○五年三月、一九二二年三月、一九二六年十二月、一九三八年六月、一九四六年四月諸法令，以資適用。

　　屬於此法系之國家，有比利時（一八七四年法）、義大利（一八八二年商法、一九四二年民法）、西班牙（一八八九年商法）、葡萄牙（一八八八年商法），及土耳其（保險契約法）等國。

第二項　德國法系

　　德國，關於保險之立法，早在一七三一年有漢堡保險及海損條例，一七九四年有普魯士普通國法，關於海陸兩種保險均設有適當的規定。其後海上保險乃納入一八九七年商法典之中。至於陸上保險則於一九○八年制定保險契約法 (Gesetz über den Versicherungsvertrag)，於一九一○年施行。德國保險契約法在一九六七年、二○○八年迭經修正，以迄於今。

　　至於保險業監督法方面，則一九○一年有民營保險業法之制定。一九三一年有民營保險企業及建築銀行法之頒行，乃有關保險業監督之主要的法規，其後歷經多次修正，此外同年尚有再保險監督條例之公布，也具有保險業監督法的性質。德國，規範保險契約的法律與規範保險業監督的法律，沒有合流，始終分開。

第三項　英美法系

　　英國保險事業，雖屬發達，但該國係不成文法的國家，故早期並無成文法的保險法，一切保險的法律關係，全憑當事人間的約款，及習慣法、判例法等以為解決。迨一七五六年由首席法官曼斯菲爾德 (Lord Mansfield) 根據歐

陸之海事條例及國際慣例，編訂海上保險法草案，迨一九〇六年乃根據此草案而正式制定海上保險法 (The Marine Insurance Act)，成為以英國為中心的各國海上保險法之模範。一九二三年又有簡易保險法之制定，規定有關簡易人壽保險事項。

　　至於保險業監督方面之立法，自一七七四年之賭博法 (Gambling Act) 以後，乃以一九五八年的保險公司法 (Insurance Companies Act) 為中心，適用於各種保險公司。

　　美國法律多繼受英國，屬於同一法系，也是以習慣法及判例法為主。關於保險法全國並無統一的法規，各州自行其是。大都以對於被保險人之保護，及對於保險業之管制為內容，嚴格言之，均屬於保險業監督法，只有加利福尼亞 (California)、北答克達 (North Dakota)、南答克達 (South Dakota) 及蒙塔那 (Montana) 等四州之保險法，係以保險契約法為中心。保險法最完備的，要算紐約州保險法 (Insurance Law of the State of New York)，該法一八章，計六三一條，其內容包括：保險官廳之組織、保險公司之設立許可及撤銷、保險公司之合併、資產運用之管制、代理人及經紀人之許可及撤銷、保險費率及費率算定機構之統制、保險公司之報告義務及定期檢查以及課稅等事項。幾乎涉及保險業者全面的活動，內容非常廣泛，成為各州保險法之模範。

　　以上三大法系，並非是各別獨立，截然不同。也就是說彼此互相影響之處，當不在少。至我國之保險法雖採取各國立法之長，但大體言之，應屬於德國法系。

◄◄ 第四節　保險法的特性 ►►

　　保險法也像其他商事法一樣，有其特性。保險法的特性如何？說來有以下四點：

　　㈠社會性　保險，尤其人壽保險、責任保險與火災保險，廣泛地被社會大眾所利用。一般社會大眾，與保險企業者比較起來，很顯然地處於劣勢地位。因為一般大眾的經濟力固然不能與保險企業者相比，保險的專門知識，

也比較缺乏。雙方絕難處於平等的交涉地位。只有海上保險例外，因為投保海上保險者，概為海運業者、船舶業者或進口商，其經濟實力及對於保險的專門知識，不一定比保險企業者薄弱。因之我們若是說：人壽、火災保險，是以「外行」為對象的保險的話，那麼海上保險便是以「內行」為對象的保險。前者具有強者弱者的關係，後者則不具有。前者之保險契約帶有濃厚的附合契約 (Contrat d'adhesion) 的色彩，後者則否。可見除海上保險外，一般之保險，實具有社會性。所以保險法一方面規定保險業的經營，以股份有限公司或合作社為限，另一方面又規定非經主管機關許可，並依法為設立登記，繳存保證金，領得營業執照後，不得開始營業（本法一三六、一三七條），以避免濫行經營，貽害大眾之弊。此外保險法上設有多數的強行規定，藉以保護被保險人，因之保險法乃具有社會性。

　　㈡**強行性**　保險因具有社會性，所以保險法乃設有多數的強行規定。所謂強行規定，有片面性的強行規定與全面性的強行規定之分。前者若為了被保險人之不利益，即不得變更，否則若為了被保險人的利益，仍不妨不予適用，本法第五四條第一項規定：「本法之強制規定，不得以契約變更之。但有利於被保險人者，不在此限。」即屬此意。這裏所說的強制規定，如有關保險人責任之規定（本法三○、三一條）便是。後者是縱為了被保險人的利益，也不得變更，例如保險以支付保險費為要件，因而保險契約如訂定不支付保險費者，則其契約不能有效是。又如由於被保險人故意所造成之損害，保險人不負責任，是為法所明定（本法二九條二項但書，一○九條一項），因而當事人如有相反約定者，其約定原則上亦不能生效是（一○九條二項參照）。以上所述之各情形，學者稱為「保險法的嚴格性」(Die Strenge des Versicherungsrechts)，或保險契約法的「強行性」(caracitère impératif)（野津，一六頁）。或謂商事以契約自由為原則，而保險法既多設有強行性的規定，似不具有商事法的性質。其實商事法本具有二元性，包括自由主義和嚴格主義（梅仲協先生，《商事法要義》，一頁），不僅公司法、票據法及海商法等如此，保險法亦如此。所以吾人不能因為保險法具有強行性的關係，就否定它商事法的性質。

　　㈢**倫理性**　保險契約因具有射倖契約的性質，所以必須特別的善意為之，

因而保險法乃具有特別善意性 (Uberrimae fidei, utmost good faith)，也是倫理性。一九〇六年英國海上保險法第一七條規定：「海上保險契約係基於最大善意之契約；最大善意，若當事人之一方不遵守時，他方當事人得解除契約。」就是此一特別善意性之強調。在我保險法上，如第六四條所設據實說明義務之規定，第三三條及第九八條所設被保險人對於損害防止之規定，第一〇九條第一項所設被保險人故意自殺，保險人不負給付保險金額之規定，及同條第三項所設被保險人因犯罪處死或拒捕或越獄致死者，保險人不負給付保險金額之規定，雖均屬排除道德的危險的規定，同時也是此一倫理性的具體表現。

　㈣**技術性**　在商事法中最富有技術性者，除票據法外（請參照鄭著，《票據法》，四頁），當推保險法。因保險係一方對於他方因偶然事件所致之損害，負擔賠償責任，以謀經濟生活安定，及社會安全的制度。保險業之經營，純以數理計算為基礎，所以規律保險關係的保險法，自多設有技術性的規定，並非僅憑一般常識所能瞭解。

第三章 保險契約

◀◀ 第一節 總 說 ▶▶

第一項 保險契約的意義

什麼是保險契約？本法第一條規定：「本法所稱保險，謂當事人約定，一方交付保險費於他方，他方對於因不可預料，或不可抗力之事故所致之損害，負擔賠償財物之行為。根據前項所訂之契約，稱為保險契約。」據此可知本條所稱之保險契約，似專指形式上所訂立之保險單而言，不然其第一項既有「約定」，又有「行為」等字樣，而第二項復有「根據前項」所訂之「契約」等語，則第一項之約定及行為，與第二項之契約又將何以區別？此點似不無斟酌之餘地，前已言之。因而本書認為對於保險契約之意義，不能僅從形式上立論，仍應從實質上探討。不如直截了當地說：保險契約，就是當事人約定，一方支付保險費於他方，他方對於因不可預料或不可抗力之事故所致之損害，負擔賠償財物的契約❶。

---

❶ 保險契約意義，關乎保險之本質問題，對此學說甚多，茲簡介其重要者如下：

一、損害填補說　損害填補說 (Schadenersatztheorie) 乃最早之學說，迄今仍有一部分學者支持此說，認為保險契約乃以填補損害為目的之契約。學者馬歇爾 (S. Marshall)、馬修斯 (E. Masius)、李姆克 (O. Lemcke)、梅耶 (J. W. May)、馬驥 (J. H. Magel) 等均主此說。此說對於人身保險，尤其生命保險之意義，不能說明，因斯種保險實無損害之可言，何來填補的問題？所以無法說明。

二、損害分擔說　損害分擔說 (Schadenteilungstheorie od Schadentheorie) 認為保險之本質乃對於財產上不利益之結果，由多數人分擔之一種經濟的設施，係學者華格納 (A. Wagner) 所倡。其所謂「財產上不利益之結果」，仍屬損害之

保險契約的意義，既如上述，那麼它的法律性質如何？這可分以下幾點說明：

㈠**保險契約是有名契約**　凡法律賦與一定名稱之契約，叫做有名契約，否則叫做無名契約。保險契約乃保險法所明定，所以它應該是有名契約（學者間也有不認為它是有名契約的，那大概是從狹義解釋，只認民法債編各種之債中所定的契約，才是有名契約的緣故）。

㈡**保險契約是雙務契約**　當事人雙方互負對價關係的債務之契約，叫做雙務契約。保險契約，要保人方面負有支付保險費的債務，保險人方面負有賠償財物的債務，兩者居於對價關係，所以保險契約是雙務契約。不過要保人所負的保險費支付債務是確定的，而保險人所負的賠償財物債務，乃是繫於偶然事故之發生。換句話說，就是以偶然事故之發生為停止條件的債務（因此學者有謂保險契約是附條件的雙務契約者。其實不然，因為保險契約，於成立同時即完全生效，只是保險人的債務繫於偶然事故之發生而已）。此種債務，在要保人方面觀之，屬於一種期待利益，此期待利益，就是保險費的對價。保險契約雖屬雙務契約，但原則上不適用同時履行抗辯權（民法二六四

　　　　意，因之與上述之損害填補說無大差異。

　三、統一不能說　也叫二元說，學者艾倫堡 (V. Ehrenberg) 主張此說，認為財產保險與人身保險應分別定其意義，不可能有統一的概念。但二者既均屬於保險，自應有一上位概念為妥。

　四、財產形成說　財產形成說 (Vermögensgestaltungstheorie) 為最近之學說，乃史密特林布拉氏 (W. Schmidt-Rimpler) 所倡，認為：「私保險乃當事人一方（保險人）取得報酬，本於與相對人（要保人）間之法律行為，對於其人或第三人（被保險人），所企冀的財產形成目標，負有加以確保，而為給付義務的一種私法關係。」依此說則保險與儲蓄有何區別，難以明瞭。

以上四說，一、二兩說係以損害為中心觀念而說明，其結果不能說明人身保險，三、四兩說雖不以損害為中心觀念，但亦難為圓滿之說明，我國保險法第一條關於保險之定義，仍未脫離以損害為中心之觀念。此外關於保險本質之學說，尚有：①人格保險說，②人壽保險否認說，③技術說，④需要說，⑤確保說，⑥經濟準備說，⑦危險轉嫁說，⑧貯蓄說，⑨賭博說，⑩財產保全說，⑪金融機關說等等，限於篇幅，說明從略。

條）的規定，也就是要保人有先為保險費給付的義務，無主張同時履行抗辯權之餘地。又在人壽保險，保險人對於保險費不得以訴訟請求交付（本法一一七條一項），這也是保險契約上債務的特點。凡此都和民法上雙務契約有所不同。

㈢**保險契約是有償契約**　當事人互為對價關係的給付之契約叫做有償契約。雙務契約當事人雙方既互負對價關係的債務，結果當互為對價關係的給付，所以雙務契約都是有償契約（但相反言之，有償契約卻未必都是雙務契約，其詳請參照鄭著，《民法債編總論》，三八頁）。保險契約是雙務契約，同時也是有償契約。因為要保人所為保險費的給付，與保險人所為保險金的給付，是互為對價的緣故。其次有償契約本得準用買賣之規定（民法三四七條本文），但保險契約性質特殊，似無準用買賣規定之餘地（民法三四七條但書）。

㈣**保險契約是要式契約**　保險契約是要式契約，非為不要式契約（注意：要式契約不能與諾成契約相對稱，諾成契約乃踐成契約或要物契約之對待名詞），因本法不僅第四三條有：「保險契約，應以保險單或暫保單為之。」之規定，而其第五五條且明定保險契約應記載的事項，所以保險契約是要式契約。

㈤**保險契約是定型化契約**　保險契約因漸次技術化、定型化與團體化之關係，致其內容均由保險公司一方面所決定，要保人只有依保險公司所定之條款同意訂立與否之自由，並無討價還價之餘地。所以學者稱保險契約為一種附合契約 (Contract in set form; Anschluß-Vertrag; contrat d'adhésion) 或定型化契約。

在保險契約，要保人既無討價還價之餘地，所以在行政上，政府對於各種保險契約之條款，必須進行事先審查，避免保險公司任意訂立不利於要保人的條款，藉以保護要保人之利益。在立法上，保險法第五四條第二項更規定：「保險契約之解釋，應探求契約當事人之真意，不得拘泥於所用之文字；如有疑義時，以作有利於被保險人之解釋為原則。」此項規定之立法理由為：「參考民法第九十八條之意旨及保險契約為附合契約之特質，明定保險契約有疑義時，應作有利於被保險人之解釋。」其立意甚為正當，惟在適用上則

不無問題，蓋保險契約既為定型化契約，保險契約條款，均由保險人單方面所作成，要保人大多係在不知悉契約條款內容之情況下，依保險契約條款簽訂保險契約，自無從探求要保人之真意，甚至可能發生因探求真意而肇致不利於被保險人之結果，無法達到訂立該條項所欲保護被保險人之目的。因此解釋保險契約中的定型化約款，應依潛在訂約對象的一般了解為準；只有解釋保險契約中的個別商議約款，才應探求當事人的真意而為解釋。

　　(六)**保險契約是繼續性契約**　保險契約非如現實買賣之僅為一時的法律關係，而係繼續性的法律關係。其繼續期間之長短，因保險種類之不同而有差異。人壽保險契約期間較長，運輸保險契約期間較短。保險契約因屬於繼續性契約，所以也得適用「情事變更原則」（朝川，一一三頁）。例如危險減少時，被保險人得請保險人重新核定保險費（本法五九條四項）便是。

　　(七)**保險契約是射倖契約**　保險契約要保人固確定的支付保險費，但保險人是否給付保險金，則繫乎偶然事故之是否發生。因此學者乃稱保險契約為一種射倖契約 (aleatory contract; aleatorischer Vertrag; contrat aléatoire)。不過這只就各個保險契約觀察，是如此而已，若就全體保險契約綜合觀察，則保險費與保險金之關係，並非完全繫於偶然事故，也有其一定的計算基礎。換句話說，就是保險費與保險金數額之決定，也是依精確之數理，縝密之統計，所謂大數法則❷，而加以算出，與賭博之純粹繫於偶然事件者，有所不同。

---

❷　大數法則 (Law of large numbers; Gesetz der groβen Zahl; loi des grands nombres) 就是假定某事件在反復 (n) 次裏，出現 (r) 次，而其反復次數愈多時，則 ($\frac{r}{n}$) 常接近保持同一數值之確率。如本國一年間有若干人出生，若干人死亡，臺北市一年間有火災若干次，久之即可求出出生率、死亡率，或火災發生率。此種確率（偶然率、蓋然率或公算率），應用於保險即可作為保險費之計算基礎。茲舉例以明之：如某城市有房屋一千幢，每幢價值為十萬元，而該市一年間被火燒燬之房屋為二幢，其損害額為二十萬元，此二十萬元之損失，若由一千幢房屋平均分擔則得二百元，也就是每幢房屋出錢二百元，即可填補此二十萬元之損失，使該被燬房屋之主人，得到補償。此種情形，用之於保險，則各幢分擔之二百元，就是「保險費」，被燒燬房屋兩戶各領之十萬元，就是「保險金」，而千分之二的火災發生率，便是「確率」。千幢房屋之主人全體，便是「危險集團」。至保險費之總額（二十

所以學者間否認保險契約之射倖性者亦有之。

(八)**保險契約是誠意契約**　保險契約是誠意契約，須依誠信原則為之。按一般契約莫不須依誠信原則為之，非獨保險契約如此，但保險契約因具有射倖性的關係，所以對於誠信原則須特別強調始可，否則易於流為賭博。因而學者乃特稱保險契約為最大誠意契約 (contract based upon the utmost good faith)。保險契約因係誠意契約的緣故，所以本法上乃設有據實說明義務制度（詳請參照本書五四頁），使訂約時先須具有誠意始可。

第二項　保險契約的種類

保險契約依各種不同之標準，區分為下列各類：

 定值保險契約、不定值保險契約

這是本法上所為之分類，依本法第五○條第一項規定：「保險契約分不定值保險契約及定值保險契約。」分述之如下：

(一)**定值保險契約**　本法第五○條第三項規定：「定值保險契約，為契約上載明保險標的一定價值之保險契約。」由此可知定值保險契約 (valued policy; taxierte Police; police à valeur agréée)，就是當訂立契約時，將保險標的之價值，加以評定，並將其評價額於契約中載明，所以也叫定價保險契約❸。

(二)**不定值保險契約**　本法同條第二項規定：「不定值保險契約，為契約上

萬元）與保險金之總額（二十萬元），恰立於均衡之關係，學者稱此為「給付與對待給付平準原則」(Prinzip der Gleichheit von Leistung und Gegenleistung)，其公式為 $P=wZ$，P 為保險費 (Beitrag od. Prämie)，Z 為保險金 (zu Zahlende Summe)，w 為事故發生之確率 (Wahrscheinlichkeit des Fälligwerdens)，乃學者李克斯 (W. Lexis) 所創。由於上述各端，吾人可以看出保險契約並不是純粹的射倖契約。

❸ 定值保險契約與定額保險契約 (assurance of fixed sums; Summenversicherung; assurance de saornmes) 不可混為一談，後者指當事人預先約定。保險金額，於保險事故發生時，即按該額給付保險金，而不得增減，也就是無須再行計算，主要於人身保險中之人壽保險上見之。

載明保險標的之價值須至危險發生後估計，而訂之保險契約。」由此可知不定值保險契約 (open policy; untaxierte Police; police non évaluée)，就是在保險契約上不載明保險標的之價值，而僅記載「保險標的之價值，須至危險發生後估計」等字樣，所以這種保險契約，也叫做不定價保險契約。

　　以上兩者區別之實益，於保險金給付時見之。申言之前者如以該載明之價值為保險金額者，則發生全部損失或部分損失時，均按約定價值為標準計算賠償（本法七三條二項）；後者保險標的既未載明價值，所以發生損失時，須按保險事故發生時實際價值為標準計算賠償，不過其賠償金額不得超過保險金額（本法七三條三項）而已。這兩種保險契約限於財產保險適用，尤其火災保險多適用之，至於人身保險因人身無法評價，所以人身保險契約，也就無此分類。

個別保險契約、集合保險契約

　　保險契約以保險標的是否單一為標準，可分為個別保險契約與集合保險契約兩種，分述之如下：

　　㈠**個別保險契約**　個別保險契約就是以一人或一物為標的之保險契約，所以也叫單獨保險契約 (individual or personal insurance; Einzelversicherung; assurance individuelle)，一般之保險契約多係如此。

　　㈡**集合保險契約**　集合保險契約就是以多數人或多數物為標的之保險契約。在以多數人為標的者，謂之團體保險 (group insurance; Gruppenversicherung; assurance de groupe)，在以多數物為標的者，謂之集團保險 (collective insurance; kollektive Versicherung; assurance collective)。

　　以上兩者區別之實益，於保險契約之訂立，保險費之交付，及賠償享受上見之。本法第七一條第一項規定：「就集合之物而總括為保險者，被保險人家屬、受僱人或同居人之物，亦得為保險標的，載明於保險契約，在危險發生時，就其損失享受賠償。」（詳請參照本書八八頁）

特定保險契約、總括保險契約

　　保險契約以其標的是否特定，而不變動為標準，可分為特定保險契約與

總括保險契約兩種，分述之如下：

㈠**特定保險契約**　特定保險契約 (specific policy) 就是保險標的特定而不變動之保險契約，無論個別保險契約或集合保險契約均有之。

㈡**總括保險契約**　總括保險契約 (blanket policy; Pauschalpolice; police en bloc) 也叫概括保險契約或包括保險契約，就是以可變動的多數人或物之集團為標的之保險契約。其與集合保險契約之不同處，在乎構成集團之內容，有無交替性，例如以一倉庫內之特定貨物之全部為保險標的，而訂立一個火災保險契約，則為集合保險契約。若倉庫營業人以特定倉庫內之貨物的全部為保險標的，而不一一記明貨物之種類，則為總括保險契約。又如客船以全體旅客為被保險人，而不一一記出特定旅客之姓名之人壽保險契約，也是總括保險契約。此種契約其保險標的之內容，可以交替，但保險金額則一成不變，等到危險發生後，才查明實際狀況，予以賠償。

此外有所謂繼續保險契約或預定保險契約 (running or open policy; laufende Versicherung; police d'abonnement) 者，乃當事人以將來得確定之標的為條件，而預先訂立一個總括的保險契約，俟標的確定時，再由要保人通知保險人。例如海上運送人以自己將來可能運送之貨物為標的，而預先訂立一海上保險契約便是。這種保險契約也是總括保險契約的一種。

以上各種保險契約，其區別實益，係於保險費之交付及保險金之給付等事項上見之。

肆　單保險契約、複保險契約

保險契約以是否對於同一保險利益，同一保險事故，與數保險人分別訂立數個保險契約為標準，可分為單保險契約與複保險契約兩種，分述如下：

㈠**單保險契約**　單保險 (simple insurance) 契約就是要保人對於同一保險利益，同一保險事故與同一保險人訂立一個保險契約。一般之保險契約多係如此，故不須贅述。

㈡**複保險契約**　欲明複保險契約，須先知何謂複保險 (double insurance)。本法第三五條規定：「複保險，謂要保人對於同一保險利益，同一保險事故，與數保險人分別訂立數個保險之契約行為。」那麼該項契約便是複保險契約，

茲將複保險契約的要件及其效力，述之如下：

㈠**複保險契約的要件**　複保險契約須具備下列要件：

⑴**須要保人與數保險人分別訂立數個保險契約**　複保險契約之要件，第一須要保人與數保險人分別訂立數個保險契約，若要保人與數保險人共同訂立一個保險契約，則屬於共同保險之問題❹，就不是這裏所說的複保險契約了。

⑵**須對於同一保險利益、同一保險事故**　複保險契約的第二個要件，須對於同一保險利益和同一保險事故，所謂對於同一保險利益，例如貨主就同一貨物，而基於所有權之關係，訂立數個火險契約是。若對於非同一之保險利益，訂立數個保險契約，例如貨主為其貨物，訂立一火險契約，而倉庫營業人基於保管責任，又為之訂立一個火災保險契約，縱屬同一保險事故，亦不成為複保險契約。其次複保險契約須對於同一保險事故，否則縱屬同一保險利益，也不是複保險契約。例如貨主就其同一貨物，一面訂立火險契約，一面訂立盜險契約，便不是複保險契約。

⑶**須為同一保險期間**　數個保險契約須同時存在始可，若非同時存在，而期間各異，例如貨主就其貨物與甲保險公司訂立火險契約，定期一年，期滿後又另與乙保險公司訂立同樣保險契約，這也不是複保險契約。所以複保險契約必須在同一期間，此點法無明文，解釋上屬於當然。不過保險期間之始期及終期，並不以絕對相同為必要，只其間有一段重複，則在其重複期間內，仍為複保險契約。例如一保險契約之期間，自元月一日起至六月三十日止半年，另一契約則自三月一日起至九月三十日止半年，那麼這兩個契約，

---

❹　共同保險 (Co-insurance; Mitversicherung; coassurance) 係就同一保險利益，同一保險事故，同時與數保險人訂立一個保險契約。換言之一保險契約，其保險人為複數之情形，便是共同保險契約。此時各保險人對於保險費之如何收取？對於保險金之如何負責？（負連帶責任？抑分割責任？）本法均無規定，委由當事人以契約訂定之。又就同一保險利益，同一保險事故，同時與數保險人，分別訂立數個保險契約，而其保險金額之總和，未超過保險標的之價值者，在本書認係數個一部保險契約之併存，但學者間認其也屬於共同保險者有之（袁著，一四〇頁）。又共同保險與共同保險條款 (coinsurance clause) 亦有區別，後者即本法四八條之規定，請參照本書五九頁，於茲不贅。

自三月一日至六月三十日之一段期間裏，便屬於複保險契約。

由上可知，複保險契約就是重複保險契約（因而單保險契約也可稱為單一保險契約）。所謂重複，就是數保險契約因保險利益之同一而重複；因保險事故之同一而重複；因保險期間之同一而重複，以此與單一保險契約有所不同。至於複保險契約是否僅限於財產保險適用？抑人身保險亦有之？學者間意見不一（陳著，一六四頁；袁著，一四七頁），但本法既將其列入「總則」，那麼各種保險都可以適用，自不待言。

(乙)複保險契約的效力　複保險契約的效力，因其保險金的總和是否超過其保險價額而不相同。

(1)未超過保險價額者　例如房屋一幢，價值十萬元，分別向甲公司投保三萬元（保險金額）之火險，向乙公司投保三萬元之火險，向丙公司投保四萬元之火險，結果三者合計並未超過十萬元。此種情形，應屬於數個一部保險契約之併存（學者認其屬於共同保險者亦有之，參照❹），在效力上並無任何特點。

(2)已超過保險價額者　上例房屋，如向甲公司投保十萬元，向乙公司投保五萬元，向丙公司亦投保五萬元時，則三次保險金之總和（二十萬元），已超過保險價額（十萬元），此種情形，始為真正的複保險（屬於狹義的複保險）（一九〇八年德國保險契約法第五九條第一項，即將保險金額超過價值一項亦列為複保險的成立要件之一），以下特就此種複保險契約的效力問題分述之：

a.效力有無　上述之複保險契約，其保險金額的總和，既已超過保險價額，在被保險人方面，自有重複領取保險金，而造成不當得利之可能，與保險的本旨不合（保險的本旨在乎填補損害，不在乎使人獲利），因而此種契約是否有效，須視要保人之善意惡意而定。申言之，如屬善意則其契約有效，不過數保險人之賠償總額仍不得超過保險價額而已（詳下述）；此種契約在危險發生前，要保人得依超過部分，要求比例返還保險費（本法二三條一項）。如屬惡意，依本法第三七條規定：「意圖不當得利，而為複保險者，其契約無效。」同時保險人於不知情之時期裏，仍可取得保險費（本法二三條二項）。

b.分別通知　本法第三六條規定：「複保險，除另有約定外，要保人應將

他保險人之名稱及保險金額，通知各保險人。」這是複保險要保人的一種通知義務。藉此通知使各保險人的給付保險金，不致有超過保險價值之情事。此一通知雖為要保人的義務，但另有約定者，也可不必通知。如前(2)所舉房屋之例，如約定甲公司不賠償時，始由乙公司賠償；乙公司不賠償時，始由丙公司賠償。此種情形即無須為上述之通知，因被保險人無論如何，只能得到一公司之賠償，而任何一公司之賠償，也都未超過保險價額，不發生不當得利之問題，所以不必通知。至於應通知而不通知者則如何？依本法第三七條前段規定：「要保人故意不為前條之通知者，其契約無效。」

c.比例賠償　本法第三八條規定：「善意之複保險，其保險金額之總額，超過保險標的之價值者，除另有約定外，各保險人對於保險標的之全部價值，僅就其所保金額負比例分擔之責。但賠償總額，不得超過保險標的之價值。」這就是說，在複保險契約，其保險人之賠償，應比例分擔。適用本條須具備以下之要件：①須屬於善意的複保險：若屬惡意之複保險，則其契約無效，自無所謂賠償之問題。所謂善意，指因估計錯誤，或保險標的價格跌落，以致保險金總額超過保險價額，而非要保人有意造成的情形而言。②須保險金額的總和，超過保險標的的價值：否則不構成這裡所說的複保險。③須無特別約定：當事人如有特別約定其賠償方法，例如甲公司不賠償，始由乙公司賠償之類便是。有此約定，則其賠償自不必適用本條之規定。具備上述要件後各保險人對於保險標的之全部價值僅就其所保金額負比例分擔之責，但賠償總額不得超過保險標的之價值。

伍　原保險契約、再保險契約

保險契約以保險人所負責任之次序為標準，尚可分原保險契約與再保險契約兩種。分述之如下：

㈠原保險契約　原保險 (original insurance, direct insurance; Erstversicherung; assurance directe) 係對再保險而言，若無再保險即無所謂原保險。因而原保險契約之意義，俟再保險契約之意義明瞭後，即可知之。

㈡再保險契約　再保險 (reinsurance; Rückversicherung; réassurance) 的意義，依本法第三九條規定：「再保險，謂保險人以其所承保之危險，轉向他保

險人為保險之契約行為。」可知再保險就是一種保險契約，其要保人為原保險人，原保險人以其所承保之危險，轉向他保險人（再保險人）投保，便是再保險。

再保險的性質如何？說者不一，但近以「責任保險說」為通說。認為再保險就是以原保險人基於原保險契約所負的責任為對象的保險，所以屬於責任保險的一種（但本法上的責任保險，卻不包括再保險，參照本書一一一頁）。再保險，不獨財產保險有之，人身保險亦有之。然而無論何者均應屬於責任保險之範疇，與原保險不同。再保險之起源，據說是一三七〇年創始於義大利，先見之於海上保險；火災保險的再保險，於十八世紀末葉始出現；而人身保險的再保險，係於十九世紀中開始。再保險對於危險之分散，特具功能，今已盛行於國際間，而有國際化之傾向。

再保險之種類，有①全部再保險與一部再保險：前者係以原保險危險之全部，投諸再保險；後者則以其一部投諸再保險；②比例再保險與超過再保險：前者以原保險的保險金之一定比率，投諸再保險；後者原保險人依契約之種類，先確定其自己之保有額，而後以其超過額，投諸再保險。

其次再保險契約與原保險契約的關係如何？可分兩點述之如下：

⑴互相依存　原保險契約與再保險契約，不僅兩者為對待名詞，而且實際上兩者是互相依存。無原保險契約，當然無再保險契約之可言；無再保險契約，則原保險契約之危險亦將不能分散。所以兩者互相依存，解除則均解除，終止則都終止。

⑵各別獨立　原保險契約與再保險契約雖互相依存，但兩者究屬各別獨立之契約，因而在法律上之效果為：①原保險契約之被保險人，對於再保險人無賠償請求權，但原保險契約及再保險契約另有約定外，不在此限（本法四〇條）；②再保險人不得向原保險契約之要保人請求交付保險費（本法四一條）；③原保險人不得以再保險人不履行再保險金額之給付義務為理由，拒絕或延遲履行對於被保險人之義務（本法四二條）。

陸　為自己利益的保險契約、為他人利益的保險契約

保險契約以要保人是否自行享有賠償請求權為標準，尚可分為為自己利

益的保險契約與為他人利益的保險契約兩種（參照本書一五頁），分述之如下：

　　㈠**為自己利益的保險契約**　要保人自行享有賠償請求權的，叫做「為自己利益的保險契約」，其情形可有：①要保人自己為被保險人，而未另行指定受益人；②要保人以他人為被保險人，而指定自己為受益人。

　　㈡**為他人利益的保險契約**　要保人不自行享有賠償請求權的，叫做「為他人利益的保險契約」，其情形可有：①要保人自為被保險人，而指定他人為受益人；②要保人以他人為被保險人，而未另行指定受益人；③要保人以他人為被保險人，而又另行指定受益人。

　　為他人利益的保險契約，與民法上之為第三人之契約（也叫向第三人給付之契約，或利他契約），性質相同。所不同的是：①民法上為第三人之契約，須經第三人為同意受益之表示，其請求權始確定的取得；而為他人利益的保險契約，其受益人卻不須為任何之表示；②民法上為第三人之契約，經第三人為同意受益之表示後，當事人即不得變更其契約或撤銷之（民法二六九條二項），而為他人利益的保險契約，其受益人雖經指定，除要保人對其保險利益聲明放棄處分權者外，仍得以契約或遺囑處分之（本法一一一條一項）。此外兩者大致相同，例如本法第二二條第三項規定：「要保人為他人利益訂立之保險契約，保險人對於要保人所得為之抗辯，亦得以之對抗受益人。」此乃與民法第二七〇條：「前條債務人得以由契約所生之一切抗辯，對抗受益之第三人。」之規定，法意相同。

　　為自己利益的保險契約與為他人利益的保險契約，其區別實益，於訂立程序及效力上見之。

第三項　保險契約的解釋

　　解釋保險契約，必須先了解保險契約的構成，保險契約從其由定型化條款或由個別商議約款組成區分，可以分為三類：完全由定型化條款組成的、完全由個別商議約款組成的❺、以及由定型化條款加上個別商議約款共同組成的三類。其中以定型化條款與個別商議約款共同組成者，為數居多，例如：旅行平安保險單示範條款第一條約定：「本保險單條款、附著之要保書、批註

及其他約定書、均為本保險契約的構成部分。」其中，保險單條款為定型化條款，而要保申請書、批註及其他約定書則為個別商議約款。

　　定型化條款，有的是保險人自行擬訂的，有的則是產物保險同業公會或人壽保險同業公會擬定而為保險人採用的，不論如何，都必須經目的事業主管機關的審核通過，才可以作為訂立契約的基礎。

　　個別商議約款，是保險人與要保人，在定型化條款之外，透過商議，個別訂定的契約條款。由於保險標的物不同、保險期間不同、保險條件不同以及控制風險需要的不同，定型化條款不能完全契合個案的需要，因此實務上，基於契約自由原則，在不違背法律強制或禁止規定的條件下，容許當事人以個別商議方式，另行約定，構成保險契約的一部分。

　　定型化條款與個別商議約款的初步判斷是以外形為準，凡外形上是印刷體者，不論是由商人或企業主雇請律師草擬，或是由第三人草擬而由商人或企業主選用，只要是供作與不特定多數人訂立契約之用者，都推定為定型化條款。反之，凡是當事人透過自由意思商量訂定，不論是以書寫的方式為之，或是以打字的外形出現，都屬於個別商議約款。但是印刷的外形只是推定定型化條款而已，並沒有最終確定的效力，商人或企業主若能舉證證明其就某個印刷條款，已經向相對人解釋、表示有退讓或修改的彈性，而相對人同意維持印刷條款者，該印刷條款就轉換為個別商議約款。

壹　定型化條款的解釋

　　㈠定型化契約之內容，須依定型化條款的可能訂約者的一般合理了解而為解釋。

　　㈡定型化條款用語有疑義時，應為不利於條款使用人（保險人）之解釋。

貳　個別商議約款的解釋原則

　　㈠契約文字意思明確時，應該按照文字表面意思解釋。

---

❺　例如：影星的美容手術保險契約、火箭發射保險契約等。

㈡契約文字意思不明確時，應該探求當事人的真意。

探求當事人的真意，不得拘泥於所用的辭句。真意的探求，應該注意以下諸點：

⑴應該注重意思表示的目的性及法律行為的和諧性，著重各個法律行為及當事人具體妥當性的追求。

⑵須斟酌交易習慣，依照誠實信用原則而為解釋。

⑶保險契約的內容並非專以保險單或暫保單之記載為據，倘當事人對於其記載之真意有所爭執，應憑過去事實及其他一切證據資料以為判斷，不得拘泥於保險單或暫保單之文字。

㈢契約文字意思不明確，且無法探求當事人真意時，應該作不利於擬約者的解釋。

定型化條款與個別商議約款內容衝突的解釋

個別商議約款與定型化條款的內容衝突時，個別商議約款的效力優先。

◄◄ 第二節　保險利益（保險契約的標的）►►

第一項　保險利益的意義

保險利益 (insurable interest; versicherbares Interesse; intérêt assuable) 就是要保人或被保險人對於保險標的所有之利害關係。換句話說，要保人或被保險人，因保險事故之發生，致保險標的之不安全而受損；因保險事故之不發生，致保險標的之安全而受益，此種損益關係，便是保險利益。要保人或被保險人對於保險標的須有保險利益，始可投保，這不但法諺有「無保險利益者無保險」 (Ohne versicherbares Interesse keine Versicherung; Pas d'assurance sars intérêt) 之說，而本法第一七條亦有：「要保人或被保險人對於保險標的物無保險利益者，保險契約失其效力。」之規定，可見「保險利益」該如何重要了。學者稱保險利益是「保險契約之標的」，以便與「保險標的」（參照本書一九頁）有所區別。

第二項　保險利益的種類

保險利益，具體言之，則不勝枚舉，但得歸納為下列各類。

㈠**財產保險的保險利益、人身保險的保險利益**　這是以保險的種類為標準，所做的區別，茲分兩點述之如下：

⑴財產保險的保險利益　財產保險的保險利益如何?本法設有規定如下：

a.財產上的現有利益　本法第一四條規定：「要保人對於財產上之現有利益，……有保險利益。」所謂對於財產上之現有利益者，就是要保人對於某財產上現在享有的利益之意，例如某甲對其自己之房屋，當然依據所有權而享有所有人之利益便是。惟對於財產上之現有利益，不以「所有利益」為限，他如承租人對於租賃物之「使用收益利益」；擔保物權人對於擔保物之「擔保利益」，都可以算是保險利益。

b.財產上的期待利益　本法第一四條又規定：「要保人對於……因財產上之現有利益而生之期待利益，有保險利益。」所謂「期待利益」，就是將來有利益的一種希望，也可說是希望利益。不過這種希望並不是一種虛想，必須本於財產上之現有利益而生者始可。例如某甲對其自有田地，當然享有所有人之利益，因而對該地裏的稻秧，必具有將來收穫的希望，這種希望便是期待利益。他如海上商人對於貨物到達的期待，企業家對於利潤獲得的期待，都算是有保險利益。

c.財產上的責任利益　本法第一五條規定：「運送人或保管人對於所運送或保管之貨物，以其所負之責任為限，有保險利益。」所謂運送人無論陸運、海運、空運，都包括在內，運送人對其運送的貨物，依法負有責任（民法六三四條，海商法六三、六九、七四條，民用航空法九三條之一），因而雖對於他人（託運人）的貨物，亦有利害關係，也就是對於其所運送之貨物，有保

險利益。不過其利益之範圍以其所負之責任為限而已。其次所謂保管人指為他人保管貨物之人而言，例如倉庫營業人或其他受寄人便是，此等人對其所保管的貨物，依法負有責任（民法六一四、五九〇條），因而與運送人同樣，也以其所負之責任為限，對於所保管的貨物，有保險利益。具有此種保險利益，其投保的方式，可有兩種，其一，即以其責任為標的，而訂立責任保險契約。其二，仍以該運送或保管之貨物為標的，而訂立海上保險契約或火災保險契約。但後者須以其所負之責任為限度。

(2)人身保險的保險利益　關於人身保險的保險利益，本法第一六條規定：「要保人對於下列各人之生命或身體，有保險利益。」❻

　　a.本人或其家屬　任何人對於自己之生命身體，當然具有最大的利害關係，那麼以本人之生命身體為標的，也可說以本人為被保險人，而自投人身保險的話，無論其受益人之為誰，均非法所不許。至於家屬，係以永久共同生活為目的而同居一家之親屬或非親屬（民法一一二二、一一二三條），此等人既與家長具有以永久共同生活目的而同居之關係，當然有利害關係，因而家長自得以此等人的生命身體為標的，而訂立人身保險契約。不過如訂立死亡保險契約時，尚應受本法第一〇五、一〇七、一〇七條之一的限制，自不待言。

　　b.生活費或教育費所仰給之人　生活費或教育費所仰給之人，指實際供給生活費或教育費之人而言，其對象則為受生活費或教育費供給之人，例如甲對乙供給生活費，則甲為供給生活費之人，乙為受生活費供給之人。由乙

---

❻　學者間認為保險利益只是財產保險上的概念，在人身保險並無此一概念者有之，如野津，《保險法論》，四一〇頁略謂：「生命保險，保險人之給付內容，係一定之金額，商法亦有『約定支付一定金額』之語，因而在生命保險並不似損害保險有保險利益之概念，從而無保險價額之概念。所以也不像損害保險有所謂超額保險、重複保險、一部保險等問題。雖在死亡保險或混合保險如約定與要保人或受益人資力不相當之鉅額保險金時，容易發生道德的危險，因而與超額保險同樣，在通常情形下，保險公司在基本文件之一的事業方法書中，均就被保險人一人，規定以若干圓為保險金額之最高限度，但這只是屬於保險公司之內規而已，與保險契約之效力，並無關係。」

方面觀之，則甲為乙生活費所仰給之人。教育費亦同此。乙對甲既有此關係，則乙即可以甲之生命身體為標的而投人身保險。至甲乙間有無親屬關係，是否同居，在所不問。反之，甲卻不能以乙之生命身體為標的而投保，因甲（供給之人）對乙（受供給之人）之生命身體，本法並未規定其亦有保險利益。所以除其間另有家屬關係，得適用前款外，甲不能以乙為被保險人而訂立人身保險契約。又在乙得以甲為被保險人而訂立保險契約之情形，如屬死亡保險，亦應受本法第一〇五條之限制，自不待言。

　　c.債務人　債權人對於債務人具有經濟上的利害關係，其債權之能否獲償，唯債務人是賴，因而債務人的生死存亡，債權人必異常關切，所以法律上乃許以債務人的生命身體為標的，而訂立人身保險契約（如屬死亡保險，亦應受本法一〇五條之限制），例如公司得以其職員為被保險人，保證人得以主債務人為被保險人，合夥人間得互為被保險人均是。反之債務人卻不得以債權人的生命身體為標的，而訂立人身保險契約。因債務人對於債權人並無保險利益可言。至於僱用人得以受僱人為被保險人，而受僱人亦得以僱用人為被保險人者，那是因為他們彼此間互為債權人，互為債務人，所以各得基於債權人的地位，以他方（債務人）為被保險人，而訂立人身保險契約。

　　d.為本人管理財產或利益之人　所謂為本人管理財產或利益之人，例如為商人經營商號之經理人，為信託人經管產業之受託人，由共同繼承人互推之遺產管理人等均是，此等人既為本人管理財產或利益，自與本人有經濟上的利害關係，所以法律上乃承認本人對此等人的生命身體具有保險利益。

　　以上(1)(2)兩點所述，係本法所列舉者，然如今保險種類繁多，保險利益之事例，當亦不止此。因而本法第二〇條乃規定：「凡基於有效契約而生之利益，亦得為保險利益。」以資概括。這一規定，不僅財產保險適用，就是人身保險也可適用。就財產保險言，如運送人因運送契約所生之運費，即其適例；就人身保險言，如未婚之夫妻間（基於婚約），亦得互為被保險人，即其適例。

　　㈡**積極的保險利益、消極的保險利益**　這是以保險利益的性質為標準，所做的區別，也分兩點述之如下：

　　(1)**積極的保險利益**　積極的保險利益指要保人或被保險人對於保險標的

之安全存在，所享有的利益。例如以房屋投火災保險，則在火災發生以前，房屋所有人對之享有財產之利益便是。此項積極的保險利益，不但財產保險有之，人身保險亦有之，例如以家屬為死亡保險，則因家屬之健在，而得享受共同生活的利益便是。

(2)**消極的保險利益**　指要保人或被保險人，對於保險標的之不安全存在，所能遭受的損害。換句話說，保險標的之安全存在，固無積極的利益，但一旦保險事故發生，則必因之而遭受損害。例如在再保險契約，其要保人對於原保險之保險標的，雖無積極利益，然如果保險事故發生，則必因之而負賠償責任，致支付保險金額便是。

第三項　保險利益的要件

保險利益既為保險契約之標的，自應具備下列三要件：

㈠**須為適法的利益**　所謂適法的利益，即其利益不違反強行法規或公序良俗之謂。例如對於走私貨物之利益，對於盜贓之利益，對於通姦契約所生之利益等等，均不得為保險契約之標的。本法對此雖無明文規定，但保險契約亦屬法律行為之一種，自應適用一般法律行為之規定（民法七一、七二條）。

㈡**須為確定的利益**　所謂確定的利益，即其利益已確定或可得確定之謂。已確定的利益，就是現有之利益。可得確定的利益，就是預期利益。二者均須就客觀上決定，而不能單憑當事人主觀上認定。

㈢**須為經濟上的利益**　保險利益須屬於經濟上的利益，在財產保險固不必論，在人身保險也是如此。此點觀諸本法第一六條所定之情形便知，茲不多贅。

第四項　保險利益的作用

訂立保險契約，要保人或被保險人須具有保險利益，那麼保險利益，究竟有何作用，這可分三點說明如下：

㈠**避免賭博行為**　賭博是單憑偶然事件，來決定輸贏的行為，往往與公序良俗有背，常為法所不許。若保險契約而不以保險利益為前提，就和賭博無異。例如就漠不相干的他人之房屋，而投保火災保險，或就毫無關係之人的生命身體，訂立人身保險契約，而自己受益，豈不等於打賭。所以法律上乃規定訂立保險契約，須具有保險利益，藉以避免發生賭博行為。

㈡**防止道德危險**　所謂「道德危險」(moral hazard; moralisches od. subjektives Risiko; risque subjectif)，也叫做「主觀的危險」。就是由要保人、被保險人或受益人，因希圖領取保險金，而故意的作為或不作為，所造成或擴大的危險。例如貨物火災保險，因物價大跌，出售所得之價金，反不如因貨物滅失所領到的保險金為多時，那麼要保人或被保險人，如非具有正當的人格，而存有道德觀念的話，就難免縱火圖賠。因而此種危險，便叫做道德的危險（與社會的危險、身體的危險三者相對稱）。此種危險，如要保人或被保險人，對於保險標的不具有保險利益時，尤易發生。因而法律上乃規定要保人或被保險人對於保險標的，須有保險利益。因有保險利益，始能不欲保險事故發生，惟有不欲保險事故發生的人，才得享受保險的權利。否則如要保人或被保險人日日切盼保險事故之發生時，則社會上必將多事，而保險制度也就失掉存在價值。

㈢**限制賠償程度**　所謂保險利益是保險事故不發生時，要保人或被保險人所享有之利益，並非保險事故發生後之利益。所以保險事故發生後，被保險人所得請求損害賠償之範圍，就應受此保險利益的限制。也就是被保險人所得主張之賠償，不得超過其保險利益之金額或價值（在人身保險中，主張不嚴格受此限制者有之），這是保險利益的一種積極的作用。

第五項　保險利益的存在

本法第一七條規定：「要保人或被保險人，對於保險標的無保險利益者，保險契約失其效力。」就是明示保險契約非有保險利益存在不可。不過保險利益究應存在於何人？存在於何時？尚須加以述明：

㈠**保險利益須存在於何人**　依本法第一七條之規定觀之，不但要保人對

於保險標的須具有保險利益，而被保險人亦須具有保險利益，那麼保險利益須於要保人或被保險人方面存在，似無問題。但本法第三條雖將保險利益列為要保人須具備之要件，而第四條卻未將保險利益列為被保險人須具備之要件，那麼被保險人是否亦應具有保險利益，又不免發生疑義。其實保險利益存在於被保險人，始為絕對必要，因被保險人係遭受損害，而享有賠償請求權之人，倘無保險利益之存在，那有損害之可言？同時若無保險利益，而享有賠償請求權時，又何能防止道德的危險？所以被保險人須有保險利益，較要保人須有保險利益，尤為重要。因為要保人若不自兼被保險人時，縱無保險利益，亦無多大影響。所以在他國學者之著述中，論及保險利益時，均謂被保險人須具有之，對於要保人須具有保險利益一點，反未提及（朝川，二五一頁；王學猛譯，《美國保險法要義》，八二頁）。但本法之規定，恰與此情形相反，於要保人之定義中揭明保險利益之問題，而於被保險人之定義中卻未直接規定。不過吾人由本法第一七條之規定觀之，則被保險人亦非具有保險利益不可。至於要保人自為被保險人時，本來就具有保險利益，無待贅言。

　　㈡**保險利益須存在於何時**　保險利益須於何時存在？於訂立保險契約之際即須存在？抑於保險事故發生時存在即可？本法對此並無專條規定。由第三條之規定推之，要保人須有保險利益，始能申請訂立保險契約，那麼保險利益不但應於訂立契約之當時存在，甚至於申請時即須存在。但由本法第一七條之規定觀之，保險利益之不存在，僅為保險契約之失效原因，並非保險利益之存在為保險契約之成立要件。加以，本法第五五條所規定之保險契約應記載之事項中，亦未將保險利益列入（因之保險利益不以記入保險單為必要），由此也可以看出保險契約成立當時，保險利益縱尚未存在亦無不可。綜據上述，可知本法上關於保險利益存在時期的規定，既無專條，而散見於各條者，又彼此不一致，在適用上頗滋疑義。學者之解釋，多認為保險利益存在之時期，在財產保險與人身保險兩不相同。在人身保險，保險利益固必須於訂約時存在，但在財產保險，其保險利益卻不必嚴限於訂約時存在❼。為

---

　　❼　桂裕先生，《保險法論》，四九頁：「財產上保險利益，必於損失發生之際為存在，

謀保險契約之易於成立，而便推廣保險事業起見，以如此解釋為宜。

第六項　保險利益的變動

保險利益不無移轉之時，不無消滅之時，這都屬於保險利益的變動問題。分述之如下：

㈠**保險利益的移轉**　保險利益的移轉原因，有以下數種：

⑴**繼承**　本法第一八條規定：「被保險人死亡時……保險契約除另有訂定外，仍為繼承人之利益而存在。」這就是明示保險利益除契約另有訂定外，原則上因繼承而移轉於繼承人。但此在財產保險與人身保險兩不相同。申言

但不必於訂約之際亦存在；人身上保險利益，必於訂約之際為存在，但不必於事故發生之際亦存在。財產保險，旨在補償損失，若無利益，何來損失，故縱訂約之際為有利益，而於事故發生時其利益已不存在者，即無損失之可言。反之在訂約之際利益雖不存在，或尚未歸屬，但於事故發生時，已歸屬於己者，其喪失亦即為其實際之損失。若保險必限於訂約時利益之歸屬者，必致交易呆滯，故法律規定，受益人雖不確定者，亦得訂立有效之保險契約（保五）（按即新法五二條），若其契約上之權利終可確定者，雖由他人代為保險（保二）（按即新法四五條），或以無記名式契約為之者（保一六）（按即新法四九條），亦非法所不許，但於損失之際，其利益必屬於契約上享有權利之人，是為定則。在人壽保險，要保人必於訂約之際為有保險利益，若自始無此利益者，即自始為無效。但若初曾有之，而後已消滅者，苟無惡意，仍不失效。舉例以辦之：若甲以乙之房屋為保險標的，而甲於乙之房屋為無保險利益者，則房屋焚燬時，甲以利益不存在，故終無所得，雖欲圖得賠償而縱火焚之，無益也。若甲以乙生命為保險，而甲於乙之生存為無保險利益者，則乙之生命自處於暗算危害中矣。故法律不許以對之自始無保險利益之人為被保險人而訂立死亡保險契約。法律所以許人壽保險契約於利益消失後仍保有其效力者，其理論謂此種保險兼有投資之意義，於最後到期時，所得之保險金額，皆為自己所支付保險費之累積，往往尚受有利息之損失或消耗，故以不相干之他人為被保險人而作此項無益之投資，常人所必不為。從是，英美先例，妻為夫保人壽險，而嗣後妻與夫仳離者，於離婚後夫死時，妻仍得領受保險金額。公司或商號為其經理人保人壽險者，於其離職後死亡時，公司或商號亦仍得主張保險上之權利。」

之，在財產保險，被保險人死亡，其保險利益即同時移轉於繼承人，別無問題。而在人身保險，如屬人壽保險便是保險事故之發生，於是變為保險人給付保險金或返還責任準備金之問題，如屬於傷害保險，便是保險標的之消滅，或發生保險金給付之問題（本法一三一條），或僅為契約之終止問題（本法一三三條），並無保險利益移轉之可言。

　　以上係被保險人死亡時，保險利益移轉之情形，若要保人死亡時（指不兼被保險人之要保人而言，若要保人自兼被保險人時，仍屬上述被保險人死亡之問題），則如何？此在財產保險，其保險利益，自亦由其繼承人繼承，但在人身保險，倘要保人對於被保險人之保險利益係其所專屬者，自不能移轉，倘非其專屬者（如要保人為債權人，被保險人為債務人，而要保人死亡時），則其保險利益自亦當由其繼承人繼承之。

　　(2)讓與　本法第一八條又規定：「……保險標的物所有權移轉時，保險契約除另有訂定外，仍為……受讓人之利益而存在。」這是屬於保險標的移轉問題，前已言之，但於此同時即構成保險利益的移轉問題。例如甲之房屋已保有火險，如出售於乙時，除保險契約中訂有標的物所有權移轉時，保險契約即歸終止外，其保險契約仍繼續存在。因保險標的物所有權既移轉受讓人，則保險利益自亦隨同移轉為宜。又本法第一九條規定：「合夥人或共有人聯合為被保險人時，其中一人或數人讓與保險利益於他人者，保險契約不因之而失效。」例如合夥股份之轉讓（民法六八三條）或共有人應有部分之轉讓（民法八一九條），其保險利益，自亦隨同移轉，而保險契約仍不失其效力是。以上所述，均指財產保險而言，若人身保險則無保險利益因保險標的轉讓而移轉之問題，但隨同要保人之變更（例如要保人讓與其債權於他人，其原來基於債權人之地位，為其債務人所投之人身保險），而移轉者亦有之。

　　(3)破產　本法第二八條本文規定：「要保人破產時，保險契約仍為破產債權人之利益而存在。」因要保人雖告破產，但對於保險標的之保險利益，並不因之而喪失，故其保險契約仍屬有效。不過要保人既已破產，則對於其財產即已喪失處分權，所以其保險契約只能為其破產債權人存在而已。

　　(二)**保險利益的消滅**　在財產保險方面，保險標的物滅失，保險利益即歸消滅；在人身保險方面，如要保人對於被保險人喪失本法第一六條所定之關

係時，原則上其保險利益亦歸消滅（如能移轉其關係於他人者，則不在此限）。保險利益消滅後，保險契約亦即歸消滅，自不待言。

◀◀ 第三節　保險契約的成立 ▶▶

第一項　保險契約的訂立程序

一般契約的成立，依民法第一五三條第一項規定：「當事人互相表示意思一致者，無論其為明示或默示，契約即為成立。」但保險契約，則不能僅依此而成立，而必須依下列程序為之：

壹　要保人的聲請

保險契約的成立，須先由要保人聲請（本法四四條一項），這種聲請就是要約（通常多填寫要保聲請書，並提出要保聲請書）。聲請出於要保人的自動，或出於保險人的勸誘（要約引誘），在所不問。

貳　保險人的同意

本法第四四條第一項規定：「保險契約，由保險人於同意要保人聲請後簽訂。」此項同意便是承諾。既有要約，復有承諾，依民法第一五三條之規定，本應已成立契約，但依照保險法第四四條規定，尚須簽訂書面文字。

參　契約的簽訂

保險契約，僅有要保人的要約與保險人的承諾，還不能夠成立，尚須簽訂一定的書面始可，已如上述。此項書面依本法第四三條規定：「保險契約，應以保險單或暫保單為之。」可見保險契約在本法上係一種要式契約。

所謂保險單 (policy; Versicherungsschein, Police, Versicherungsurkunde; police) 也叫保險證券，乃保險人所簽發之書面，不僅為保險契約之成立要件

（在本法上），且亦為保險契約之成立證明，有時還具有「有價證券」之性質（如無記名式或指示式之保險單），可以隨同保險標的而轉讓，可以質借款項（如人壽保險，付足一年以上之保險費者，即可向保險公司借款，而以保險單為質，本法一二〇條一項）。

所謂暫保單 (Binder, Binding slip)，也叫臨時保險單或保險契約證，是正式保險單簽發以前，由保險人所發的一種臨時保險契約書據。此種書據在正式保險單簽發前，自亦發生保險契約的效力。

保險契約成立後，不僅關乎保險人與要保人之權利義務，且對於第三人（例如受益人）亦不免發生利害關係，因而本法第四四條第二項規定：「利害關係人，均得向保險人請求保險契約之謄本。」以資參照，而維護其權益。

肆　要保人的說明義務

說明義務 (disclosure and representation, obligation to disclose; Anzeigepflicht; obligation de déclarer) 也叫告知義務，本法第六四條第一項規定：「訂立契約時，要保人對於保險人之書面詢問，應據實說明。」即指此而言。茲分下列各點述之：

㈠**義務的主體**　說明義務的主體為要保人。至於被保險人或受益人則無此義務。

㈡**義務的內容**　這一義務的內容如何？因保險人之如何詢問而不相同，而保險人的詢問又因保險種類之不同而有差異，例如火災保險，則對於建築物之構造及質料，或其環境及四鄰房屋的使用情形等，皆在詢問之範圍；至於人身保險，則對於年齡，婚姻，健康等問題，亦均在詢問之列。一經詢問，要保人須據實說明。惟無論何種詢問，必須以書面為之始可，否則若僅以口頭詢問，則不在此限。

㈢**義務的履行期**　說明義務的履行時期，在訂立契約之時，不在契約訂立之後，因而此項義務，並非保險契約的效力，而係保險契約訂立時，要保人的一種特有義務❽，與保險契約成立後，所應負之通知義務（本法五八、五九條）有所不同。

㈣**義務違反的效果**　違反此義務，依本法第六四條第二項規定：「要保人

有為隱匿，或遺漏不為說明，或為不實之說明，足以變更或減少保險人對於危險之估計者，保險人得解除契約；其危險發生後亦同。但要保人證明危險之發生未基於其說明或未說明之事實時，不在此限。」可見此義務的違反，足以構成保險人解除契約的理由。惟適用本條而解除契約時須具備以下的要件：①須要保人有為隱匿或遺漏不為說明，或為不實之說明：所謂為隱匿，就是「故意隱匿」，例如明知房屋內儲有煤油，而不說明；所謂遺漏不為說

---

❽ 說明義務乃保險契約訂立時，要保人之一種特有義務（在民法上只有訂約過失之問題，見民法二四七條，及託運人之告知義務，見民法第六三一條，與此相似）。其根據何在？學說甚多，有：①誠意說：保險契約乃最大誠意契約，其基礎在乎相互之信賴，因而於訂約之際，要保人自應將有關之事實，告知於他方。②合意說：保險契約，須基於雙方意思的完全一致，因而關於危險程度，亦必須合意，否則其契約得以解除。③射倖說：保險契約既屬一種射倖契約，因而就不確定之事故，雙方以具有平等的認識為原則，要保人自應有告知其已知事實之義務。④擔保說：有償契約其當事人須負瑕疵擔保責任，保險契約既為有償契約之一種，如要保人隱匿遺漏或為不實之說明，即屬隱匿其瑕疵，而應負責任。⑤危險測定說：保險契約之成立，須先測定危險率而計算保險費，因而使要保人對於保險人之詢問，負有據實說明之義務，以利保險契約之簽訂。此說為最近之通說，本法第六四條採之。

關於保險法第六四條，行政院未提修正案，惟在立法院曾經二次戲劇性修正，民國八十一年二月二十六日修正公布施行之第六四條條文為：「訂立契約時，要保人及被保險人對於保險人之書面詢問，應據實說明。

要保人及被保險人對於保險人之書面詢問有不實之說明或故意隱匿，其不實之說明或故意隱匿達保險人拒保程度者，保險人得解除契約；其危險發生後亦同。但保險人知其事實或因過失不知者，不在此限。

前項解除契約權，自保險人知有解除之原因後，經過一個月不行使而消滅；或契約訂立後經過二年，即有可以解除之原因，亦不得解除契約。」

上開條文於八十一年四月七日由立法委員於院會提案修正，逕行進入二讀程序，於院會無異議，亦未有人提出任何意見之情況下，即刻繼續進行三讀程序，院會亦無異議，於短短三分鐘內通過現行條文（參閱《立法院公報》第八十一卷第二十九期，通號第二五五七號，第二十一頁），並經總統於八十一年四月二十日令公布施行。

明，論者有謂限於「故意遺漏」，才符合修法的旨意，但此說將使「遺漏不為說明」與「為隱匿」發生重疊現象，且將使我國保險法之違背據實說明義務，限於以要保人「故意」為要件，不但對於過失而說明不實者，缺乏救濟之道，對保險人極為不利，而且與各國立法例有違。因此，宜將「遺漏不為說明」解釋為「過失遺漏」為是。遺漏不為說明，例如前此患有肺病，而忘記說明；所謂為不實之說明，例如未結婚之人，而稱已結婚便是。隱匿遺漏與不實之說明，在本質上原屬同一意義，不過前二者，屬於消極的，後者則屬於積極的而已。無論何者均須要保人具有故意或過失，否則要保人對於某項事實（如患有癌症）而不自知，縱未說明，亦無本條之適用。②須其隱匿、遺漏或不實之說明，足以變更或減少保險人對於危險之估計：否則其隱匿遺漏或不實之說明，無關重要者，亦無本條之適用。例如木屋，虛報磚造，即足以變更保險人對於危險之估計；又如懷孕之人，虛報未懷孕，即足以減少保險人對於危險之估計便是。至若要保人以漆成白色之船舶，報為灰色之船舶，雖其所報之顏色不實，但不足以變更或減少保險人對於危險之估計，即屬無關重要，而不得適用本條。具備上述要件後，保險人即得據以解除契約。惟此項解除權之行使，尚因於危險發生前為之抑或於危險發生後為之，而有所不同，茲分別說明如下：

(1)於危險發生前解除契約　保險契約成立後，於危險發生前（即保險事故發生前），保險人發現要保人有違反據實說明義務之情事，且具備前述要件者，即得依民法第二五八條規定解除保險契約，使保險契約之效力溯及自契約成立時而消滅，與自始未訂約同，其未履行者，當然不須再履行，已履行者，應返還之。契約解除後，當事人雙方固應互負回復原狀義務（民法二五九條參照），但因本法第二五條規定：「保險契約因第六十四條第二項之情事而解除時，保險人無須返還其已收受之保險費。」此為特別規定，自應優先適用。又因本法第二五條規定，具有懲罰不誠實要保人及填補保險人因解除契約所生損害之法意，並基於保險費不可分原則，從而保險人已收受之保險費固無須返還，其未收受之保險費，應解為保險人仍得請求要保人給付。其次，本法第二五條雖謂「其已收受之保險費」無須返還，惟基於保險費不可分原則，保險人無須返還之保險費或得請求要保人給付之保險費，應僅限於

保險人解除契約時該年度之保險費而言。

(2)於危險發生後解除契約　要保人有違反據實說明義務之情事者,縱令於危險發生後(即保險事故發生後),依本法第六四條第二項本文後段規定,保險人亦得解除契約。保險契約一經解除,即發生溯及的消滅之效力,與自始未訂約同。從而基於保險契約所發生之義務,當事人雙方未履行者,自不必再履行,其已履行者,互負回復原狀義務(民法二五九條參照)。就保險金之給付言之,保險人尚未給付者,自毋庸給付;其已給付者,保險人得請求返還。惟關於保險費之收取,本法第二五條設有無須返還之特別規定,已如前述,於茲不贅。

其次,要保人固有故意隱匿,或因過失遺漏,或為不實之說明等違反據實說明義務情事,惟其事項與保險事故之發生並無因果關係時,如要保人於訂立人壽保險契約時;隱匿其曾患有於危險估計上具有重要性之肺結核病癥或肝病,其後因車禍或胃癌而死亡;又如要保人於訂立火災保險契約時,就該房屋內貯藏有多量液化瓦斯之事實,故為隱匿,嗣後房屋因電線走火發生火災而燒毀,所貯藏之液化瓦斯卻安然無恙是,保險人得否於危險發生後,以要保人違反據實說明義務為由,解除保險契約而免除其保險理賠之責,不無問題。關於此項問題,主要有因果關係說與非因果關係說之不同見解,前者認為要保人未據實告知說明之事項與保險事故之發生間,具有因果關係者,保險人才得以解除保險契約而免除其保險理賠之責(參閱二〇〇八年德國保險契約法二一條);後者認為只要要保人有違反據實說明義務之情事,則不問其與保險事故之發生是否具有因果關係,保險人皆得據之解除保險契約而免除其保險理賠責任(參閱瑞士保險契約法四至六條,英國海上保險法一七條、一八條;又美國大多數州採之)。非因果關係說基本上係著重於要保人之違反據實說明義務,不僅可能影響及保險人於訂約時之危險估計,且保險人若知其事實,即可能不訂立保險契約,或至少不以同一條件訂立保險契約,故此說亦稱危險估計說。

我國保險法第六四條第二項原採非因果關係說之理論,認為不問要保人違反據實說明義務之事項與保險事故之發生是否具有因果關係,保險人皆得據之解除保險契約。惟民國八十一年四月二十日修正公布施行之現行保險法

第六四條第二項則增訂但書，即「但要保人證明危險之發生未基於其說明或未說明之事實時，不在此限」顯然已改採因果關係說。

如上所述，要保人違反據實說明義務者，保險人得解除契約。惟因解除權係形成權之一種，屬於破壞性之權利，為使法律關係早日確定，因而本法第六四條第三項規定：「前項解除契約權，自保險人知有解除之原因後，經過一個月不行使而消滅；或契約訂立後經過二年，即有可以解除之原因，亦不得解除契約。」此「一個月」與「二年」，都是除斥期間，保險人不於此期間行使解除權，則其解除權消滅。

第二項　保險契約的記載事項

 ## 基本條款

基本條款就是保險契約的法定記載事項，也叫保險契約的要素。依本法第五五條規定：「保險契約，除本法另有規定外，應記載下列各款事項。」

㈠**當事人之姓名及住所**　當事人指要保人及保險人而言，此兩者為保險契約之主體，所以其姓名及住所，應當記載，以做保險契約成立後，行使權利（如請求保險費）或履行義務（如給付保險金）之依據。於茲應注意者有以下各點：

⑴要保人之姓名住所，固須記載，但依本法第四九條第一項規定：「保險契約除人身保險外，得為指示式或無記名式。」以便轉讓，而利流通。所謂指示式即除記明要保人之姓名外並記載「或其指定人」字樣，此種保險單要保人得以背書轉讓於第三人。例如以房屋投保火險，於房屋所有權移轉時，其保險單即可依背書轉讓於受讓人是；所謂無記名式，即不記載要保人之姓名，要保人得依交付而轉讓其保險單於第三人，例如以貨物投保火險者，可將保險單隨同貨物交付而轉讓他人是。不過此之轉讓與票據之轉讓有所不同，票據之轉讓，以「後手不繼承前手之瑕疵」為原則（票據法一三條本文），而此之轉讓，依本法第四九條第二項規定：「保險人對於要保人所得為之抗辯，亦得以之對抗保險契約之受讓人。」例如原要保人積欠保險費，則保險人亦

得對於受讓人主張便是（此之規定，與民法二九九條規定趣旨相同）。

⑵保險契約非由要保人自行簽訂，而由其代理人簽訂者，則依本法第四六條規定：「保險契約由代理人訂立者，應載明代訂之意旨。」例如載明要保人某甲之代理人某乙便是。其次依本法第四七條規定：「保險契約由合夥人或共有人中之一人或數人訂立，而其利益及於全體合夥人或共有人者，應載明為全體合夥人或共有人訂立之意旨。」

⑶保險契約若於要保人外另有被保險人或另有受益人者，是謂「為他人利益的保險契約」。此種契約的訂立，要保人受他人之委任者，固屬常態，但未受他人之委任者，亦屢見不尟。此種情形依本法第四五條前段規定：「要保人得不經委任，為他人之利益訂立保險契約。」，乃法所許可。又保險契約另有受益人者，應將受益人之姓名記明，否則依同條後段規定：「受益人有疑義時，推定要保人為自己之利益而訂立。」又依本法第五二條規定：「為他人利益訂立之保險契約，於訂約時，該他人未確定者，由要保人或保險契約所載可得確定之受益人，享受其利益。」

㈡**保險之標的物**　保險之標的物，就財產保險言之，就是保險事故發生之財產，如火災保險之貨物、海上保險之船舶是。但在人身保險便是被保險人，因而本法第一〇八條第一款、第一二九條第一款及第一三二條第一款，均有須載明：「被保險人之姓名、年齡及住所」之規定，以為補充。保險標的物甚關重要，所以必須記明於保險契約。同時依本法第四八條規定：「保險人得約定保險標的物之一部分，應由要保人自行負擔由危險而生之損失。」「有前項約定時，要保人不得將未經保險之部分，另向他保險人訂立保險契約。」是為共同保險條款 (coinsurance clause)，也叫合力保險，有此約定，也應載明於保險契約。至於此種約定的目的，在乎使要保人自己亦負擔一部分之責任，則對於保險標的物之保護，自必加意為之，以防止發生危險，而有利於保險人，故為法所許可。此種約款與一部保險有別，因一部保險，要保人仍得將未保險部分另向他保險人投保而為複保險；但此則不可。

㈢**保險事故之種類**　保險事故就是保險人依保險契約所應擔保之事由，例如火災保險之火災、死亡保險之死亡便是。保險事故也就是所保之危險，其種類必須記明，藉以確定保險人的責任範圍。

　　惟危險 (risk; Risiko, Gefahr; risque) 一語，本有多種意義：①用作「偶然事故發生之可能性」者有之，如謂「有火災或死亡之危險」便是；②用作偶然事故發生可能性之蓋然率者有之，如本法第五九條所稱之「危險之增加」或「危險之減少」便是；③用作偶然事故發生可能性所根據之具體事實者有之，如火災保險之建築材料，及消防設備之狀況等是；④用作偶然事故發生可能性所根據各個事實之綜合狀態者有之，如云危險狀態是；⑤用作應負擔偶然事故不利益結果之責任者有之，如云危險轉嫁，或危險承擔是；⑥用作與偶然事故為同一之意義者有之，如本法第六四條所稱之「危險發生」及第五一條所稱之「危險已發生」便是。上列六種意義，於此則指⑥而言。

　　其次保險事故應具備以下之要件：①須可能：保險事故須有發生之可能，否則如根本無發生之可能，如「杞人憂天」故事，倘以「天墜」為保險事故則不可。因吾人現時觀察，天無墜落之可能。衡諸「無危險即無保險」(ohne Gefahr keine Versicherung; sans risque, pas d'assurance) 之說，故不得以此而成立保險契約。②須不確定：不確定之情形有三種，「事故發生與否不確定」、「發生雖確定，但發生之時期不確定（如人之死亡）」、「發生及發生之時間，大體確定，但其發生之程度不確定（如霜害、颱風）」。保險事故須有此三種情形中之任一情形方可。③須屬於將來：保險事故，須屬於將來之事故，也就是說，其發生須在保險契約訂立以後。因而本法第五一條第一項本文規定：「保險契約訂立時，保險標的之危險已發生或已消滅者，其契約無效」。惟此乃原則，尚有以下例外：

　　①關於危險之已發生（如船已沉沒）、或已消滅（如船已安全進入港口）若為當事人雙方所不知者，不在此限（同條一項但書），此種情形，屬於「追溯保險」之一種，詳後述之。

　　②訂約時僅要保人知危險已發生者，保險人不受契約之拘束（同條二項），因此種情形，要保人既知危險之已發生，而不告知對方，顯有詐取保險金之嫌，所以保險人不受契約之拘束，結果可不必給付保險金，並得請求償還費用，其已收之保險費無須返還（本法二四條一項）。

　　③訂約時，僅保險人知危險已消滅者，要保人不受契約之拘束（同條三項），因保險人既知危險已消滅，自不應再與人就此訂立契約，乃竟貪得保險

費，而仍與人訂約，亦不免有詐欺之嫌，所以要保人不受契約之拘束，結果，保險人不得請求保險費及償還費用，其已收受者應返還之（本法二四條二項）。

④須非不法：違法或有背於公序良俗之事故，則不得以之投保（如竊盜以其贓物有被失主追奪之危險，而為之保險則不可）。

至於保險事故之種類，各種保險固不相同，但大體言之，不外：①人類之行為，及②人類行為以外之事件兩種。前者尚可分為：第三人之行為及要保人方面之行為，第三人之行為，無論適法或違法，皆得為保險事故，但要保人方面之行為，如屬違法行為（如自行放火），原則上即不得為保險事故，也就是保險人不負賠償責任。

㈣**保險責任開始之日時及保險期間**　保險責任開始之日時，就是保險人由何時起，始負保險責任之謂。通常情形，於保險契約成立的同時，保險責任即行開始。但當事人亦得約定：①開始於保險契約成立之前，是謂「追溯保險」 (retrospective or retroactive policy; Rückwärtsversicherung) 或過去保險 (Vergangenheitsversicherung)。此種保險有兩種情形，一為法所規定者，如本法第五一條第一項但書是（已見前述）；二為當事人所約定者，即此之所述者是。②開始於保險契約成立之後，即當事人約定遲至契約成立後若干日。保險人之責任始開始是。

其次保險期間 (term of insurance, period of insurance; Versicherungsdauer; durée d'assurance) 就是保險人責任之存續期間，在此期間內發生保險事故，保險人始負責任，故必須明白記載。此期間通常多以一定之時間定之，如「一年」是；但亦有以一定之事實定之者，如「由甲港至乙港之航海期間」是。通常情形保險期間何時開始，則保險人之責任即開始，兩者常屬一致，但保險責任於保險期間開始後，開始者亦有之。

㈤**保　險　金　額**　保　險　金　額 (insured amount, sum insured; Versicherungssumme; somme assurée) 就是保險契約當事人約定，於保險事故發生時，保險人所應賠償之金額。在人身保險，其保險金額，就是保險事故發生時，保險人實際支付之金額，但在財產保險多為表示保險人賠償責任之最高限額，至其實際賠償額，尚應視實際之損害情形定之。又保險金額之多

寡，在人身保險，委由當事人自行約定，別無限制，但在財產保險，則應受保險價額之限制，如保險金額超過保險價額者，謂之超過保險，此時其契約之效力，法律上另有規定，詳後述之（本書九二頁）。

㈥**保險費**　保險費 (premium; Prämie; prime) 乃要保人交付保險人負擔保險責任之對價，於契約中必須記載，以為要保人履行此項義務之依據，其詳後述之（本書六四頁）。

㈦**無效及失權之原因**　無效及失權之原因，乃當事人約定，保險契約無效或要保人、被保險人及受益人喪失契約權利之事由，例如保險費欠繳若干期，則契約自始無效，或喪失保險金之請求權是。有此約定，應於保險契約上明白記載之，否則不生效力。

㈧**訂約年月日**　訂約年月日就是保險契約成立之時期。通常保險人之責任，即由此開始，所以必須記載。

以上八款係一般保險契約的應記載事項，但本法第五五條中尚有「除本法另有規定外」一語，那是指著本法第一〇八條就人壽保險、第一二九條就健康保險，及第一三二條就傷害保險所設的特別規定而言。因此三者情形特殊，所以其契約除了應記載上述八款事項外，尚應分別記載上開三條所規定之事項，以為補充。至其補充之事項如何，俟於各該節述之，茲不先贅。

貳　特約條款

㈠**特約條款的意義**　依本法第六六條規定：「特約條款，為當事人於保險契約基本條款外，承認履行特種義務之條款。」可知特約條款須具備兩個要件：①須當事人承認履行特種義務：也就是當事人約定，一方或雙方履行特種義務，其義務之履行，並非由於法定而係由於意定，所以特約條款，屬於任意記載事項，也叫保險契約的偶素。②須在基本條款之外：若所約定者屬於基本條款之範圍，那就等於畫蛇添足，多此一舉。所以特約條款必須在基本條款範圍之外方可。

㈡**特約條款的內容**　本法第六七條規定：「與保險契約有關之一切事項，不問過去、現在或將來，均得以特約條款定之。」茲分述如下：

⑴**過去事項**　過去事項指契約成立前之事項而言，例如人壽保險約明被

保險人過去確曾打過霍亂預防針便是。

(2)**現在事項**　現在事項指契約成立時之事項而言，例如火災保險約定屋內並未儲存煤油，海上保險約定船舶確有戰艦護航便是。

(3)**將來事項**　將來事項指契約成立後之事項而言，例如傷害保險約定被保險人將來不到礦場工作便是。

以上三種特約條款，均屬於要保人方面所具者，其性質類似保證，所以也叫做「保證條款」(warranties)。但特約條款不以保證條款為限，他如擴張保險人責任範圍之條款　（如倉庫至倉庫條款 Warehouse to warehouse clause; Klausel von Lager zu Lager; Clause magasin à magasin），或縮小責任範圍之條款（如兵險除外條款，見本書七二頁），亦均得任意記載之；不過須受本法第五四條之限制而已。

㈢**特約條款的效力**　特約條款一經記載，當事人即不得違背，因而本法第六八條第一項規定：「保險契約當事人之一方違背特約條款時，他方得解除契約；其危險發生後亦同。」可見違背特約條款，即構成解除契約的原因。但其解除權之行使，卻受有除斥期間之限制，詳言之，即自解除權人知有解除之原因後，經過一個月不行使而消滅，或契約訂立後經過二年，即有可以解除之原因，亦不得解除契約（本法六八條二項準六四條三項）。解除契約之規定，不問其特約條款係過去事項、現在事項或將來事項，均得適用，但關於將來事項之特約條款，尚有特殊的效果，那就是本法第六九條規定：「關於未來事項之特約條款，於未屆履行期前危險已發生，或其履行為不可能，或在訂約地為不合法而未履行者，保險契約不因之而失效。」此可分三點述之：

(1)**於未屆履行期危險已發生**　例如火災保險，約定要保人於訂約後一個月內將屋內之煤油搬出，以免引起火災。豈知訂約後僅十日，即發生火災。此種情形，保險契約並不因之而失其效力，自亦不得解除。

(2)**履行為不可能**　例如火災保險，約定要保人即須將屋內火藥搬出，豈知訂約後該房屋為敵兵所佔，無法搬遷。此種情形，屬於履行為不可能，保險契約並不因之而失其效力，自亦不得解除。

(3)**在訂約地為不合法而未履行**　例如竊盜保險，約明要保人須將金庫內所存之黃金賣出，豈知訂約後，政府頒布黃金禁止買賣之命令，因而售賣黃

金為不合法，乃未能履行特約條款。此種情形，亦屬履行不能，但保險契約亦不因之而失其效力，自亦不得解除。

◀◀ 第四節　保險契約的效力 ▶▶

第一項　要保人的義務

 ### 保險費的交付

㈠**保險費的意義**　保險費是要保人交付於保險人作為其負擔危險責任對價的金錢。由此可知：①保險費的標的，限於金錢。②保險費的作用，係要保人給與保險人，作為其負擔危險責任的對價，也就是保險人所應獲得之報酬，而為保險契約的成立要件。

㈡**保險費的交付**　保險費的交付，可分以下各點言之：

⑴**交付義務人**　保險費的交付義務人為要保人，本法第二二條第一項及第二項明定：「保險費應由要保人依契約規定交付。信託業依信託契約有交付保險費義務者，保險費應由信託業代為交付之。」「前項信託契約，保險人依保險契約應給付之保險金額，屬該信託契約之信託財產。」要保人為自己利益所訂的保險契約固然是要保人有繳納保險費的義務；在金錢型信託，則由信託業者交納；因為信託業者對信託財產的營運範圍包括存款、基金、公債等符合財政部審核通過的各項金融產品。購買保險屬於信託財產運用項目的一種。又信託法第九條的規定：「受託人因信託行為取得之財產權為信託財產。受託人因信託財產之管理、處分、滅失、毀損或其他事由取得之財產權，仍屬信託財產。」因此，信託業者依照信託指示購買保險並支付保險費，視為要保人履行交付保險費的義務，其所得之保險給付應該放入信託帳戶，並依信託契約給予信託受益人。信託業者依照信託契約之指示購買保險、且因該保險契約發生的保險給付（保險金），應該屬信託財產。

　　為他人利益所訂的保險契約，其保險費的交付義務，雖應由要保人負責，但要保人如不交付時，保險人亦得以之對抗受益人（本法二二條三項）。

　　(2)**保險費的數額**　保險費的數額由保險人定之，其算定方法，係以保險金額為基礎，而依危險率計算之。但保險費數額並非一成不變，契約成立後尚有增減之時，詳言之：①保險費之增加：遇有本法第五九條第二、三項所定之情形，保險人得提議增加保險費，如要保人同意（若不同意則其契約即為終止，另述之），則保險費此後即增加矣。又有第九九條之情形亦得增加保險費，詳後述之。②保險費之減少：本法第二六條第一項規定：「保險費依保險契約所載增加危險之特別情形計算者，其情形在契約存續期內消滅時，要保人得按訂約時保險費率，自其情形消滅時起算請求比例減少保險費。」又具有本法第五九條第四項、第七六條第二項及第九九條之情形，亦均得減少保險費，其詳後述之。

　　(3)**交付的方法**　保險費的交付方法，分一次交付及分期交付兩種（本法二一條本文前段）。所謂「一次交付」，就是一次付清全部保險費，在財產保險，通常多採用此法。所謂「分期交付」，就是將保險契約期間，分為幾個保險費期間，而按期交付一定金額，在人身保險多採此法。

　　(4)**交付的時期**　本法第二一條規定：「保險費分一次交付，及分期交付兩種。保險契約規定一次交付，或分期交付之第一期保險費，應於契約生效前交付之；但保險契約簽訂時，保險費未能確定者，不在此限。」就是保險費除於簽訂保險契約時，尚未確定者外，無論其交付方法，係一次交付，或分期交付，概應於保險契約生效前交付之。不過其分期交付者，在契約生效前只須交付第一期而已。

　　(5)**交付的地點**　民法關於債務之履行地點有債權人住所地主義（赴償債務）與債務人住所地主義（往取債務）之別，而以債權人住所地主義為原則。那麼保險費的交付地點，究採何種主義，本法無規定。習慣上多由保險公司派人收取，但本法人壽保險節，第一一六條第二項後段規定：「保險費經催告後，應依與保險人約定之交付方法交付之；保險人並應將前開催告通知被保險人以確保其權益。對被保險人之通知，依最後留存於保險人之聯絡資料，以書面、電子郵件、簡訊或其他約定方式擇一發出通知者，視為已完成。」

就是人壽保險的保險費於給付遲延後，即變為赴償債務。

㈢**保險費的返還**　保險費一經交付後，就屬於保險人之所有，但有時尚可發生返還的問題。保險費的返還，雖然不是要保人的義務，而是保險人的義務，但為說明便利，乃一併敘述於此。那麼究竟在什麼情形之下，保險費才要返還？可分四點述之如下：

⑴**複保險時的返還**　本法第二三條第一項規定：「以同一保險利益，同一保險事故，善意訂立數個保險契約，其保險金額之總額超過保險標的之價值者，在危險發生前，要保人得依超過部分，要求比例返還保險費。」這是因為複保險依本法第三八條之規定，各保險人既然對於保險標的之全部價值就其所保金額負比例分擔之責，那麼對保險費的超過部分自然也應該比例返還。不過這只限於善意的複保險，若屬惡意的複保險，則保險契約雖歸無效（本法三七條），但依本法第二三條第二項規定：「保險契約因第三十七條之情事而無效時，保險人於不知情之時期內，仍取得保險費。」在此情形，保險費即無須返還。

⑵**契約無效時的返還**　保險契約無效，則已交付之保險費自應返還。惟本法第二四條第一項規定：「保險契約因第五十一條第二項之情事，而保險人不受拘束時，保險人得請求償還費用，其已收受之保險費，無須返還。」這是因為保險契約，僅保險人不受拘束，而要保人仍受拘束（相對的無效），所以保險費無須返還。反之依本法第二四條第二項規定：「保險契約因第五十一條第三項之情事，而要保人不受拘束時，保險人不得請求保險費及償還費用。其已收受者，應返還之。」此種情形，因要保人既不受契約之拘束，自無須交付保險費，其已交付者自得請求返還。

⑶**契約解除時的返還**　保險契約解除時，保險人自應返還保險費，但因要保人不據實說明，而保險人解除契約者，則依本法第二五條規定：「保險契約因第六十四條第二項之情事而解除時，保險人無須返還其已收受之保險費。」

⑷**契約終止時的返還**　保險契約終止，則終止後的保險費，如已收受者，自應返還，對此本法有明文規定者如下：①第二四條第三項規定：「保險契約因第六十條或第八十一條之情事而終止，或部分終止時，除保險費非以時間

為計算基礎者外，終止後之保險費已交付者，應返還之。」所謂「第六十條之情事」就是指因危險增加或危險減少而終止契約之情形，所謂「第八十一條之情事」就是指保險標的物非因保險契約所載之保險事故而完全滅失時，保險契約終止之情形。因此兩種情事，其契約終止者，則終止後的保險費如已交付者，就應返還。但保險費非以時間為計算基礎者（例如以航程為計算基礎），則不必返還。②本法第二六條第二項規定：「保險人對於前項減少保險費不同意時，要保人得終止契約。其終止後之保險費已交付者，應返還之。」就是要保人依第二六條第一項規定請求比例減少保險費，而保險人不同意，致要保人終止契約時，則終止後之保險費，如已交付者即應返還。③本法第二七條規定：「保險人破產時，保險契約於破產宣告之日終止，其終止後之保險費，已交付者，保險人應返還之。」惟保險人既已破產，則此種保險費之返還請求權，應屬於破產債權，只得依破產程序行使。④本法第二八條規定：「要保人破產時，保險契約仍為破產債權人之利益而存在，但破產管理人或保險人得於破產宣告三個月內終止契約，其終止後之保險費已交付者，應返還之。」此時應返還之保險費即屬於破產財團，要保人本人不得自行請求，而不待言。最後應予說明者，即保險費返還請求權，其消滅時效期間，應為二年，自得請求之日起算（本法六五條）。

貳　危險的通知

㈠危險發生的通知　本法第五八條規定：「要保人、被保險人或受益人，遇有保險人應負保險責任之事故發生，除本法另有規定，或契約另有訂定外，應於知悉後五日內通知保險人。」此可分以下各點說明：①通知義務人：通知義務人為要保人，但不以此為限，即被保險人或受益人，也有此項義務。②通知事項：通知事項為保險人應負保險責任之事故之發生，例如火災保險之火災，死亡保險之死亡都是。此項事故一經發生，保險人即應給付保險金，關係重大，所以必須通知。③通知時期：通知時期限於知悉後五日內為之，因日久生變，影響責任之確定，所以有早日通知之必要。惟此五日之期限，倘本法另有規定（如本法八九條準用海商法一四九條之規定）或契約另有訂定時，則不適用之。④通知方法：本法無規定，得用任何方法為之。⑤怠於

通知的效果：本法第五七條規定：「當事人之一方對於他方應通知之事項而怠於通知者，除不可抗力之事故外，不問是否故意，他方得據為解除保險契約之原因。」又本法第六三條規定：「要保人或被保險人不於第五十八條、第五十九條第三項所規定之期限內為通知者，對於保險人因此所受之損失，應負賠償責任。」

　　㈡**危險增加的通知**　危險增加關乎保險人的責任至大，所以法律上使要保人負有通知義務。此項義務本法設有規定如下：①要保人對於保險契約內所載增加危險之情形應通知者，應於知悉後，通知保險人（本法五九條一項）。例如房屋火災保險契約內載明「房屋附近如有新設增加危險之設備時，要保人應即通知保險人」等語，倘其附近新設火藥庫一所，則要保人於知悉後即應通知是。②危險增加由於要保人或被保險人之行為所致，其危險達於增加保險費或終止契約之程度者，要保人或被保險人應先通知保險人（同條二項）。所以規定其事先通知者，因危險增加既由於要保人或被保險人自己之行為所致，自必事先知悉，故應事先通知，以便保險人依本法第六〇條之規定，有所措施（參照下述）。③危險增加不由於要保人或被保險人之行為所致者，要保人或被保險人應於知悉後十日內通知保險人（同條三項）。

　　上述三種情形所以必需通知者，因依本法第六〇條第一項規定：「保險遇有前條情形，得終止契約，或提議另定保險費。要保人對於另定保險費不同意者，其契約即為終止。但因前條第二項情形終止契約時，保險人如有損失，並得請求賠償。」申言之，遇有危險增加之情形，不論是否由於要保人或被保險人行為之所致，保險人均得採取兩項辦法：①逕行終止契約；②提議另定保險費，如要保人對於另定保險費不同意時，契約亦當然終止。惟契約之終止，如係由要保人或被保險人之行為致增加危險之情形所致者，則保險人如有損失（例如訂約費用），並得請求賠償。

　　此種逕行終止契約或提議另定保險費之權利，依本法第六〇條第二項規定：「保險人知危險增加後，仍繼續收受保險費，或於危險發生後給付賠償金額，或其他維持契約之表示者，喪失前項之權利。」就是：①保險人知危險增加後，仍續收保險費，而無異議者；②危險發生後，照付保險金者；③其他維持契約之表示（如表示不另定保險費）者，有此三種情形之一，則其逕

行終止契約，或提議另定保險費之權利，即歸喪失。所以如此者，在乎早日確定法律關係，以免久懸不決。

其次危險增加之通知，係原則上如此，例外亦有無須通知者，依本法第六一條規定：「危險增加如有下列情形之一時，不適用第五十九條之規定。」所謂下列情形，就是：

(1)**損害之發生不影響保險人之負擔者**　即危險雖屬增加，但其損害之發生（如房屋投保火險，而附近大水氾濫，有淹及該屋之可能），不影響保險人之負擔（對於水災本不負責）時，則無通知之必要。

(2)**為防護保險人之利益者**　即危險增加，雖由於要保人或被保險人之行為，但其行為之目的，係為防護保險人之利益，例如房屋投保火險，原有放置屋外之若干易燃物品，因鄰居起火，為避免其延燒，而移置於屋內，雖較前危險增加，但卻能避免為鄰火所殃及，而防護保險人之利益。其動機善良，自無通知之必要。

(3)**履行道德上之義務者**　人類須以道德為重，因而如為履行道德義務，雖致危險增加，亦不必通知。例如房屋投保火險時，本有滅火器之設備，但因鄰屋失火，致將滅火器移用於撲滅鄰火，此種滅火器減少，雖相對的增加危險，但純為救助鄰屋，而履行道德義務，故亦無通知之必要。此種情形，若其救火，並有避免延燒，以防護保險人利益之動機時，尚可適用前款之規定，自不待言。

再次上述之㈠危險發生的通知及㈡危險增加的通知兩者，除危險增加的通知，遇有上述第六一條規定之情形，可以不必通知外，本法第六二條復規定：「當事人之一方對於下列各款，不負通知之義務。」即：

(1)**為他方所知者**　他方既已知曉，自不必再為通知，以免畫蛇添足，多此一舉。

(2)**依通常注意為他方所應知，或無法諉為不知者**　就是按一般人之注意，必能知曉之謂，例如投保兵險，而敵人業已迫近，報章已顯著刊出，保險人自應知曉。又如投保火險，而其標的物係屬煤炭，其性易燃，保險人無法諉為不知是。

(3)**一方對於他方經聲明不必通知者**　既已聲明不必通知，當然不必再為

通知。

　　最後除上述情形，要保人不負通知義務，自無須為通知外，其應通知而不通知者，即屬義務之違反，依本法第六三條規定：「要保人或被保險人不於第五十八條、第五十九條第三項所規定之期限內為通知者，對於保險人因此所受之損失，應負賠償責任。」以示制裁。又本法第五七條規定：「當事人之一方對於他方應通知之事項而怠於通知者，除不可抗力之事故外，不問是否故意，他方得據為解除保險契約之原因。」凡此皆為違反通知義務之結果。

第二項　保險人的義務

壹　賠償責任的負擔

　　保險契約一旦有效成立，則保險人即須依照契約的內容，負擔賠償責任，此乃保險契約的直接的效力。基此效力，保險人始有給付保險金的義務。所以賠償責任的負擔，乃保險金給付之前提。關於此一責任的範圍如何？可分以下各點述之：

　　㈠**法定的責任範圍**　保險人賠償責任的範圍，因保險種類而異，除就各種保險，法律上多設有特別規定之外（如本法一〇九、一二一條，海商法一三一條），本法上設有一般性規定如下：

　　⑴**由不可預料或不可抗力之事故所致之損害**　本法第二九條第一項規定：「保險人對於由不可預料或不可抗力之事故所致之損害，負賠償責任。但保險契約內有明文限制者，不在此限。」所謂「不可預料之事故」，就是事故之發生，屬於偶然之謂，若出於要保人的事先安排，則不得謂之不可預料，例如房屋失火，固屬不可預料，若自行放火，則非為不可預料是；又如身體偶染危疾，固屬不可預料，若故意自行傷害，則非為不可預料是。所謂「不可抗力之事故」，就是危險的發生，非人力所能抗拒之謂，其是否可得預料，在所不問。例如颱風每年必有，其來襲雖在預料之中，但亦不妨就颱風災害為保險是（臺灣五三年度未遭風襲，但不能竟謂該年無颱風）。保險人對於不可預料或不可抗力之事故所致之損害負賠償責任，是乃原則。若保險契約內

有明文限制者（如明定船舶由於擱淺，火災由於地震者，不負責任），則不在此限。

　　⑵**由要保人或被保險人之過失所致之損害**　本法第二九條第二項規定：「保險人對於由要保人或被保險人之過失所致之損害，負賠償責任。但出於要保人或被保險人之故意者，不在此限。」就是損害之發生，若由於要保人或被保險人之過失所造成者，保險人仍應負責。此之所謂過失，包括一切過失而言，與海商法第一三一條之規定不同，該條規定對於重大過失不負責任，此則無論何種過失均應負責，因而保險人之負責範圍，較海上保險為廣（海上保險當然優先適用海商法之規定）。至於何種損害，始為過失所致之損害，例如人壽保險，因被保險人口腹不慎，以致喪生；火災保險，因要保人煙蒂忘熄，以致延燒都是。此種情形，本出無心（過失），若不賠償，則保險之作用，失其大半。由於過失所致之損害，固應賠償，但由於故意者，卻不應賠償，否則不免助長不良風氣，流弊滋多。所謂故意所致之損害，例如要保人放火，或被保險人自殺之類便是。此種危險，學說上稱為道德的危險或主觀的危險（參照本書四九頁）。由此所致之損害，保險人不負賠償責任。被保險人之死亡保險事故發生時，要保人或受益人應通知保險人。保險人接獲通知後，應依要保人最後所留於保險人之所有受益人住所或聯絡方式，主動為通知（本法二九條三項）。

　　⑶**因履行道德上之義務所致之損害**　本法第三〇條規定：「保險人對於因履行道德上之義務所致之損害，應負賠償責任。」損害之出於要保人或被保險人或其代理人之故意者，保險人不負賠償責任，已如前述。然若因履行道德上之義務，則動機善良，縱屬出於故意，保險人亦應負賠償責任。例如人壽保險，為拯救他人之溺水，而自己淹斃；貨物保險，為撲滅他船之火災，而自己之滅火器（貨物）全被用罄是。此等行為雖屬故意，但因係履行道德義務，所以保險人仍應賠償。又其故意行為出於法律之所許者（如共同海損所犧牲之財物，係由於船長之故意處分，其被處分之財物縱為船長自有，若已保險時），保險人亦應負責賠償，自不待言。

　　⑷**因要保人或被保險人之受僱人或其所有之物或動物所致之損害**　本法第三一條規定：「保險人對於因要保人，或被保險人之受僱人，或其所有之物

或動物所致之損害，應負賠償責任。」例如火災保險，要保人之受僱人失火；或傷害保險，被保險人被自己之犬所咬傷均是。此等情形，保險人均應負賠償責任。又由受僱人所致之損害，無論出於過失或故意對於保險人之賠償責任雖無影響，但如出於過失者，則保險人對該受僱人無代位請求權（本法五三條二項）。

(5)因戰爭所致之損害　本法第三二條規定：「保險人對於戰爭所致之損害，除契約有相反之訂定外，應負賠償責任。」戰爭亦屬不可抗力之一種，其所致之損害，保險人原則自應負責，但不妨為不負責之訂定。此種訂定，稱為「兵險除外條款」(Free of war risk clause; Freivon Kriegsgefahr; Clause de guerre)。有此條款，則對於戰爭所致之損害，可不負賠償責任。又此之所謂戰爭，不以國際間之戰爭為限。至是否宣戰，也在所不問。

㈡約定的責任範圍　上述之法定的責任範圍，當事人也可以依契約加以限制或擴張，是為約定的責任範圍。有此約定，則保險人的賠償責任，自應從其約定。

貳　保險金的給付

㈠給付的數額　保險事故發生之後，保險人應向被保險人或受益人給付保險金，此項保險金之數額，在人身保險，就是保險契約中所列的保險金額，故二者一致；但在財產保險，則須視實際上所遭受損害之若何，而加以確定，不過其最高額卻不得超過保險契約中所載之保險金額而已。那麼在財產保險，保險人所給付之保險金數額，與契約上之保險金額，實際上未必一致。

保險人的給付以賠償金額❾為限，是為原則，但有下列之例外：

---

❾　三四條中「賠償金額」一語，係舊法四三條中「保險金額」一語之修正，其修正理由，據財政部原案說明為：「保險人之賠償，在火災、運送意外等保險係按損失額給付，非一定為保險金額之全部，而在人壽保險則係按約定保險金額給付，原條文顯不適用於火災等保險，故將保險金額修正為賠償金額。」本書認為舊法四三條一項所稱之「應付之保險金額」與同條二項所稱之「保險金額」不同，前者即實際應賠償之數額，後者乃保險契約中所列之保險金額。前者雖可改為賠償金

⑴**本法另有規定者**　此種規定，在本法上可舉出兩點，即第三三條及第七九條所定之費用償還便是。除第七九條之內容俟於財產保險中（本書一○○頁）述之外，至第三三條第一項規定為：「保險人對於要保人或被保險人，為避免或減輕損害之必要行為所生之費用，負償還之責。其償還數額與賠償金額，合計雖超過保險金額，仍應償還。」例如某人有房屋一棟，價值十萬元，投保火險十萬元，因附近失火，為避免其延燒起見，乃以一千元僱人救火，不意火勢過猛，無法阻止，結果該屋仍遭焚燬。此時保險人除應賠償該屋之保險金額十萬元外，對於救火之費用一千元（雖二者之合計，已超過保險金額十萬元），也應該償還。這是因為此種支出，純為避免或減輕保險標的之損害，以減輕保險人之負擔而然。倘保險人適在現場，亦必採同樣之措施，所以保險人應該負責償還。其次上例係假定保險金額與保險標的之價額相等時的情形，若保險金額不及保險標的之價額時，則依同條第二項規定：「保險人對於前項費用之償還，以保險金額對於保險標的之價值比例定之。」例如上述屋價雖為十萬元，但投保火險五萬（保險金額）時，則該救火費用一千元，保險人只應負擔五百元（共應賠償五萬零五百元）即可。

⑵**契約另有訂定者**　保險人的賠償，雖以金錢充之，但亦不妨約定為實物或其他方法的賠償。例如火災保險約定負責重建或修繕；傷害或健康保險，約定負責醫療之類均是。此等約定，自屬有效（本法一條有「負擔賠償財物」字樣，則保險人之賠償，不以金錢為限可知）。

㈡**給付的期限**　本法第三四條第一項規定：「保險人應於要保人或被保險人交齊證明文件後，於約定期限內給付賠償金額。無約定期限者，應於接到通知後十五日內給付之。」應付之賠償金額，在人身保險就是保險金額，在財產保險則須另行計算，其確定的方法，或由當事人協議，或由公證人勘估，均無不可。一經要保人或被保險人交齊證明文件，保險人即應依下列期限給付：①約定期限：保險契約如有約定給付期限者，保險人應於約定期限內給

額，但後者卻不可，因其具有最高限額之意，但無論何者，仍以用「保險金」之字樣較妥，故本書之敘述並未依照法條用「賠償金」字樣。

付之。②法定期限：無約定期限者，本條定為十五日內給付之。此十五日為法定期限，自保險人接到通知（指本法五八條所定保險事故發生之通知）後起算（海商法一五〇條一項：「保險人應於收到要保人或被保險人證明文件後三十日內給付保險金額。」是乃特別規定，限於海上保險適用）。保險人如因可歸責於自己之事由致未依期給付保險金者，應負給付遲延責任，須給付年利一分之遲延利息（本法三四條二項）。

㈢**代位權的發生**　本法第五三條第一項規定：「被保險人因保險人應負保險責任之損失發生，而對於第三人有損失賠償請求權者，保險人得於給付賠償金額後，代位行使被保險人對於第三人之請求權；但其所請求之數額，以不逾賠償金額為限。」是為保險人的代位權，屬於一種賠償代位。此權利之主體為保險人，其成立要件如下：

⑴**須被保險人因保險事故對第三人有損失賠償請求權**　保險人代位權之成立，須被保險人因保險人應負保險責任之損失發生，而對第三人有損失賠償請求權。例如房屋火災保險，而因第三人之侵權行為致房屋焚燬，則被保險人對於第三人有損害賠償請求權（民法一八四條），此一損害賠償請求權，就是保險人所得代位行使之權利。又如貨物海上保險，因船長之故意處分，造成共同海損，則被犧牲貨物之所有人（被保險人）對於船舶或其他被留存貨物之所有人有清償其各自分擔額之請求權（海商法一一一條），此種請求權亦得為保險人代位的對象是。若被保險人因保險事故之發生，對於第三人無賠償請求權時，則保險人自亦無代位之可言。因此種代位，亦係權利之法定的移轉，若被保險人根本無是項權利，則何能移轉。至於被保險人對第三人無賠償請求權之情形有二：①保險事故之發生，無關於第三人者，例如房屋火災保險，由於不可抗力或由於被保險人自己之過失而焚燬時，則被保險人對於第三人即無賠償請求權（如另有保險，對於另一保險人雖有賠償請求權，但斯乃屬於複保險之問題，不適用本條規定）。②保險事故之發生，雖對於第三人應有賠償請求權，但於訂立保險契約前，被保險人對於該第三人已預先免除其責任者，例如物品運送，如有損害，運送人本應負賠償責任（民法六三四條），但運送契約如訂立於貨物保險契約以前，而其契約上又有「運送物應由託運人保險，運送物保險契約上之利益，應歸運送人享受」等記載者，

是無異託運人對於運送人之責任，預先免除。此種情形若於訂立保險契約之際，為保險人所已知者，則保險人對於運送人即無代位請求權。其次此之所謂第三人雖不以自然人為限，而法人亦包括在內，但對於自然人卻有例外，即同條第二項規定：「前項第三人為被保險人之家屬或受僱人時，保險人無代位請求權。但損失係由其故意所致者，不在此限。」這就是說保險事故之發生，如由被保險人之家屬或其受僱人之過失所造成者，保險人雖應負賠償責任（本法三一條參照），但對於該家屬或受僱人卻無代位請求權。這是因為此等人與被保險人有共同生活的關係，利害一致，若因其過失所致之損失，使保險人對之有代位請求權時，實與使被保險人自己賠償無異，故為法所不許。不過此僅限於有過失之情形，若由於此等人之故意者，則不在此限。否則無異鼓勵為惡，理所不容。

⑵須保險人於給付賠償金額後　此乃保險人代位權之又一要件，倘保險人未為賠償金額之給付，自無代位權之可言，此與民法第二一八條之　第一項之讓與請求權之成立，不以先行賠償為必要者，有所不同，宜注意之。

具備上述要件，保險人即可代位行使被保險人對於第三人之請求權。但其所請求之數額，以不逾賠償金額為限；又行使之方法，解釋上得以保險人自己之名義為之（民法三一二條參照）。

其次應予注意者，保險人的代位權，僅限於財產保險上有之，若為人身保險，則無此代位權（本法一〇三條、一三〇條、一三五條）。又此之代位係一種人的代位（也叫權利代位），此外尚有物的代位，就是保險人於賠償後，對於保險標的殘餘物，即取得其所有權之謂。例如海上保險，船舶沉沒，保險人於賠償後，即取得該沉船之所有權。火災保險，建築物被焚時，保險人於賠償後，即取得該建築物殘餘物之所有權是。物的代位也叫物上代位，本法雖無規定（一九七八年德國商法第八五九條第三項，法國保險契約法三八條，英國海上保險法七九條，均有規定），解釋上屬於當然。惟此之物上代位與抵押權人之物上代位（民法八八一條；鄭著，《民法物權》，二六三頁）不同，與海上保險之委付制度亦異（鄭著，《海商法》，二八六頁），研究時應注意及之。

㈣**保險金請求權的消滅時效**　保險人的保險金給付義務，在被保險人或

受益人方面觀之，便是保險金請求權。此種權利之消滅時效，依本法第六五條前段規定：「由保險契約所生之權利，自得為請求之日起，經過二年不行使而消滅。」可知其期間為二年。因保險係屬商事，而商事上之消滅時效，原則上宜採取短期，所以僅為二年，此二年之期間，自得為請求之日起算，所謂自得為請求之日，在此就是保險事故發生之日，因保險事故一經發生，被保險人或受益人即得為保險金給付之請求，所以即從該日起算。惟保險事故雖已發生，倘此等人不知情時，自亦無從請求，所以同條第二款乃又規定：「危險發生後，利害關係人能證明其非因疏忽而不知情者，自其知情之日起算。」例如人壽保險，被保險人死亡時，其子（受益人）適臥病海外，當時未及聞知（或雖聞知其父亡故，但不知其父保有壽險），迨病癒歸來，始悉乃父已故（或始知其父已保險），則保險金請求權之消滅時效，自應從其知悉之日起算，以免時效早已進行，而陷受益人於不利。惟此僅以其非因疏忽而不知情，且能舉出證明者為限。否則如因過失而不知情，則不予保護，仍應自危險發生之日起算。又在責任保險，危險雖已發生，但受害人如不向要保人或被保險人請求，則要保人或被保險人亦無從向保險人請求，因而其消滅時效之起算點，即不能無異。此依同條第三款規定：「要保人或被保險人對於保險人之請求，係由於第三人之請求而生者，自要保人或被保險人受請求之日起算。」例如甲送運乙之貨物一批，以其運送之責任向丙保險公司訂立責任保險契約，危險發生後，須俟乙向甲提出請求賠償時，甲始得對丙請求，所以甲之對丙請求權，其消滅時效，不能自危險發生之日起算，而應自甲受乙請求之日起算。

◀◀ 第五節　保險契約的變動 ▶▶

第一項　保險契約的變更

保險契約的變更，就是在保險契約的存續期間內，其主體或內容有所變

更之謂，茲分述之：

　㈠**主體變更**　保險契約的主體變更，係指要保人或保險人方面，有所交替而言，其情形如下：

　⑴**要保人方面**　依本法第四九條第一項規定，保險契約除人身保險外，得為指示式或無記名式，則保險契約如屬財產保險，要保人方面自得將其契約（實際上為保險單）轉讓於他人。此時依同條第二項規定，保險人對於要保人所得為之抗辯，亦得以之對抗保險契約之受讓人。又依本法第一八條規定，被保險人死亡或保險標的物所有權移轉時，保險契約，除另有訂定外，仍為繼承人或受讓人之利益而存在。此亦屬於主體變更之一種，故上述抗辯之規定，自得準用，而不待言。

　⑵**保險人方面**　保險人將其所有保險契約之全部或一部，概括的移轉於其他保險人，也是主體變更。這種情形，多於公司合併或合作社合併時見之。本法對此無何規定，因而移轉之程序如何，要否公告，承繼該項契約的公司或合作社之權利義務如何，是否須經公力之干預，以及要保人可否以此為理由而解除契約等等問題，在將來制定本法施行細則，或「保險業設立許可及管理辦法」時，都應該加以適當的規定才好。在現時如發生此項問題，倘屬保險公司合併，只得適用公司法之規定（公司法三一六條至三一七條之一、三一八、三一九條）。若屬保險合作社合併，只能適用合作社法之規定（合作社法五八、五九條）。

　㈡**內容變更**　保險契約的主體依舊，而其內容變更者，亦往往有之，例如因保險標的價值之增加，而要保人要求增加保險金額是。此種要求（屬於要約），當然須經保險人之承諾，始為有效，但本法為求實際之便利，並早日確定法律關係計，乃於第五六條規定：「變更保險契約……時，保險人於接到通知後十日內不為拒絕者，視為承諾。但本法就人身保險有特別規定者，從其規定。」就是要保人變更契約內容之要求，保險人如不同意，即應明白表示，否則自變約要求之通知到達後十日內，不拒絕者，法律上即擬制其已承諾，而變約生效。惟有一例外，那就是人壽保險，因人壽保險如欲變更契約之內容，保險人應有重驗其體格之機會，所以不能適用上述之規定，否則對於保險人未免苛刻。

第二項　保險契約的停止

　　保險契約停止，就是在契約的存續期間裏，因為某種原因事實的發生，而使已經生效的契約，處於停止狀態之謂。所謂某種原因事實的發生，指依照保險法第一一六條第一項的規定：「人壽保險之保險費到期未交付者，除契約另有訂定外，經催告到達後屆三十日仍不交付時，保險契約之效力停止。」可知保險法上的人壽保險契約原則上因保險費的給付遲延，可停止其效力。其他保險欠繳保險費，保險契約的效力是否停止，本法雖然沒有明文規定，解釋上亦應如是（陳著，一〇五頁；袁著，九四頁）。催告應送達於要保人，或負有交付保險費義務之人之最後住所或居所。保險費經催告後，應依要保人與保險人約定之交付方法交付之（參考本法一一六條二項）。保險契約效力停止後，縱有保險事故之發生，保險人亦不負給付保險金之責任。

　　停止效力的保險契約可以因為下列情況而恢復效力：

　　㈠**因清償保險費、利息及費用而恢復效力**　停止效力之保險契約，於停止效力之日起六個月內清償保險費、保險契約約定之利息及其他費用後，翌日上午零時起，開始恢復其效力。要保人於停止效力之日起六個月後申請恢復效力者，保險人得於要保人申請恢復效力之日起五日內要求要保人提供被保險人之可保證明，除被保險人之危險程度有重大變更已達拒絕承保外，保險人不得拒絕其恢復效力（本法一一六條三項）。

　　㈡**承諾恢復保險契約或視為承諾恢復保險契約**　保險契約效力停止後，若要保人提出恢復效力的申請，而保險人承諾時，保險契約的效力當然恢復。但是若保險人沒有承諾的表示時，法律也另外有擬制恢復效力的規定。依照保險法第五六條規定：「變更保險契約或恢復停止效力之保險契約時，保險人於接到通知後十日內不為拒絕者，視為承諾。但本法就人身保險有特別規定者，從其規定。」本條所謂「但本法就人身保險有特別規定者，從其規定」是指保險法第一一六條第四項：「保險人未於前項規定期限內要求要保人提供可保證明或於收到前項可保證明後十五日內不為拒絕者，視為同意恢復效力。」而言。保險契約所定申請恢復效力之期限，自停止效力之日起不得低

於二年，並不得遲於保險期間之屆滿日（本法一一六條五項）。保險人於保險契約所規定之期限屆滿後，有終止契約之權（本法一一六條六項）。

第三項　保險契約的消滅

 保險契約的無效

保險契約的無效，就是保險契約雖已成立，但有某種原因，不生效力之謂。所謂某種原因就是無效的原因，有為一般法律行為所通有者，如違反強行法規（民法七一條），或違背公序良俗（民法七二條）都是，有為保險契約所特有者，此種原因很多，茲分述如下：

㈠**約定無效與法定無效**　無效，就其原因之來源而分，有約定無效之原因與法定無效之原因兩者。前者就是當事人任意約定之原因，如約定保險費不得欠繳若干，否則契約無效是。惟此種約定，亦須不違背本法的強行規定及公序良俗，並明白記載於保險契約方可（本法五五條七款）。

至於後者，本法有規定者如下：①惡意之複保險無效（三七條），②危險不存在之保險契約無效（五一條一項本文），③保險契約約定：「免除或減輕保險人依本法應負之義務」或「使要保人、受益人或被保險人拋棄或限制其依本法所享之權利」或「加重要保人或被保險人之義務」或「其他於要保人、受益人或被保險人有重大不利益者」。依訂約時情形顯失公平者，該部分之約定無效（五四條之一），④死亡保險未經被保險人書面同意並約定保險金額者無效（一〇五條一項），⑤人壽保險，被保險人年齡不實，而其真實年齡已超過保險人所定保險年齡限度者，其契約無效（一二二條一項）。這些都是法定的無效原因。

㈡**全部無效與一部無效**　無效，就其無效的範圍而分，有全部無效與一部無效兩者。前者保險契約全部不生效力，以上所列者均是。後者保險契約僅某一部分無效，餘者仍非無效，例如保險金額超過保險標的價值之契約，如無詐欺情事者，除定值保險外，其契約僅於保險標的價值之限度內為有效（本法七六條一項後段）是。

㈢**絕對無效與相對無效**　無效，就無效的效果限度而分，有絕對無效與相對無效兩者。前者就是任何人均得主張其無效，以上所舉之無效均屬之；後者僅當事人之一方得主張其無效，而他方則不得主張。例如訂約時，僅要保人知危險已發生者，保險人不受契約之拘束（本法五一條二項），也就是說保險人得主張該契約無效，而要保人不得主張是；又如訂約時僅保險人知危險已消滅者，要保人不受契約之拘束（本法五一條三項），也就是說，要保人得主張契約無效，而保險人不得主張是。

㈣**自始無效與嗣後無效**　無效，以無效開始之時期而分，有自始無效與嗣後無效兩者。前者是保險契約開始即屬無效，如以上所舉之無效都是，後者是保險契約成立後，因某種原因，而失其效力。本法對此用「失其效力」或「失效」等字樣，例如要保人或被保險人，對於保險標的物無保險利益者，保險契約「失其效力」（本法一七條）。

保險契約無效，當事人間如已為給付（如保險費、保險金），則失其給付之原因，應依不當得利之規定，負返還之責任（民法一七九條），或更負損害賠償之責任（民法一一三條）。惟斯乃原則，例外亦有不如此者，那就是本法第二三條第二項，第二四條第一、二項所定之情形是。凡此於保險費返還的問題已有敘述（本書六六頁），不再贅述。

貳　保險契約的解除

保險契約的解除就是當事人之一方行使解除權，使契約的效力，溯及的消滅之謂。保險契約的解除，必須基於解除權之行使，因而與合意解除（即以契約而解除契約）既不相同，與契約之撤銷（撤銷係行使撤銷權），亦復差異（其詳請參照鄭著《民法債編總論》四二五頁）。

保險契約的解除，既須本於解除權，那麼解除權又由何而來，此可分下列兩種情形：

㈠**法定解除權**　解除權的發生，由於法律之規定者，謂之法定解除權。本法對此有規定如下：①因怠於通知之解除：當事人之一方，對於他方應通知之事項而怠於通知者，除有不可抗力之事故外，不問是否故意，他方得據為解除契約之原因（本法五七條），亦即發生解除權；②因隱匿遺漏或不實說

明之解除：要保人故意隱匿，或因過失遺漏，或為不實之說明，足以變更或減少保險人對於危險之估計者，保險人得解除契約，其危險發生後亦同（本法六四條二項）。也就是說，在這種情形下，保險人有解除權，不過此之解除權，依同條第三項規定，有一個月及二年之行使期間。逾期不行使，則解除權消滅，而不得再解除。③因違背特約條款之解除：保險契約當事人之一方，違背特約條款時，他方得解除契約，其危險發生後亦同（本法六八條一項）。此種情形要保人或保險人均得因他方之違背特約條款，而發生解除權。此之解除權亦得準用上述行使期間之規定（本法六八條二項）。④因超過保險而解除：保險金額超過保險標的價值之契約，係由當事人一方之詐欺而訂立者，他方得解除契約（本法七六條一項前段），亦即發生解除權。上述之四種解除權，除②③兩者，有法定之行使期間外，至①④兩者，法律均未定其行使期間，自得適用民法第二五七條之規定。

㈡**約定解除權**　當事人雙方如約定於某種事由發生時，一方或雙方有解除權者，自應從其約定。同時並得約定其行使期間。

以上兩種解除權之行使方法，自應以意思表示為之（民法二五八條）。至於保險契約解除之效果，既然溯及的使保險契約之效力消滅，於是乃發生原狀回復義務（民法二五九條），並得為損害賠償之請求（民法二六〇條）。但本法就此設有特殊規定，就是保險契約，如因要保人故意隱匿或因過失遺漏或為不實之說明，而解除時，則：①保險人無須返還其已收受之保險費（本法二五條）；②如有損害，並得請求賠償，而其賠償請求權，以及回復原狀之請求權（如保險金業已給付，請求返還），依本法第六五條第一款之規定：要保人或被保險人對於危險之說明，有隱匿遺漏或不實者，自保險人知情之日起算，經過二年不行使而消滅（此二年應為消滅時效期間）。

 保險契約的終止

契約的終止，有廣義與狹義之別，狹義的終止，也叫「告知」，或「解約告知」，乃當事人行使終止權，使繼續的契約關係，向將來消滅之謂，我民法第二六三條所稱之終止，便是此種狹義的終止，其特點在乎當事人須行使終止權，其契約始向將來消滅。至於廣義的終止，則除此狹義者外，尚包括非

因行使終止權之終止而言。本法所稱終止，係採廣義。因而本書就保險契約終止，亦分兩點述之：

㈠**因終止權之行使而終止** 保險契約的終止，由於當事人行使終止權之情形如下：①保險費依保險契約所載增加危險之特別情形計算者，其情形在契約存續期內消滅時，要保人得請求減少保險費，保險人如不同意減少者，要保人得終止契約（本法二六條）。②要保人破產時，破產管理人或保險人均得於破產宣告三個月內終止契約（本法二八條）。③保險契約存續期間，如危險增加，得終止契約，或提議另定保險費。要保人對於另定保險費不同意者，其契約即為終止（本法六○條一項本文）。④保險人發現保險標的物全部或一部處於不正常狀態，經建議要保人或被保險人修復後再行使用，而未被接受時，得終止保險契約或有關部分（本法九七條）。⑤人壽保險因保險費之未交，除契約另有訂定外，經催告到達後屆三十日而仍不交者，保險契約的效力停止。停止效力中的保險契約，保險人於保險契約所規定恢復效力之期限屆滿後，得進一步行使終止權，終止保險契約（本法一一六條六項）。

㈡**因終止權行使以外之事由而終止** 保險契約非因終止權之行使而終止之情形有：①保險人破產時，保險契約於破產宣告之日終止（本法二七條），此種情形，係當然終止，無須要保人行使終止權；②保險契約存續期間，如危險增加，得終止契約（行使終止權），前已言之，但亦得不終止契約，而提議另定保險費，倘要保人不同意者，其契約始為終止（本法六○條一項本文），此之終止，亦係當然終止，無須行使終止權；③保險標的物非因保險契約所載之保險事故，而完全滅失時，保險契約即為終止（本法八一條），此種終止亦無須行使終止權，而當然終止；④保險事故發生，而保險人給付保險金後，則保險契約當然終止；⑤保險期間屆滿，保險契約，亦當然終止❿。

---

❿ 保險期間雖已屆滿，但保險契約亦可不消滅，是謂「保險契約之繼續」。保險契約之繼續，可有以下兩種方式：

　㈠繼續約款 繼續約款 (Continuation clause)，就是在原保險契約中，附加條款，使保險契約於期滿後繼續，其情形有三：①保險期間屆滿後，當事人一方如為繼續契約之請求，他方不得拒絕之約款；②要保人對於保險契約之繼續與否，

　　以上所列保險契約終止之情形，除①保險期間屆滿；②保險事故發生；
③本法第九七條：「保險人有隨時查勘保險標的物之權，如發現全部或一部分
處於不正常狀態，經建議要保人或被保險人修復後，再行使用。如要保人或
被保險人不接受建議時，得以書面通知終止保險契約或其有關部分。」之終
止保險契約；以及④本法第一一六條第六項要保人欠繳保險費，經保險人合
法催告而契約效力停止之後，保險人進一步行使終止權之終止者外，餘者（本
法二六、二七、二八、六〇、八一條並參照二四條二項）均有返還終止後已
交之保險費之問題或更有損害賠償之問題（本法六〇條一項但書）。其詳前已
述之，茲不復贅。

　　保有選擇權之約款；③當事人之一方如別無意思表示，則契約即當然繼續之約款。
㈡繼續契約　繼續契約 (renewal of the policy) 就是在保險期間屆滿後，當事人另
　定契約使原保險契約繼續有效之謂。此種情形，雖然也叫保險契約的更新，但
　並不另發保險證，僅發給保險契約繼續之證明，此點與保險契約的更改有別，
　保險契約的更改 (novation) 就是將原保險契約消滅，而另定新保險契約，而發
　行新保險證之謂。保險契約的更改，純為新保險契約，而非原保險契約的繼續。

第四章 財產保險

◀◀ 第一節 火災保險 ▶▶

第一項 總 說

第一目 火災保險的概念

壹 火災保險的意義

我保險法第七〇至八二條之一設有火災保險之規定，但對於火災保險的定義，未直接定明，本書認為：火災保險 (fire insurance; Feuerversicherung; assurance contre l'incendie) 是對於由火災所致保險標的物之毀損或滅失，負賠償責任的一種保險。分述之可得三點如下：

㈠**火災保險是保險的一種** 火災保險是保險的一種，且為一種最重要的保險。保險界向以水險（海上保險）、火險及壽險為三大重鎮，可見火災保險之地位如何。火災保險既為保險的一種，那麼本法總則章及保險契約章之諸規定，當然適用於火災保險，自不待言。

㈡**火災保險是對於保險標的物之毀損滅失負賠償責任的保險** 火災保險之標的為「物」，而非為人身，故屬於財產保險，而與人身保險有所不同。所謂「物」，當然是指動產及不動產而言，所以火災保險可分為動產火災保險及不動產火災保險兩者，此點與海上保險之限於以動產為標的者，有所不同。又火災保險係以標的物之毀損滅失為保險人賠償責任之對象，此點與人身保險之不以損害賠償為絕對必要者，亦不相同。

㈢**火災保險是對於由火災所致之毀損滅失負賠償責任的保險**　火災保險的特點，除於其標的上見之，已如上述外，尤其在乎其保險事故之特殊。申言之，火災保險的保險事故，限於單一之「火災」，與海上保險之以海上一切事變及災害，為保險事故者（海商法一二九條），大不相同。所以海上保險屬於綜合性的保險，而火災保險則不然。至於何謂火災？說者不一，俟於本節第二項詳述之（本書八八頁）。

貳　火災保險的種類

㈠**動產火災保險、不動產火災保險**　火災保險以保險標的物的不同，可分為：

(1)**動產火災保險**　動產火災保險就是以動產為保險標的火災保險。動產乃不動產以外之物（民法六七條）。凡屬動產原則上都可以為火災保險之標的，但不得為火災保險之標的者亦有之，詳見本節第三項，茲不先贅。

(2)**不動產火災保險**　不動產火災保險就是以不動產為保險標的火災保險。不動產謂土地及其定著物（民法六六條），但得為火災保險之標的者，應以定著物為限，土地無投保火險之必要。所謂定著物，如家宅、工廠、倉庫、橋樑等都是。其詳後述之。

以上兩者區別之實益，在乎動產火災保險，多以集合保險之方式為之，而不動產火災保險則多以個別保險之方式為之。本法第七一條第一項規定：「就集合之物而總括為保險者，被保險人家屬、受僱人或同居人之物，亦得為保險標的，載明於保險契約，在危險發生時，就其損失享受賠償。」這是因一家之中，家屬多人，不免各有財物（動產），若分別投保，則數額甚微，手續過繁，所以不如由其家長或其他之一人出面訂立集合保險契約，而將其家屬、受僱人或同居人之物，亦作為保險之標的，於保險契約中載明。於是遇有火災發生時，其家屬、受僱人或同居人亦得獨立的，就其損失，享受賠償。如此殊屬便利。此種保險之要保人既為自己之利益而投保，復兼為其家屬、受僱人或同居人之利益而投保，所以本法同條第二項規定：「前項保險契約，視同並為第三人利益而訂立。」可知此種保險契約同時具有「為自己利益的保險契約」與「為他人利益的保險契約」之雙重性質。

㈡**定值火災保險、不定值火災保險**　火災保險以其標的物的價值，於訂約時是否已約定為標準，可分為：

⑴**定值火災保險**　本法第五〇條第三項規定：「定值保險契約，為契約上載明保險標的一定價值之保險契約」，前已言之，此項契約，如用之於火災保險，就是定值火災保險。本法第七三條第一項規定：「保險標的，得由要保人，依主管機關核定之費率及條款，作定值之要保。」便是揭明此旨。所謂「主管機關」，是指金融監督管理委員會而言（本法一二條），所謂「核定之費率」，指主管機關依本法第一四四條各項的規定所核定之保險費率而言，所謂「條款」，應指本法所定保險契約之基本條款及財政部所訂定之「火險保險單基本條款」而言。要保人如依上述之費率及條款，作定值之要保，而經保險人同意時，即可成立定值火災保險契約。

⑵**不定值火災保險**　本法第五〇條第二項規定：「不定值保險契約，為契約上載明保險標的之價值，須至危險發生後估計而訂之保險契約。」前已言之，此種保險契約，如用之於火災保險，便是不定值火災保險契約。本法第七三條第一項規定：「保險標的，得由要保人，依主管機關核定之費率及條款作……不定值之要保」，即係表明此意。火災保險本以不定值者為多（定值者多用於海上保險），本法修正特將定值火災保險與不定值火災保險並列，則要保人自得選擇為之。

定值火災保險與不定值火災保險區別之實益，於賠償之計算上見之（本法七三條二、三項，詳見本書九七頁）。

第二目　火災保險的沿革

火災保險的起源如何，向有二說：一說認為起源於德國，一說認為起源於英國。前者主張海上保險起源於羅馬，火災保險則起源於日耳曼，中世紀德國北部就有火災共濟協會 (Brandgilde)，一五九一年漢堡有釀造業者百人組織火災救助協會 (Feuerkontrakt)。此等協會除對於火災之損害，予以填補外，並通融資金，尚非屬於純粹的火災保險。一六七六年漢堡成立總火災金庫，而一七一八年柏林乃有火災保險所之創立，凡此皆為今日火災保險制度之先

驅。後者主張火災保險起源於英國，英國於一六六六年倫敦大火，次年，醫生尼古拉‧巴朋 (Nicholas Barbon)，個人設局辦理火災保險，是為近世火災保險之創始。以上兩說，各有所偏，認為火災保險起源於德國者，乃著眼於公營保險而言，認為火災保險起源於英國者，係著眼於私營保險而言。

火災保險之發展，乃十八世紀以後之事，一七一〇年，查理斯‧波凡 (Charles Poveg) 創設倫敦保險公司 (Company of London insurance)，後又改稱永明火險公司 (The sum fire office)，具有近代火災保險制度之規模，後為各國所仿效，於是火災保險制度，乃普及於全世。時至今日，火災保險之範圍愈見擴大，則火災保險之制度，自更日益發展。

第二項　火災保險的保險事故

火災保險的特徵之一，在乎以「火災」為其保險事故，前已言之，然則何謂火災？學者間意見紛歧，有火力說、燃燒說、蔓延說等等，不一而足。通說認為火災是不依通常用法的燃燒作用，所致之災害。據此可知火災之構成要件有三：

㈠**須有燃燒作用**　火災的第一要件，須有燃燒作用。所謂燃燒作用，係指發生火焰與灼熱而具有破壞力的作用而言。否則如因日曬而變色、發酵而變質，都不能叫做火災。

㈡**須為不依通常用法的燃燒作用**　火災的第二要件，須為不依通常用法的燃燒作用。因為燃燒作用，吾人苟能善於利用，不但不成為災害，反足以造福人群。所以學者將「火」分為二種，一為友火 (friendly fire)，一為敵火 (hostile fire)。前者就是吾人依通常用法所利用之火，例如炊爨之火、取暖之火、吸煙之火、信號之火、祭祀之火，以及古人所謂「昨日鄰家乞新火，曉窗分與讀書燈」之火都是。這些火都是依通常用法供吾人利用，裨益於吾人之生活者甚大，雖亦有燃燒作用，但屬於友善之火；後者就是不依通常用法而起之燃燒作用，例如上述之火，偶因吾人之不慎，致逸出其用法範圍之外（燃燒之紙煙，夾在指間，為友火，若拋棄積薪之旁，以致起火，則變為敵火）者便是。這時候，其火即成為不依通常用法而燃燒，如因而成災，便是

火災。

㈢須釀成災害　這是火災的第三個要件，火雖不依通常用法而燃燒，但並未造成災害時，仍不能叫做火災，例如古人所謂「野火燒不盡，春風吹又生」，像這種燎原之火，雖不依通常用法而燃燒，但對於吾人毫無災害可言，所以不能做為火災保險的保險事故。那麼作為保險事故的火災，必須造成災害而後可。所謂災害，就是損害，有直接損害與間接損害之別。前者如焚燬（衣物被焚，化為灰燼），煙燻（衣物因煙燻而變色），燒焦（物體雖未焚燬，但已燒焦而變質）等都是；後者如因救火而毀壞牆壁，或衣物因搶救而破壞，甚至於自火場搶救而出之財物，被人趁火竊去等等都是。此等因救火而生之損失，依本法第七〇條第二項規定：「因救護保險標的物，致保險標的物發生損失者，視同所保危險所生之損失。」無論直接損害或間接損害，一有損害，便成火災，若根本無損害，那就不能成為火災。

具備上列三要件，即足以構成火災。至其發火之原因如何，由於天災（如雷閃），由於人禍（如失火），原則上均非所問，但各有例外。就天災言，如地震、颱風、火山爆發等事故，通常在保險契約裏，都加以除外，而不承保是；就人禍言，如戰爭或類似戰爭之行動，通常也都在保險契約裏，加以除外，而不承保是。本法第三二條明定：「保險人對因戰爭所致之損害，除契約有相反之訂定外，應負賠償責任。」可見關於戰火，得於契約中，附加除外條款，不予承保。這是因為關於火災保險保險事故的範圍，及其所造成損害的範圍，法律上並沒有強行的規定，只是任意的規定，此點依本法第七〇條第一項：「火災保險人，對於由火災所致保險標的物之毀損或滅失，除契約另有訂定外，負賠償之責。」之規定，其中有「除契約另有訂定外」一語，即可知之。

第三項　火災保險的保險標的

火災保險的保險標的，應以動產及不動產充之，前已言之。然是否任何動產及不動產均得為火災保險之標的？又除動產及不動產外，尚有其他可充火災保險標的者否？茲於以下分述之。

㈠**動產** 動產如衣服、傢俱、商品等均得為火災保險之標的，但下列之物，依慣例保險人均不承保：

⑴金銀條塊或未經裝鑲之珍珠寶石。

⑵古玩或藝術作品，其每件數額逾若干元者。(此等物品，因屬高價或無價，所以通常不承保，若特予承保時，則以高價品保險 Valorenversicherung 稱之)

⑶文稿、圖樣、圖畫、圖案、模型。

⑷股票、證券、債券、各種文件、郵票、印花稅票、錢幣、票據、帳簿或其他商業簿冊。

⑸爆炸物。

其次動產保險標的物，不以置於屋內者為限，置於戶外者，如堆煤、積木，亦均得保險。又動產保險多以集合保險之方式為之。

㈡**不動產** 不動產本包括土地及其定著物，但土地無保險之必要，只有定著物才得為保險之標的。定著物以房屋為主，他若橋樑及其他工作物亦均可投保。房屋不論住宅、商店、工廠、倉庫或戲院等，均無不可。又不限於已完成者，即在建造中之房屋，亦得投保火險。又不動產之部分（民法六六條二項），亦得獨立的為火災保險之標的，例如樹木或森林是（朝川，五七一頁）。

最後應予說明者，火災保險的保險標的，本以動產及不動產為限，但近因火災保險範圍的擴大，下列各種也都可以投保火險：

⑴**房租保險** 就是房主因房屋被焚所致房屋租金之損失，亦得以之為火災保險之標的。

⑵**利潤保險** 就是商店或工廠，因火災停止營業或工作，所生之利潤損失，亦得為火災保險之標的。

⑶**抵押保險** 就是抵押權人因其抵押物之發生火災，而遭受損失，亦得為火災保險之標的。

第四項　火災保險的保險金額與保險價額

壹　保險金額

保險金額應載明於保險契約（本法五五條五款），前已言之。至於保險金額之作用，依本法第七二條前段規定：「保險金額為保險人在保險期內，所負責任之最高額度。」也就是說保險人之賠償額，最多以保險金額為限。同時保險費的多寡，也是以保險金額的多寡為標準而計算。所以保險金額必須約明。至究應約定若干，自得由當事人任意為之；但亦應在保險標的物之價額，也就是應在保險價額之內，而保險價額通常係依市價估計，所以本法第七二條後段乃有：「保險人應於承保前，查明保險標的物之市價，不得超額承保。」之規定，以示注意。

貳　保險價額

保險價額 (insurable value; Versicherungswert; valeur d'assurance) 就是保險標的物的價額，也就是保險標的物在某特定時期得以金錢估計之價額，英文語義，是「可保價額」。保險金額不得超過保險價額，所以保險價額，頗關重要。其估計之方法有主觀說（當事人自由約定）與客觀說（依市價評定）之別，其估計之時期，有訂約時與損害發生時之別。本法對上述各點兼採之，分述如下：

㈠**定值火災保險的保險價額**　定值火災保險於訂立保險契約時，既已約定保險價額，並載明於契約（本法五〇條三項），那麼這種火災保險的保險價額，便是以訂約時之價值為準（本法七三條二項參照），同時依本法第七五條規定：「保險標的物不能以市價估計者，得由當事人約定其價值，賠償時從其約定。」可知保險價額，通常多於不能以市價估計保險標的物之價值時（如以某種古玩為保險標的物，而此種古玩並無市價）見之。所以在我保險法上

定值火災保險，其保險價額之估計方法係採取主觀說，而其估價時期，則以訂約時為準。

(二)**不定值火災保險的保險價額**　不定值火災保險，其保險價額既未約定，而僅約明須至危險發生後估計（本法五〇條二項），也就是按保險事故發生時實際價值為標準計算賠償（本法七三條三項參照）。那麼這種火災保險的保險價額，其估計方法，便須以市價為準，所以是採取客觀說；而其估價時期，則以損害發生時為準；但訂約時保險人仍應查明保險標的物之市價，不得超額而承保（本法七二條後段），自不待言。

 ## 保險金額與保險價額的關係

保險金額為保險契約的要件，其數額必須約定，而保險價額，則可以事前約定，也可以於危險發生後估計。但無論如何保險金額亦不得超過保險價額，所以若認為保險金額屬於契約上的賠償最高限額的話，那保險價額就屬於法律上的賠償最高限額（水口，四八四頁；袁著，一三七頁）。那麼兩者的關係如何？言之可得下列三點：

(一)**全部保險**　全部保險 (full insurance; Vollwertversicherung) 就是保險金額與保險價額一致的保險，也就是以保險價額全部作為保險金額的保險，所以也叫做全額保險。這種保險既以保險價額全部投保，那麼在定值保險契約，就是以約定的價值為保險金額（本法七三條二項參照）；在不定值保險契約，就得查明保險標的物之市價，而參照該項市價約定保險金額（注意非約定保險價額）。全部保險於保險事故發生，保險標的物全部損失時（全損），保險人當然按照保險金額全部賠償，若保險標的物部分損失時（分損），保險人則按照實際損失為準，計算賠償。

(二)**超過保險**　超過保險 (over insurance; Überversicherung; assurance exagérée, surassurance) 就是保險金額超過保險價額的保險，所以也叫超額保險。超額保險，法所不許，本法第七二條明定：「保險金額為保險人在保險期內，所負責任之最高額度。保險人應於承保前，查明保險標的之市價，不得超額承保。」保險業違反第七二條規定超額承保者，除違反部分無效外，處新臺幣四十五萬元以上四百五十萬元以下罰鍰（本法一六九條）。但若已構成

超過保險時，則其效果如何？這要看超過保險的構成，是否由於當事人的詐欺，而不相同，茲分別說明如下：

⑴超過保險由於詐欺者　本法第七六條第一項前段規定：「保險金額超過保險標的價值之契約，係由當事人一方之詐欺而訂立者，他方得解除契約，如有損失，並得請求賠償。」所謂保險金額超過保險標的價值之契約，即指超過保險而言，例如保險標的僅值一萬元（保險價額），而約定之保險金額竟為一萬五千元是。所謂係由當事人一方之詐欺而訂立者，指超過保險係出於要保人或保險人之惡意而言，例如要保人方面為了取得過分之保險金，或保險人方面為了貪得保險費，而欺騙對方，訂立此種契約均是。此種由於詐欺而訂立之超過保險契約，易滋流弊（要保人不免毀產易金），所以法律上乃使受詐欺之他方當事人得據以解除契約，如有損失，並得請求賠償（反面解釋，則施詐欺之一方自不得解除契約）。此之規定不論定值火災保險或不定值火災保險，均得適用。

⑵超過保險非由詐欺者　超過保險非由於詐欺者，即所謂善意之超過保險是，善意之超過保險來源有二：①訂約時，對於保險標的物之價值誤估，或因過失而未查明市價，致保險金額超過保險價額者，例如保險標的物之市價為一萬元，誤估為一萬一千元，即以此數為保險價額，並同時為保險金額，而訂立定值火災保險契約，或單以此數為保險金額，並約明保險價額至危險發生時再估計，而訂立不定值火災保險契約均是。②訂約後，因保險標的物價值跌落，致形成保險金額超過保險價額者，例如訂約時保險標的物市價為一萬元，保險金額亦為一萬元，尚無超過情事，但訂約後保險標的物價額跌為八千元，致保險金額超過保險價額是。以上兩者均屬於無詐欺情事之超過保險，此依本法第七六條第一項後段規定：「無詐欺情事者，除定值保險外，其契約僅於保險標的價值之限度內為有效。」也就是說無詐欺情事之超過保險，其效果因係定值保險抑為不定值保險而不相同：①若係不定值保險，其契約僅於保險標的價值之限度內為有效，也就是其超過部分無效，此點與惡意超過保險之得為解除契約之原因者有別。②若為定值保險，則不受影響，仍全部有效。又依本法第七六條第二項規定：「無詐欺情事之保險契約，經當事人一方將超過價值之事實通知他方後，保險金額及保險費，均應按照保險

標的之價值比例減少。」因為超過保險既僅於保險標的價值之限度內為有效，所以一經當事人一方將超過價值之事實通知他方後，則保險金額及保險費，均應按照保險標的價值比例減少，以符實際，而昭公允。例如投保火險房屋價值一萬元，保險金額亦為一萬元，而保險費每月一百元。其後房屋跌價為五千元，若要保人已將此項事實通知保險人時，則保險金額應比例減少二分之一為五千元；而保險費亦應比例減少二分之一為五十元是。惟此之規定，對不定值火災保險適用，自無問題，對於定值火災保險，是否亦適用？頗成疑問。因定值火災保險，縱已構成超過保險，若屬善意，仍全部有效（本法七六條一項後段），已如上述，則此之比例減少保險金額及保險費之規定，似不能適用（既全部有效，當無比例減少之問題，故不適用），但本項（七三條二項）又未將定值保險除外，似又可以適用。法條文義，殊欠明瞭，本書認為如果為了貫徹定值保險「定值」之意義，仍應對本項加以縮小解釋為定值保險不能適用。（袁著，一六五、一六六頁，認為「定值保險契約中，如有超過保險之情形，仍按約定價值為標準計算賠償一節，不惟易滋流弊，恐亦扞格難行。」亦屬堪稱正確。所以如為免除其流弊，則又應將本項解釋為定值保險亦包括在內為宜。可見此一問題，仍須研究。）

此外在複保險時，亦有超額保險之情事，斯時自應依照本法第三八條之規定解決，前已敘明（本書三七頁），於此提請注意。

㈢**一部保險** 一部保險 (under-insurance; Unterversicherung; assurance partielle, sous-assurance) 就是以保險價額之一部，付諸保險的保險。也就是約定之保險金額不及保險標的物價值之保險，所以也叫不足保險。此種保險之發生，不外下列兩種情形：

⑴保險契約訂立時，要保人僅以保險價額之一部投保，而為一部保險。要保人所以如此者，係由於節省保險費，或由於與保險人約明為「合力保險」（本法四八條，見本書五九頁㈡保險之標的物）而然。

⑵保險契約訂立後，因保險標的物之漲價，致本為全部保險，而變為一部保險。例如保險價額一萬元，而保險金額亦為一萬元之火災保險，其後保險價額因物價上漲已變為一萬二千元，致形成一部保險是。

一部保險之效果如何？依本法第七七條規定：「保險金額不及保險標的物

之價值者，除契約另有訂定外，保險人之負擔，以保險金額對於保險標的物之價值比例定之。」是為比例分擔主義 (principle of average; Prorata-Prinzip; règlement par quotité)，也叫「比例填補」，其計算公式為：

　　保險價額：保險金額＝損失額：賠償額

設賠償額為 x，則上開之公式即演變如下：

$$x = \frac{保險金額 \times 損失額}{保險價額}$$

例如保險金額一萬元，保險價額二萬元之一部保險，其賠償額若干？尚因標的物係全部損失（全損），抑為部分損失（分損）而不相同：

⑴全損　保險標的物全部損失，簡稱全損，則保險價額也就是損失額，此時保險人之賠償額，依上開公式計算為：

$$x = \frac{10000 \times 20000}{20000} = 10000 \text{ 元}$$

結果其賠償額就是保險金額之全部。於此可見在一部保險，若為全損時，則保險人，即應按照保險金額賠償，至不足保險價額之部分，則不負賠償責任。

⑵分損　保險標的物部分損失，簡稱分損，設損失為五千元，則保險人之賠償額，依上開公式計算為：

$$x = \frac{10000 \times 5000}{20000} = 2500 \text{ 元}$$

結果保險人只賠償二千五百元即可，其餘之損失，保險人不負賠償責任。

上列各項賠償額之計算方法，對於保險人應償還要保人或被保險人為避免或減輕損害之必要行為所生之費用，及應負擔證明及估計損失所支出之必要費用之計算，亦適用之（本法三三條二項、七九條二項）。

又上列各項賠償額之計算方法，如契約另有訂定時，則得不予適用（本法七七條）。所謂契約另有訂定，例如當事人約定，雖屬一部保險，但凡在保險金額範圍所有之損失，保險人仍應全額賠償是。此種保險叫做「第一次危

險保險」(first loss insurance; Erstriskoversicherung)，也叫做「實損填補契約」(specific policy; Versicherung auf erstes Risiko; assurance au premier risque)，與上述之比例填補，恰成反對。如上例保險金額一萬元，保險價額二萬元之一部保險，倘為實損填補契約，而其損失額為五千元時，則保險人須照實損額全數賠償（五千元），而不能依比例賠償。但如為全損時，則賠償額仍以保險金額（一萬元）為限，自不待言。

第五項　火災保險契約的效力

第一目　總　說

　　火災保險契約既為保險契約之一種，則本法總則及保險契約章有關保險契約效力之規定，例如要保人的交付保險費義務，危險通知義務，及保險人的賠償責任範圍等問題，對於火災保險契約也都適用，自不待言。斯等問題，既均已詳述如前（本書六四頁以下），於此自不復贅述，以下僅就火災保險契約的特有效力，分項述之。

第二目　保險人的義務

壹　損失賠償義務

　　㈠賠償的計算　本法第七〇條規定：「火災保險人，對於由火災所致保險標的物之毀損或滅失，除契約另有訂定外，負賠償之責。」「因救護保險標的物，致保險標的物發生損失者，視同所保危險所生之損失。」這是關於火災保險人賠償責任範圍的原則規定，至實際賠償時，其賠償額若干，尚須加以計算。計算時，要考慮的重要因素有三：①定值保險契約抑係不定值保險契約；②全部保險抑係一部保險；③全部損失抑係部分損失。由此三種因素之不同，則其結果自不能無異。茲將上述之因素加以配列，可得八種情形如圖

4-1：

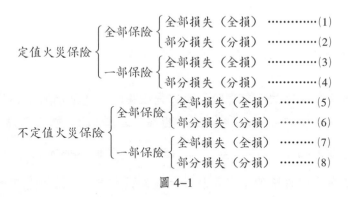

圖 4-1

　　由上圖可知賠償額之計算：第一，定值火災保險與不定值火災保險不同；第二，定值火災保險，尚因係全部保險，抑係一部保險而生差異；不定值火災保險亦然；第三，無論全部保險或一部保險，皆因損失係全部損失抑係部分損失而又不相同。茲依圖示次序，分別舉例說明如下：

　　⑴定值火災保險的全部保險發生全部損失時　本法第七三條第二項規定：「保險標的，以約定價值為保險金額者，發生全部損失……時，按約定價值為標準計算賠償。」例如約定保險價額為一萬元，同時即以此數之全部作為保險金額，若發生全部損失時，保險人即應賠償一萬元是。

　　惟何種情形，始得謂之全部損失？所謂全部損失，簡稱「全損」，依本法第七四條規定：「第七十三條所稱全部損失，係指保險標的全部滅失或毀損，達於不能修復或其修復之費用，超過保險標的物恢復原狀所需者。」這是全損的法定定義，有此規定，以免當事人有所曲解。

　　⑵定值火災保險的全部保險發生部分損失時　本法第七三條第二項復規定：「保險標的，以約定價值為保險金額者，發生……部分損失時，按約定價值為標準計算賠償。」例如約定保險價額一萬元，並以此數作為保險金額。倘標的物損失五分之一時，則保險人僅賠償二千元即可。

　　惟何種情形，始得謂之部分損失？所謂部分損失，簡稱「分損」，其定義本法並無規定（海上保險之分損問題，請參照鄭著，《海商法》，二八○頁），

解釋上只有認為凡不構成全部損失者，就是部分損失。

(3)定值火災保險的一部保險發生全部損失時　此種情形，當依本法第七七條之規定計算之。例如約定保險價額一萬元，而以五千元作為保險金額之一部保險，倘發生全損時，則保險人應賠償五千元是（詳請參照本書九七頁）。

(4)定值火災保險的一部保險發生部分損失時　此種情形，亦應依本法第七七條之規定計算之。上(3)所舉之例，若發生分損，而其損失額為三千元時，則保險人之賠償額為：$\dfrac{5000 \times 3000}{10000} = 1500$ 元（詳請參照本書九七頁）。

(5)不定值火災保險的全部保險發生全部損失時　本法第七三條第三項規定：「保險標的未經約定價值者，發生損失時，按保險事故發生時實際價值為標準計算賠償，其賠償金額不得超過保險金額。」例如約明保險金額一萬元，並約明全部保險，但對於保險標的物的價值則約明至危險發生後估計。倘發生全部損失，經估計結果恰亦為一萬元時，則保險人自應照此數賠償。若估價結果為八千元時，則保險人便該賠償八千元（此時與善意之超過保險同，請參照本書九五頁）；若估價結果為一萬二千元時，則保險人只賠償一萬元了事（不得超過保險金額，此時即與一部保險同）。

(6)不定值火災保險的全部保險發生部分損失時　此種情形，亦應依本法第七三條第三項之規定計算。上(5)所舉之例，如發生部分損失，經估計結果為五千元時，保險人即應按此實際損失額（五千元）賠償之。

(7)不定值火災保險的一部保險發生全部損失時　此種情形，亦應按本法第七七條規定計算。例如就某一標的物為一部保險，約明保險金額為五千元。倘發生全部損失，經估價結果為一萬元（此為損失額，亦為保險價額），則保險人之賠償額為：$\dfrac{5000 \times 10000}{10000} = 5000$ 元，即應照保險金額全部賠償。可見此種情形，原則上不必估計標的物之價額（除非該標的物之價額，已跌至保險金額之下），而逕行照保險金額賠償即可。也就是說不定值火災保險的一部保險與定值火災保險的一部保險（請參照(3)所述），若發生全部損失時，其賠償額之計算方法相同，即均賠償保險金額的全部即可。

⑻**不定值火災保險的一部保險發生部分損失時** 此種情形，亦應依本法第七七條規定計算。上⑺所舉之例，倘發生部分損失，經估價結果標的物全部價額為一萬元，而該項部分損失實際為三千元時，則保險人之賠償額為：

$$\frac{5000 \times 3000}{10000} = 1500$$ 元。可見此種情形亦與定值火災保險的一部保險發生部分損失時相同。

㈡**賠償的履行** 本法第三四條第一項規定：「保險人應於要保人或被保險人交齊證明文件後，於約定期限內給付賠償金額。無約定期限者，應於接到通知後十五日內給付之。」因而關於賠償之履行時期，保險人自應遵照此之規定。申言之，損失無須估計者（如定值保險，發生全部損失時），應於上述期限內給付；損失須估計者（如不定值保險），亦應於上述期限內估竣給付之。然若估計遲延者則如何？本法第七八條規定：「損失之估計，因可歸責於保險人之事由而遲延者，應自被保險人交出損失清單一個月後加給利息。損失清單交出二個月後，損失尚未完全估定者，被保險人得請求先行交付其所應得之最低賠償金額。」此可分兩點述之：①損失之估計，因可歸責於保險人之事由而遲延者，保險人對於賠償金額應加給利息，其利率如未經約定，當依法定利率計算。至起息日期應自被保險人交出損失清單一個月後起算。所謂損失清單指火災發生後，被保險人通知保險人時，所附之損失項目表而言。表中應列明受損失之項目，如房屋若干棟，現值若干元；貨物若干件，現值若干元；衣服若干件，現值若干元是。此項清單交出後，保險人應即查勘或另行估計，迅予賠償，若竟拖延不決，則應自交出一個月後，加給利息。②損失清單交出二個月後，損失尚未完全估定者，不僅仍須加給利息，被保險人並得請求先行交付其所應得之最低賠償金額。所謂所應得之最低賠償金額，指業已估計完竣，而保險人方面已無異議之部分，所應得之賠償金額而言。此部分既無異議，自應先付，至其餘部分，亦應迅速完全估定，早日付清。

 費用償還義務

保險人對於要保人或被保險人所負之費用償還義務有二：

㈠**減免損害費用的償還**　本法第三三條規定:「保險人對於要保人或被保險人,為避免或減輕損害之必要行為所生之費用,負償還之責。其償還數額與賠償金額,合計雖超過保險金額,仍應償還。」「保險人對於前項費用之償還,以保險金額對於保險標的之價值比例定之。」此乃關於保險人對於減免損害費用償還之規定,於各種保險均須適用,火災保險亦不例外。本條之解釋已詳見本書七三頁,請逕參照,茲不復贅。

㈡**估證損失費用的償還**　本法第七九條第一項規定:「保險人或被保險人為證明及估計損失所支出之必要費用,除契約另有訂定外,由保險人負擔之。」就是說保險事故發生後,對於標的物損失之證明及估計所生之必要費用,不論由保險人所付出或由被保險人所付出,結果均應由保險人負擔之。因此等費用都屬於保險人業務費用,故應由其負擔。惟此乃原則,倘契約另有訂定者,自應從其訂定。

此等費用既應由保險人負擔,則保險人自己付出者,自別無問題,若由被保險人所付出者,則保險人自應償還之。其償還數額,在全部保險,原則上自應照其所付出者如數償還。若為一部保險,依本法第七九條第二項規定:「保險金額不及保險標的物之價值時,保險人對於前項費用,依第七七條規定比例負擔之。」例如標的物價值為一萬元,而保險金額為五千元,此項證明估計損失之費用共支出三百元時,則保險人應負擔者為: $\frac{5000 \times 300}{10000} = 150$ 元,因此保險人即應償還被保險人一百五十元。

第三目　要保人的義務

要保人除有保險費交付義務(本法二二條一項)及危險通知義務(本法五八、五九條)外,在火災保險,尚有不得變更保險標的物義務。依本法第八○條規定:「損失未估定前,要保人或被保險人除為公共利益或避免擴大損失外,非經保險人同意,對於保險標的物不得加以變更。」這是因為保險事故發生後,保險人須赴現場查勘估價,以為賠償之標準。所以在損失未估定前不容要保人或被保險人任意變更標的物的現場,以免妨害估計工作之進行,

並免去發生湮滅證據等流弊。但此乃原則，尚有三點例外：①經保險人同意者；②為公共利益者，如房屋被焚，瓦礫塞途，非加以掃除，則有礙公共交通是；③為避免擴大損失者，如房屋一部被焚，半折之樑高懸，如不及早拆除，恐累及其他部分，或墜地傷人，損害擴大是。有上述三種情形，要保人或被保險人對於標的物之現場，仍得變更之。

第六項　火災保險契約的終止

因全部損失的終止

　　保險標的物如全部損失，則火災保險即當然終止。全部損失有由於保險事故（火災）之發生者，亦有由於保險事故以外之事由者（如水患，或房屋因地震倒塌），由於前者保險契約當然終止，變為賠償之問題；出於後者保險契約亦當然終止，本法第八一條明定：「保險標的物非因保險契約所載之保險事故而完全滅失時，保險契約即為終止。」此種終止，保險人雖無賠償問題，但終止後之保險費，除不以時間為計算基礎者外，已交付者應返還之（本法二四條三項）。

因部分損失的終止

　　保險標的物僅受部分損失時，保險契約雖不當然終止，但保險人或要保人卻有終止契約之權，本法第八二條第一項規定：「保險標的物受部分之損失者，保險人與要保人均有終止契約之權。終止後，已交付未損失部分之保險費應返還之。」例如房屋被火焚去一部分，保險人自應就此部分先為賠償，至其餘之部分，其契約是否繼續，保險人與要保人均得藉機考慮，倘不願繼續時，則雙方均有終止之權。不過終止後已交付未損失部分之保險費卻應返還。此項終止權須及時行使，因同條第二項規定：「前項終止契約權，於賠償金額給付後，經過一個月不行使而消滅。」此項期間為除斥期間，不能延長。又同條第三項規定：「保險人終止契約時，應於十五日前通知要保人。」俾要保人考慮另向他保險人投保，但反面解釋，要保人如欲終止契約時，則不受

此限制，僅須於上述之除斥期間內為之即可。

　　其次雙方當事人如不欲終止契約時，其契約自仍應繼續，此際依同條第四項規定：「要保人與保險人均不終止契約時，除契約另有訂定外，保險人對於以後保險事故所致之損失，其責任以賠償保險金額之餘額為限。」例如保險金額一萬元，第一次發生部分損失時，已賠償七千元，則第二次發生損失時，最多只能再賠償三千元為止是。

◀◀ 第二節　海上保險 ▶▶

　　海上保險 (marine insurance; Seeversicherung; assurance maritime) 也叫水上保險，簡稱水險，乃以航行中，可能發生危險，且得以貨幣估價之財產權益為保險標的，而對於海上一切事變及災害所生之毀損滅失及費用，負賠償責任的一種保險（本法八三條，海商法一二七、一二九條）。這種保險起源最早，而且很重要，屬於財產保險的一種，但依歷史傳統，各國法律均以之規定於海商法中，而不規定於保險法內。民國五十二年九月二日所修正公布施行之保險法，對於海上保險之條文，究應規定於何處，立法院審查時曾發生兩種不同之主張：①主張仍留於海商法中，以保全歷史傳統及海商法之完整；②主張移列於保險法，以便營業保險之法律，統納於一法，而體例整飭。兩者各有理由，但結果以海商法既已先行完成立法程序，決定仍保留於海商法第九章（民國八十八年七月十四日海商法大幅修正後，乃改列於第七章）。除於本法第八三條規定：「海上保險人對於保險標的物，除契約另有規定外，因海上一切事變及災害所生之毀損滅失及費用，負賠償之責。」以揭明海上保險人之責任外，並於第八四條規定：「關於海上保險，適用海商法海上保險章之規定。」以期與海商法第一二六條：「關於海上保險，本章無規定者，適用保險法之規定。」相呼應。因單就保險言之，保險法為普通法，海商法海上保險章為特別法，所以海上保險應優先適用海上保險章之規定，其無規定者，始得適用保險法。

　　關於海上保險之問題，因已另於鄭著《海商法》中詳述（該書二六七頁

以下），為避免重複起見，於茲從略。

◄◄ 第三節 陸空保險 ►►

第一項 總 說

壹 陸空保險的意義

陸空保險的意義如何？法無直接規定，茲參照本法第八五條以下之規定，認為：陸空保險係保險人對於保險標的物，因陸上、內河及航空一切事變及災害所致之毀損滅失及費用，負賠償責任的一種財產保險。這可分為三點說明：

㈠**陸空保險是一種財產保險** 陸空保險之標的是物（詳後述），而不是人身，所以它是一種財產保險。

㈡**陸空保險是陸上內河及航空運送的保險** 陸空保險是一種運送保險（transport insurance）。此由於本法除第八五條未有運送字樣外，其餘第八六至八九條或有「交運」，或有「運送」，或有「運費」等字樣，即可知之。不過陸空保險雖屬運送保險的一種，卻與海上保險（也是運送保險的一種）有別，那就是陸空保險，係指陸上運送、內河運送、及航空運送而言，其領域不涉及海上，而海上保險乃以「海上」為範圍，原則上不涉及陸空，所以本法對陸空保險乃特設規定，以資適用。

㈢**陸空保險是一種綜合保險** 陸空保險係對於陸上、內河及航空一切事變及災害所致之毀損滅失及費用，負賠償責任的保險。其保險事故包括甚多（後述），所以屬於綜合性的保險。此點與海上保險相同，與火災保險相異（火災保險之保險事故限於單一之火災）。不過陸空保險的保險事故，當事人也得以契約加以限制（本法八五條），斯時自應從其契約之所定。

貳 陸空保險的種類

陸空保險依其領域可分為下列三種：

㈠**陸上運送保險**　陸上運送保險指陸地運送之保險而言，如對於火車、汽車所運送之貨物，付諸保險即其一例。陸上貨物運送保險其被保險人常為託運人或貨物所有人，因而與運送人以其運送貨物之責任所為之保險，有所不同。後者屬於責任保險（廣義的）之一種，應不包括於陸上運送保險之內（袁著，一九〇頁意見不同）。

其次陸上運送保險與陸上保險 (non-marine insurance; Landversicherung; Nicht-Seeversicheung; assurance terrestre) 一語，不可混為一談，陸上保險乃對海上保險而言，包括陸地上一切保險（如火災保險，人身保險等等）在內，其範圍頗廣，與陸上運送保險僅限於運送方面之保險者，相差甚多，應予注意。

㈡**內河運送保險**　內河運送保險係指航行內河的船舶、運費及裝載貨物之保險而言。此種保險之領域，因其限於水上，大體言之，與海上保險並無多大差異，所以本法第八九條乃規定：「航行內河船舶運費及裝載貨物之保險，除本節另有規定外，準用海上保險有關條文之規定。」例如關於船舶保險，其保險價額，得準用海商法第一三四條之規定，運費保險之保險價額，得準用海商法第一三七條之規定，貨物保險之保險價額，則得準用海商法第一三五條之規定都是。又海上保險委付之規定，在其他保險雖不準用，但在內河運送保險卻得準用之。

㈢**航空運送保險**　航空運送保險係指航空機運送之保險而言，其領域並不限於空中，即起落時之危險也包括在內（經濟部原案用「空中」字樣，立法院審查修正為「航空」，俾包括起落之保險）。惟與航空保險 (aviation insurance; Luftfahrtversicherung; Luftversicherung; assurance aérienne; assurance aviation) 一語，不可混同。航空保險乃指對航空機之事故所致損害之一切保險而言。其範圍甚廣，航空責任保險及航空傷害保險等等都包括在內。而此之航空運送保險，則不包括斯二者在內，所以較航空保險之範圍為小。

以上三者區別之實益，在乎內河運送保險，可以準用海上保險之規定，餘二者則否。但三者既均屬保險，對於本法第一章總則，第二章保險契約之

規定，均適用之，自不待言。

第二項　陸空保險的保險標的

　　陸空保險的保險標的物之範圍如何？本法無直接規定。而陸空保險既屬一種運送保險，運送保險就其標的物言之，本有廣狹二義。廣義的運送保險，其標的物不但運送的貨物，即運送工具（車、船），運費及貨物應有利得，都包括在內，我海商法上之海上保險，即採廣義（海商法一二七條參照），其標的物包括上述四者；狹義的運送保險，其標的物則以所運送之貨物及其應有利得為限，餘者如運送工具等則不在其內。日本商法上運送保險，即採狹義。又德保險契約法上運送保險（一九○八年德國保險契約法一二九條以下），原則上亦採狹義，但關於內河運送保險，則包括運送工具（船舶）之保險在內（一九○八年德保險契約法一二九條二項）。

　　本法陸空保險究採廣義？抑採狹義？條文中並無直接規定，有欠明瞭。但由第八九條之規定觀之，內河運送保險標的物之範圍則包括船舶、運費及裝載貨物三者無疑；而由第八六條專就貨物保險，設一特別規定觀之，則陸上運送保險及航空運送保險兩者，其標的物之範圍亦不以貨物為限可知。因此本書認為本法上之陸空保險，就其標的物之範圍言之應採廣義，即與海上保險同其範圍，應包括：①貨物及其應有利得之保險；②運送工具（車、船、飛機）之保險；③運費之保險。不過一般情形，究以貨物保險居多。

第三項　陸空保險的保險事故

　　陸空保險屬於綜合性保險，其保險事故包括甚多，本法第八五條僅以「陸上、內河及航空一切事變及災害」一語概括之，並未列舉其種類，在解釋上應有以下各種：

　　①車輛之碰撞、脫軌、傾覆；船舶之碰撞、沉沒、擱淺。

　　②火災、暴風雨、雷閃。

　　③強盜，及其他偶然事故。

至於戰爭所致之損害，除契約有相反之訂定外，保險人亦應負賠償責任（本法三二條），但一般情形保險人對於戰爭之危險，未有不除外者。又地震之危險，通常保險人也不承保，斯應注意。陸空保險雖屬綜合性保險，但當事人不妨以契約訂定，將其保險事故限為一種或二種，斯時仍不失為陸空保險。

第四項　陸空保險的保險期間

保險期間是保險人責任的存續期間，必須記明於保險契約（本法五五條四款），陸空保險也不例外。陸空保險的保險期間，其長短如何，起訖如何，自應由當事人加以約定，但本法就貨物保險之保險期間設有原則性規定，那就是本法第八六條規定：「關於貨物之保險，除契約另有訂定外，自交運之時，以迄於其目的地收貨之時為其期間。」申言之，此期間之起點為交運之時，其訖點為於其目的地收貨之時。所謂交運之時，指託運人將貨物點交於運送人之時而言，至已否裝載，則非所問。所謂於其目的地收貨之時，指貨物到達目的地，由託運人交與受貨人之時而言。在此期間內如發生保險事故，保險人始負責任。惟此項保險期間之規定，並非強行規定，當事人自得以契約另定之。

以上係本法就貨物保險保險期間特設之規定，其餘運送工具之保險，運費之保險，及應有利得之保險，其保險期間如何？法無規定，自得由當事人任意定之，或準用海商法之規定。

第五項　陸空保險契約的記載事項

保險契約的記載事項，其基本條款本法第五五條設有規定，業見前述（本書五八頁），陸空保險契約除亦應記載各該事項外，尚有其特有之記載事項。依本法第八七條規定：「保險契約，除記載第五十五條規定事項外，並應載明左列事項」。所謂左列事項，計分四款，茲分別說明如下：

㈠**運送路線及方法**　運送路線及方法是測度危險程度的重要因素，所以無論陸上運送、內河運送或航空運送都必須載明。運送路線之記載，例如記

明由基隆到高雄火車經由山線是；運送方法之記載，例如記明以特快車運送或普通車運送；客貨混合船舶運送，或專以貨船運送是。

運送路線及方法，既特關重要，如有變更，將構成危險之變更，此在一般保險契約，保險人本得據為終止契約之原因（本法六〇條一項），但在陸空保險契約，本法設有特別規定，就是第八八條：「因運送上之必要，暫時停止或變更運送路線或方法時，保險契約除另有訂定外，仍繼續有效。」可知運送路線或方法，縱有停止或變更，保險契約仍繼續有效，保險人不得據以終止契約。但其停止或變更應以運送上之必要，而且暫時者為限，否則不能適用本條。又本條非強行規定，如當事人另有約定者，自應從其約定。

㈡**運送人姓名或商號名稱**　個人運送，應記明其姓名；商號運送，則應記明其商號的名稱。至運送人所以必須記明者，是因為運送人職司運送，與運送之危險有密切之關係，加以依民法第六三四條之規定，運送人對於運送物之喪失毀損或遲到等情事，原則上應負責任。所以如果因運送人應負責之事由，致發生損失時，保險人對於被保險人為賠償後，亦可代位向運送人請求賠償（本法五三條一項）。所以必須載明運送人之姓名或商號之名稱，以資依據。

㈢**交運及取貨地點**　交運地點與保險期間之起點有關，取貨地點與保險期間之訖點有關，所以兩者均須記明。

㈣**運送有期限者，其期限**　運送限期不獨為判別運送物是否遲到之標準，而且有時即以其期限為保險期間　（這叫限時保險），所以必須記載於保險契約，以資依據，但運送未有期限者，那就不必記載。

第六項　陸空保險保險人的責任

本法第八五條規定：「陸上、內河及航空保險人，對於保險標的物，除契約另有訂定外，因陸上、內河及航空一切事變及災害所致之毀損、滅失及費用，負賠償之責。」這是關於陸空保險保險人責任的規定。所謂毀損，指毀壞損傷之情形而言，如貨物因雨淋而變質是；所謂滅失，指全部不存在之情形而言。如貨物被火焚燬，化為灰燼是；所謂費用，指因保險事故所為之支

出而言，如救護標的物之報酬是。以上三者，除契約另有訂定外，保險人均應負賠償責任。

<h1 style="text-align:center">◀◀ 第四節　責任保險 ▶▶</h1>

<h2 style="text-align:center">第一項　總　說</h2>

責任保險的意義

責任保險 (liability insurance; Haftpflichtversicherung; assurance de responsabilité) 是保險人於被保險人對於第三人依法應負賠償責任而受賠償之請求時，負賠償責任之一種財產保險（本法九〇條）。分開來說：

　　㈠**責任保險是一種財產保險**　責任保險的保險標的是一種賠償責任（下述），而不是人身，所以不屬於人身保險，而為財產保險的一種。既屬財產保險，則關於財產保險特有之規定，例如本法第五三條關於代位之規定，自得適用。

　　㈡**責任保險是以被保險人對於第三人依法應負之賠償責任為標的的保險**　責任保險的標的，既不是人身，也不是有形的動產或不動產，乃是被保險人對於第三人依法應負之賠償責任。例如汽車發生車禍，撞傷行人，車主對於該被害人應負侵權行為之損害賠償責任。賠償後則車主之全體財產必形減少，而遭受損失，於是為填補此種損失，得事先以此種對於第三人（被害人）之賠償責任為標的，而投保責任保險是。此種對於第三人之賠償責任，如不發生，則被保險人固無何種積極的利益，然若發生，則被保險人之全體財產即必減少。可見此種保險，實等於以被保險人的全體財產為標的（火災保險或運送保險則以被保險人的個別的具體的財產為標的），所以也屬於財產保險。學者間嘗將財產保險分為三類，就是①對於特定物的滅失損毀之保險，②對於將來可取得之利益的喪失之保險，③對於發生事故，而須由其財產中

為支出之保險。責任保險即具有③之性質。

㈢**責任保險是被保險人受賠償請求時保險人始負賠償責任的保險**　責任保險雖以被保險人對於第三人之賠償責任為標的，但若該項賠償責任縱已發生，而第三人不向被保險人請求時，則被保險人仍無損害之可言，從而保險人自亦不必對之負賠償責任。所以責任保險之保險人於被保險人受第三人之賠償請求時，始對被保險人負其責任。

以上係責任保險的意義，至於此種保險的效用，乃因社會經濟進步，不僅個人與個人間，因交往之頻繁，而每有對他人負損害賠償責任之事發生（如醫師誤診致病人死亡，應負責任）；尤其交通機關及其他企業之發達，且因無過失責任主義之倡行，極易釀成損害賠償之事件（如飛機失事造成傷亡，航空公司縱無過失，亦應負責任），因而為使此等危險分散，俾不致集中於該個人或企業，藉以維持其事業起見，責任保險制度乃感必要。因此種保險乃透過保險業將其危險轉嫁於公眾之最好的方式，所以於今各國無不盛行。

貳　責任保險的種類

責任保險依各種不同之標準，可分類如下：

㈠**個人責任保險、事業責任保險**　責任保險依其保險標的之性質，可分為：

⑴**個人責任保險**　個人責任保險就是以被保險人個人行為所發生之賠償責任為標的的保險，例如：醫師之責任保險、藥劑師之責任保險、汽車司機個人之責任保險等都是。

⑵**事業責任保險**　事業責任保險就以是被保險人事業上所發生之賠償責任為標的的保險，例如：運送人對於運送物所負責任之保險、倉庫營業人對於寄託物所負責任之保險、以及僱主責任之保險、旅店主人責任之保險等都是。

以上兩者區別之實益，在乎後者每關乎公益，因而法律上強制其訂立保險契約者有之。如民用航空法第九四條規定：「航空器所有人應於依第八條申請登記前，民用航空運輸業應於依第四十八條申請許可前，投保責任保險。」「前項責任保險，經交通部訂定金額者，應依訂定之金額投保之。」即其適例。又本法第九二條亦限於事業責任保險適用（下述），個人責任保險，則不適用。

㈡**為自己利益的責任保險、為他人利益的責任保險、為自己兼為他人利益的責任保險**　責任保險依其利益之歸屬，可分為：

⑴**為自己利益的責任保險**　為自己利益的責任保險就是要保人為自己利益所訂立的責任保險契約，此種保險契約要保人與被保險人為同一人，發生事故時，賠償金由其自己受領。例如運送人以其自己對於運送物之責任，訂立責任保險契約是。

⑵**為他人利益的責任保險**　為他人利益的責任保險就是要保人為他人利益所訂立的責任保險契約。此種保險契約，要保人與被保險人非為同一人，發生事故時，賠償金由被保險人受領，要保人不能享受其利益。例如父因其子為藥劑師，而即以其子職業上之責任，訂立責任保險契約是。

⑶**為自己兼為他人利益的責任保險**　為自己兼為他人利益的責任保險，就是同一責任保險契約，要保人為自己利益亦兼為他人利益而訂立。此種契約除當事人自行明定外，本法上尚設有擬制的規定，那是本法第九二條規定：「保險契約係為被保險人所營事業之損失賠償責任而訂立者，被保險人之代理人、管理人或監督人所負之損失賠償責任，亦享受保險之利益，其契約視同並為第三人之利益而訂立。」適用本條須具備下列之要件：①保險契約須為被保險人所營事業之損失賠償責任而訂立者，也就是須屬於事業責任保險，若為個人責任保險，則無本條之適用。②須為被保險人之代理人、管理人或監督人，例如被保險人為某公司，則某公司之董事或經理人便是。③須此等人負損失賠償責任，例如依民法第二八條董事應負賠償責任，或依公司法第二三條公司負責人應負賠償責任便是。合乎上列要件，則其責任保險契約雖為被保險人自己之利益而訂立，但其代理人、管理人或監督人亦得享受保險利益。例如某運輸公司自為被保險人而訂立責任保險契約，倘其經理人因執行運送業務而加損害於他人，而他人（受害人）如向公司請求賠償時，公司得向保險公司請求給付保險金；但他人如向經理人請求賠償時，經理人亦得向保險公司請求給付保險金，也就是經理人亦得享受其保險利益。經理人就此責任保險契約，本居第三人之地位，所以此種契約，法律上視同並為第三人之利益而訂立。

第二項　責任保險的保險標的

責任保險的保險標的，既不是特定的動產與不動產，也不是人身，而是被保險人對於第三人應負的賠償責任。此種賠償責任須具備下列要件：

㈠**須被保險人對第三人應負之賠償責任**　作為責任保險標的的「賠償責任」，須為被保險人對於第二人所應負的賠償責任。此第三人指被保險人以外之任何人而言，惟不包括被保險人自己在內。因而被保險人縱投有汽車責任保險，若該車闖禍，致被保險人自己受傷時，保險人不負賠償責任。

㈡**須屬民事責任**　責任保險標的的賠償責任，須屬於民事責任，若被保險人所應負之責任為刑事責任，則不得為責任保險之標的。不過民事責任與刑事責任，每有競合之情形，斯時其民事責任之部分，仍非不得為責任保險之標的，自不待言。

㈢**須為依法應負之責任**　民事責任本有「依約而生之責任」與「依法而生之責任」之別，本法上責任保險標的之責任，須屬依法而生之責任，依約而生之責任，不包括在內。惟「依約而生之責任」與「契約上之責任」，兩者尚有分別。就是契約上之責任，可分為：①純粹依當事人意思而生之契約責任，這才是依約而生之責任，例如依保險契約保險人對被保險人所負之賠償責任是。②因法律上賦與契約效果而生之契約責任，此種責任與當事人之意思無關，所以不是依約而生之責任，仍屬依法而生之責任，例如債務不履行責任，出賣人之瑕疵擔保責任均是。上述兩種契約上之責任，僅①不得為責任保險之標的（保險人對被保險人所負之責任如以之投保，在本法上已另設有再保險之規定，即因此之故），至於②仍得為責任保險之標的。由此觀之，得為責任保險標的之責任，除侵權行為責任外，尚有債務不履行責任（如運送人對於運送物之責任，倉庫營業人對於寄託物之責任），及其他依法而生之責任（如瑕疵擔保責任），其範圍頗為廣泛。

㈣**須為過失責任**　此責任之發生，須因被保險人之過失始可（其履行輔助人之過失與自己之過失同視，民法二二四條），若因故意，則不在此限。此點法無明文，但對於被保險人故意造成之損失，則不予賠償，乃保險法上之

大原則，於茲仍應適用。惟既曰過失責任，則過失之種類（重大過失抑輕過失）如何，在所不問，此點與海上保險對於被保險人重大過失所生之危險，保險人亦不負責者（海商法一三一條），有所不同。又過失責任既須負責，則無過失責任，更應負責，所以無過失責任當然也包括在內，自不待言。

第三項　責任保險的保險事故

　　責任保險的保險事故，與一般財產保險的保險事故有所不同，一般財產的保險事故，例如火災保險的保險事故就是火災；海上保險的保險事故，則為海上一切事變及災害，這都是直截了當，無何問題，但責任保險的保險事故則不然，例如被保險人甲，以其對於託運人丙之運送責任，向保險人乙訂立責任保險契約。結果運送物因運送人甲之過失，致發生車禍而滅失。於是甲應對丙（在此責任保險契約上觀之，則為第三人）負損害賠償責任，當丙向甲請求賠償時，甲即得向乙請求保險金之給付。在此一連串事實中，究竟何者為責任保險之保險事故，學說上有四種見解如下：

　　㈠**損害事故說**　認為發生損害之事故，就是保險事故，前例之車禍便是。其實發生損害之事故，乃第三人（丙）發生損害之事故，並非被保險人（甲）發生損害之事故，第三人（丙）雖因車禍而發生損害，但被保險人是否即當然負責，尚成問題，縱令當然負責，而第三人（丙）是否提出請求，亦成問題，所以吾人不得逕以損害事故為保險事故。

　　㈡**被保險人責任發生說**　認為損失事故發生後，如被保險人依法應負賠償責任，即為保險事故之發生，所以被保險人責任之發生，便是保險事故。前例車禍發生後，查明確係被保險人（甲）過失之所致，而被保險人（甲）依法應負責任，則為保險事故之發生。反對言之，若雖已發生損害事故，但被保險人依法不應負責時，則非為保險事故之發生。此說為日學者之通說，惟在我保險法上有被保險人因受第三人之請求而為抗辯，所支出之訴訟上或訴訟外之必要費用，除契約另有訂定外，應由保險人負擔之規定（本法九一條一項），此不論被保險人勝訴抑敗訴，其費用均應由保險人負擔。被保險人敗訴時無何問題，被保險人勝訴時，就是被保險人不應負賠償責任，那麼依

上開學說，保險事故不算發生，於是仍使保險人負擔費用一節，便很難說明。

㈢**被保險人受請求說**　認為被保險人受第三人之賠償請求時，始為保險事故之發生，也就是「被保險人受請求」才是責任保險的保險事故。至第三人之請求之是否正當，在所不問，如屬正當，則被保險人應予賠償，保險人自亦應賠償；如屬不正當，被保險人雖無須賠償，但所支出之訴訟上或訴訟外之必要費用（訴訟上費用，被保險人既已勝訴，本不負擔，但如不可能由敗訴人收回時），保險人亦應負擔，因此種費用，亦屬因保險事故發生而受之損失之故。此說對於由保險人負擔訴訟費用之法理，雖能說明，惟依此見解，則被保險人受第三人之請求，縱其請求之理由並不正當，但被保險人因與之對抗所支出之費用，亦當然由保險人負擔，結果，對於保險人未免苛刻，所以本法乃有第九三條之設，就是許可保險人約定，被保險人對於第三人就其責任所為之承認和解或賠償，未經其參與者不受拘束。藉資調劑，以期持平。

㈣**賠償義務履行說**　認為被保險人受第三人之請求，仍非保險事故之發生，必須被保險人已對第三人履行其賠償義務時，始為保險事故之發生，斯時始能向保險人請求給付保險金。此說不合實際，因多數立法例，多允許第三人直接向保險人請求，也就是保險人得直接對第三人為賠償金額之給付（本法九五條亦然）。可見並不以被保險人先履行賠償義務為保險事故之發生。

以上四說，在我保險法係兼採㈡㈢兩說，就是被保險人依法應負賠償責任，而受賠償之請求，便是保險事故之發生（參照本法九〇條），斯時保險人即應負其責任。不過如向被保險人給付保險金時，則應受第九四條之限制，這又寓有㈣說之見解。

第四項　責任保險契約的效力

責任保險契約也是保險契約之一種，其當事人雙方的權利義務，除應適用保險契約一般之規定外，本法就責任保險保險人的權利義務，設有特別規定如下：

壹 保險人的義務

（一）**賠償責任的負擔**　本法第九○條規定：「責任保險人於被保險人對於第三人，依法應負賠償責任，而受賠償之請求時，負賠償之責。」本條明定保險人負賠償責任之時期，至於賠償責任之範圍如何，則未設明文，當事人自得依契約定之。惟責任保險並非以被保險人的特定的具體的財產為標的，因而此種保險契約原則上無所謂保險價額之問題，保險人只在所約定的保險金額限度內，負賠償責任而已，因之關於超過保險或一部保險之法則，原則上自亦不能適用，此亦責任保險之特點，應予注意。

（二）**必要費用的負擔**　本法第九一條第一項規定：「被保險人因受第三人之請求而為抗辯，所支出之訴訟上或訴訟外之必要費用，除契約另有訂定外，由保險人負擔之。」所謂被保險人因受第三人之請求而為抗辯，指被保險人對於因損害事故發生而受害之人的請求，所為之對抗行為而言，如應訴是。所謂訴訟上之必要費用，如訴訟費及證人到庭費是。所謂訴訟外之必要費用，如損失估計費用是。此等費用除契約另有訂定外，原則上由保險人負擔。所以如此者，因被保險人對第三人抗辯，實間接為保險人爭取利益，亦即同於一般保險之避免或減輕損失之必要行為（本法三三條參照），所以因此所支出之必要費用，應由保險人負擔。

上述之必要費用既應由保險人負擔，故本法第九一條第二項乃又規定：「被保險人得請求保險人墊給前項費用。」是為被保險人之費用墊給請求權，在保險人方面，則有墊給義務，惟此項費用之墊給，當然以保險人應負擔其費用者為限，若契約另定，保險人不負擔該項費用時，則被保險人亦不得請求墊給，自不待言。

（三）**保險金額的給付**　保險人既應負賠償責任，自應為保險金額之給付。其給付之對象，當然須向被保險人為之，但有時亦得逕向第三人（被保險人對之負損害賠償責任之人）為之。茲分述如下：

（1）**向被保險人給付**　保險人向被保險人給付保險金，事屬當然，但本法上設有限制，即第九四條第一項規定：「保險人於第三人由被保險人應負責任事故所致之損失，未受賠償以前，不得以賠償金額之全部或一部給付被保險

人。」如前舉運送物滅失之例，當託運人（第三人）丙向運送人甲（被保險人）請求賠償，運送人甲固可向保險人乙請求，但乙在甲未對丙履行其賠償義務時（在丙方面觀之，就是未受賠償前），即不得給付保險金額之全部或一部。如此庶不致發生被保險人領受保險金後，反不向第三人賠償之情事，藉以保護受損害之第三人，俾其所受之損害，確實得到填補。

⑵向第三人給付　向第三人給付之情形可以分為二種，第一種是應第三人之請求而向第三人給付，保險法第九四條第二項：「被保險人對第三人應負損失賠償責任確定時，第三人得在保險金額範圍內，依其應得之比例，直接向保險人請求給付賠償金額。」之規定即是。第二種是保險人經被保險人通知，逕向第三人給付，保險法第九五條規定：「保險人得經被保險人通知，直接對第三人為賠償金額之給付。」之規定即是，以上兩種情形，保險人均得向第三人給付，所不同者，在前一情形，須待「被保險人對第三人應負損失賠償責任確定」，始得為之；在後一情形，以「保險人經被保險人之通知」為條件，始得為之。

 ## 保險人的權利

舊保險法第九三條原規定：「保險人得約定被保險人對於第三人就其責任所為之承認、和解或賠償，未經其參與者，不受拘束。」是為保險人之參與權。因被保險人對於第三人就其責任所為之承認、和解或賠償，應否為之，或其數額之多寡，在在與保險人之利益攸關，所以本條明定如未經保險人之參與，則保險人不受拘束。所謂不受拘束者，即其承認、和解或賠償，對於保險人不生效力，保險人不必依其所決定之責任範圍，負賠償之義務。不過此亦以事先約定者為限，若事先並未約定如此，則被保險人對於第三人就其責任所為之承認、和解或賠償，縱未經保險人之參與，保險人仍應受其拘束。

責任保險保險人之參與權，就防止被保險人因投保責任而任意為高額之和解或賠償，確實有其必要。惟為避免保險人藉故拒絕參與，致損及被保險人之權益，故於民國八十六年五月二十八日修正之保險法第九三條增訂但書：「但經要保人或被保險人通知保險人參與而無正當理由拒絕或藉故遲延者，不在此限。」規定，以茲限制。

◀◀ 第五節　保證保險 ▶▶

第一項　總　說

 保證保險的意義

保證保險 (bond insurance; fidelity insurance; Garantieversicherung; Kautionsversicherung; Unterschlagungsversicherung; assurance contre les malversations des employés) 乃保險人於被保險人因其受僱人之不誠實行為或其債務人之不履行債務所致損失，負賠償責任之一種財產保險（本法九五條之一）。分開來說：

㈠**保證保險是一種財產保險**　關於保證保險之性質為何，學者雖有不同見解，惟因本法將保證保險列於財產保險之範圍，且其保險標的不是人身，所以不屬於人身保險，而為財產保險的一種。保證保險既屬財產保險之一種，則關於財產保險特有之規定，例如本法第五三條關於代位之規定，自得適用。

㈡**保證保險以被保險人之受僱人之不誠實行為或其債務人之不履行債務為保險事故**　保證保險之特色，係由保險人向被保險人保證被保證人（即被保險人之受僱人或其債務人）履行某些特定義務，大體上可分為兩類，一為誠實保證 (fidelity bonds)；一為確實保證 (surety bonds)。職是之故，保證保險之保險事故，亦可分為兩種，即受僱人之不誠實行為及債務人之不履行債務是，其詳後述。

㈢**保證保險保險人於發生上述事故肇致損失時負賠償之責任**　保證保險係以因受僱人有不誠實行為或債務人有不履行債務行為，而受損失為標的之保險。故保險人對於因上開保險事故所肇致之損失，自應負賠償責任。

開辦保證保險的理由

　　民國八十一年二月二十六日修正公布施行之本法，於第三章財產保險中增訂第四節之一「保證保險」（本法九五條之一至九五條之三），增訂理由為：「㈠歐美先進國家採行保證保險制度已久，為重要險種之一，且保證保險與財產保險不盡相同，有於本法專節規定之必要。㈡近年來政府積極推動工程保證制度，加強營繕管理，且工商業投保誠實信用保證保險者逐年增加，爰將保證保險於本法中明定，以資適用。」由於本法關於保證保險之規定僅有三個條文，其內容非常簡單，且在本法增訂保證保險專節前，實務上保險公司已開辦員工誠實保證保險、工程保證保險、限額保證支票信用保險等，故本法增訂保證保險專節之意義，似僅在宣示其為本法所規定之一新種保險而已。

　　關於開辦保證保險之理由，一般言之，有下列幾點：即①於諸如締結工程承攬或供應物品契約等場合，投標人往往須繳存巨額之保證金，以致大量資金固定化，無法為有效運用，此時如以保證保險代之，則僅須支付少額的保險費即可；又如於人事保證（身元保證）之場合，受僱人或被用人往往難以覓得妥適保證人，此時即可以支付少額的保險費簽訂保證保險契約代之。②保險人於締結保證保險契約時，在核保上必定會為危險之選擇，即對被保證人之信用、品德等為必要的調查，從而對定作人或僱用人而言，得以透過保證保險契約之簽訂，而獲得信用或品德良好之投標人或受僱人。③保險人於發生損害賠償責任時，必定會對其所保證之投標人或受僱人等債務人為充分之調查，採取種種可能求償之措施，從而得以防止債務人為不正行為或過怠行為。④因保險人對債權人（被保險人）之營業方法、管理等亦進行監視，從而可防止債權人方面之內部人員為收賄等不正行為（以上參閱田中誠二・原茂太一共著，《保險法》（全訂第十五版），二五五頁）。

 保證保險的種類

　　保證保險的種類甚多，如人事保證保險（身元保證保險）、公務員保證保險、契約保證保險、司法保證保險、寄託金保證保險、管財人保證保險、貸款保證保險等是。惟依本法第九五條之一規定，則保證保險可分為誠實保證

保險與確實保證保險兩大類，茲就此分述如下：

　　㈠**誠實保證保險**　此項保險係由保險人（即保證人）保證被保險人（即僱主）之受僱員工（被保證人）將誠實執行職務，如有強盜、搶奪、竊盜、詐欺、侵占、偽造、挪用或私用公款、隱匿、捲逃等不誠實行為，致被保險人遭受金錢或財物損失者，由保險人對被保險人負賠償之責。由此可知，誠實保證保險係以受僱人之不誠實行為為保險事故（本法九五條之二）。至於其應繳之保險費，或由受僱人負擔、或由僱主負擔，後者之性質與一般保險無異，故又稱為不誠實保險 (dishonesty insurance)。

　　㈡**確實保證保險**　此項保險係由保險人（即保證人）保證被保險人之債務人（被保證人）將忠實履行債務，如債務人有不履行債務情事，致債權人遭受金錢或財物損失者，由保險人負賠償之責。由此可知，確實保證保險係以債務人之不履行債務為保險事故（本法九五條之三）。確實保證保險在性質上與固有意義之保險有甚大差別，嚴格言之，不能稱為「保險」。至其種類甚為繁多，實務上大多以涉及有關工程之履約者為主，本法於增訂保證保險一節之立法說明中，亦指明：「近年來政府積極推動工程保證制度，加強營繕管理，……爰將保證保險於本法中明定，以資適用。」又就本法第九五條之三規定：「以債務人之不履行債務為保險事故之保證保險契約」一語觀之，此項保險尚應包括信用保險 (Credit insurance; Kreditversicherung; assurance crédit) 在內。

第二項　誠實保證保險

 誠實保證保險契約的訂立

　　㈠**當事人及關係人**　誠實保證保險契約的當事人為保險人與要保人，此外亦有被保險人與受益人之問題。由於誠實保證保險性質上屬於保證業務，而保證則除契約當事人（保證人及債權人）外，尚有主債務人（被保證人），保證人、債權人、主債務人三者應為不同之人，故誠實保證保險亦應相同，即保險人係居於保證人之地位，被保險人（僱用人或僱主）係居於債權人或

權利人之地位，被保險人之受僱人係居於主債務人（被保證人）之地位，三者應為不同之人。至於與保險人訂立誠實保證保險契約之要保人，可由僱主（被保險人）為之，亦可由被保證人（主債務人）為之，因而要保人與被保險人有時係同一人，有時係不同一人。

㈡**記載事項**　誠實保證保險契約的應記載事項，依本法第九五條之二規定：「以受僱人之不誠實行為為保險事故之保證保險契約，除記載第五十五條規定事項外，並應載明下列事項。」亦即：

⑴**被保險人之姓名及住所**　被保險人係僱用人或僱主，居於債權人或權利人之地位，而訂立誠實保證保險契約之目的，乃在填補被保險人因其受僱人之不誠實行為所遭受之損失，所以應將被保險人之姓名及住所等記明。

⑵**受僱人之姓名、職稱或其他得以認定為受僱人之方式**　被保險人之受僱人居於主債務人或被保險人之地位，為明確保險人應就何人之不誠實行為所肇致損失負賠償責任，所以應將受僱人之姓名、職稱或其他得以認定為受僱人之方式等記明。其記載方法，可於保險單附貼明細表載明被保證員工之姓名、職務及個別之保險金額；亦可於保險單附貼明細表載明被保證職位之名稱、在職人數及每人之保險金額。

誠實保證保險契約的效力

誠實保證保險人於被保險人因其受僱人之不誠實行為所致損失，負賠償之責，也就是誠實保證保險人有給付保險金之義務。至於當事人間之具體權利義務為何，本法對之未設特別規定，自應依契約的約款定之。保險約款未規定或規定不明之事項，則可在不違反誠實保證保險之性質下，類推適用本法有關財產保險之通則性規定。又由於誠實保證保險具有保證之性質，從而通說認為保險人就出於要保人或被保險人之故意所致損害，不負賠償責任之基本法則（本法二九條第二項但書參照），於誠實保證保險不適用之。

第三項　確實保證保險

 確實保證保險契約的訂立

㈠**當事人及關係人**　確實保證保險契約的當事人為保險人與要保人，此外亦有被保險人與受益人之問題。由於確實保證保險性質上屬於保證業務，而保證則除契約當事人（保證人及債權人）外，尚有主債務人（被保證人），保證人、債權人、主債務人三者應為不同之人，故確實保證保險亦應相同，即保險人係居於保證人之地位，被保險人係居於債權人或權利人之地位，被保險人之債務人係居於主債務人（被保證人）之地位，三者應為不同之人。至於與保險人訂立確實保證保險之要保人，通常係被保證人（主債務人），用以替代被保證人對債權人或權利人所負之覓保或提供擔保義務。

㈡**記載事項**　確實保證保險契約的應記載事項，依本法第九五條之三規定：「以債務人之不履行債務為保險事故之保證保險契約，除記載第五十五條規定事項外，並應載明下列事項。」那就是：

⑴**被保險人之姓名及住所**　被保險人係債權人或權利人，而訂立確實保證保險契約之目的，乃在填補被保險人因其債務人之不履行債務所遭受之損失，所以應將被保險人之姓名及住所等記明。

⑵**債務人之姓名或其他得以認定為債務人之方式**　被保險人之債務人居於主債務人或被保證人之地位，為明確保險人應就何人之不履行債務所肇致損失負賠償責任，所以應將債務人之姓名或其他得以認定為債務人之方式等記明。

 確實保證保險的種類

確實保證保險之種類甚夥，主要以涉及營繕工程者為多，茲就其中較重要者，簡述如下：

㈠**投標保證保險**　此項保險係承攬人（營造商）於投標之際，自己為要保人，以定作人（業主）為被保險人及受益人，與保險人締結保險契約，約

定由保險人（居保證人地位）保證承攬人（居被保證人或主債務人地位）參加投標後，如果得標，將依約定期限及條件與定作人簽訂承攬契約，如果得標後拒不簽約，由保險人對定作人負損害賠償責任。由是可知，其保險事故係承攬人雖參加投標且已得標，但拒絕與定作人（被保險人）締結承攬契約。

㈡**契約履行保證保險** 此項保險，一般簡稱履約保證保險或履行保證保險，就工程承攬契約之履約保證保險言之，係指承攬人（承包商）於與定作人締結承攬契約之際，自己為要保人，以定作人為被保險人，與保險人締結保險契約，約定由保險人（居保證人地位）保證承攬人（居被保險人或主債務人地位）將確實履行承攬契約，完成所承攬之工程，如果承攬人未能依約完成工程，由保險人會同定作人就未完工部分安排其他承包商繼續完成，或賠償定作人所遭受之損失。由是可知，其保險事故較為複雜，包括未能如期完工或未能依約施工等各種違約情形在內。

㈢**保固保證保險** 工程承攬契約通常訂定有保固期間，使承攬人對所完成之工程，在特定期間內如有不符合某種標準或發生瑕疵等情事，即應負責修繕、維護或重作。為確保承攬人能依約履行此項保固義務，通常由承攬人與保險人締結保固保證保險，由保險人保證承攬人將確實履行保固責任。

㈣**住宅貸款保證保險** 此項保險係由保險人保證自銀行或其他金融機構取得住宅資金貸款之債務人，將確實履行債務，如債務人不履行債務致銀行或其他金融機構（債權人）遭受損害時，由保險人對銀行或其他金融機構負賠償責任。由是可知，住宅貸款保證保險之保險事故，係債務人未能依約履行金錢消費借貸契約上之原本返還債務、利息及遲延損害支付債務。

參 確實保證保險契約的效力

確實保證保險人於被保險人因其債務人之不履行債務所致損失，負賠償之責，也就是確實保證保險人有給付保險金之義務。至於當事人間之具體權利義務為何，本法未設特別規定，自應依契約的約款定之。保險約款未規定或規定不明之事項，則可在不違反確實保證保險之性質下，類推適用本法有關財產保險之通則性規定。

◄◄ 第六節　其他財產保險 ►►

第一項　總　說

壹　其他財產保險的意義

其他財產保險為不屬於火災保險、海上保險、陸空保險、責任保險及保證保險之範圍，而以財物或無形利益為保險標的之各種保險（本法九六條）。茲分兩點說明如下：

㈠**其他財產保險係以財物或無形利益為標的**　其他財產保險之標的，須以財物或無形利益充之，人身不在其內，此點與所謂「意外保險」有所不同，因意外保險，其標的除財物及無形利益外，尚包括人身在內。所以其他財產保險只屬於意外保險的一部分（民國五十二年九月二日修正公布之本法，於修訂時經濟部原提案設有意外保險之規定）。

㈡**其他財產保險係不屬於火災保險、海上保險、陸空保險、責任保險及保證保險範圍之各種保險**　火災保險、海上保險、陸空保險、責任保險及保證保險五者，本法或海商法已分別設有專節或專章之規定，其他財產保險係不屬於此五種保險範圍之保險，否則若屬各該保險範圍之一時，便不屬於其他財產保險。又其他財產保險乃一概括性用語，並非專指某種保險，乃指上列四種保險外之各種財產保險而言。蓋於今社會，財產種類繁多，意外事件亦夥，因之保險之種類自亦層出不窮❶，法律上無法一一規定，於是乃就其

---

❶　其他財產保險相當於學者所謂「新種保險」(new branch of insurance; neuer Versicherungszweig; nouvelle type d'assurance) 之一部分，新種保險分新種生命保險與新種損害保險兩部分，後者指火災保險、海上保險以外之各種新興之保險而言，如玻璃保險、汽車保險、原子保險等是，其種類繁多，所以有時也叫做雜種保險 (miscellaneous insurance)。我保險法之其他財產保險即與之相當。

他財產保險設有概括性規定，俾上述四種保險外之各種財產保險，均得適用。又其他財產保險亦均屬保險之一種，本法上所設之關於保險通則性規定，均得適用，自不待言❷。

 其他財產保險的種類

其他財產保險，種類繁多，不勝枚舉，茲依下列標準，將其重要者，分別列舉數種如下：

㈠以保險標的為標準，其他財產保險有如下列：

⑴玻璃保險　玻璃保險 (plate glass insurance; Glasversicherung; assurance contre le bris des glace) 主要以商店櫥窗之玻璃或大建築物之門窗牆壁間彩色玻璃為保險標的，而因偶然事故（如爆炸、火災），致發生損壞時，由保險人負現物填補（換新），或賠償金錢之責任。此種保險之特點，以現物填補時為多，以金錢賠償時甚少。又每塊玻璃稍有裂痕，即須全塊換新，所以此種保險無「分損」及「比例填補」之問題。

⑵機械保險　機械保險 (machinery insurance, engineering insurance; Maschinenversicherung) 有廣義與狹義之別。狹義的機械保險，指就各種機械在開動中，因突發的事故，而遭受損害時，由保險人負賠償責任之保險而言。此種保險的保險事故，限於機械本身所生者，其原因由於從業員或第三人之處置不當或其他過失，均非所問。惟不包括火災、地震、戰爭、暴風雨等在內。廣義的機械保險，除狹義者外，尚包括鍋爐 (boiler) 及其附屬設備之保險

❷　桂裕先生，《保險法論》，二〇九頁：「保險法為任意法，其編制與民法債編略同；民法債編第一章為通則，第二章為各種之債，其第二章所列二十四種之債，僅就較重要之項目為例示之規定，其他依通則或比照此二十四種所成立之債，稱為『無名之債』，亦屬債編之範圍。保險法亦然，海上保險、火災保險、責任保險、人壽保險、傷害保險五種（按指舊保險法而言），不過示範的規定而已，其他依保險通則，或比照此五種而成立之保險契約，無論名目若何，亦均為保險法上之保險契約，範圍固不以列舉之五種為限也。」以上所述，對於保險法之適用範圍，值得參考。

在內，例如鍋爐因破裂、壓潰等所生之損害，保險人均予賠償是。

(3)**汽車保險** 汽車保險 (automobile insurance; Auto-kaskoversicherung; assurance sur automobile) 乃就汽車車身因碰撞、火災、竊盜及其他行駛中之一切危險所生之損害，由保險人負賠償責任的保險。其保險事故不限於一種，所以屬於綜合性保險。惟汽車保險與汽車責任保險不可混為一談，後者指汽車行駛中，使他人之身體或財產受損害，而車主對之應負賠償責任而受請求時，由保險人負責賠償之保險，屬於責任保險之一種，與此之汽車保險有別。

(4)**財產壽命保險** 財產壽命保險 (property-life insurance; Sachlebensversicherung; assurance de la vétusé) 係就財產之自然消耗所生之減價，予以賠償的保險。例如就房屋、汽車、船舶的折舊，訂立保險契約是。此種保險，因其保險事故欠缺偶然性之一要件，所以是否為真正之保險，尚成問題。此種保險，自二十世紀起源於德國，後乃傳入美國。日本及我國現尚無此種保險。

(5)**信用保險** 信用保險 (credit insurance) 係以債務人不能履行債務，而受損失為標的之保險，如商店因恐顧客賒欠貨款，到期不能收回，而以之投保便是。惟信用保險與「信用壽命保險」不同，信用壽命保險 (credit life insurance) 也叫消費者壽命保險，就是以債務人的壽命為保險標的，而以債務之償還期間為保險期間，債務人在此期間內死亡，其所應得之保險金，即以之償還其未履行之債務。此種保險應屬於人壽保險，而在分期付價之買賣上，多採用之，盛行於美國，與茲所述之信用保險，不可混同。

除上列五種外，尚有利益保險 (profits insurance)、權利保險 (title insurance)、保證保險 (bond insurance)、農業保險 (agricultural insurance)、水管保險 (water damage insurance) 等等，不一而足，限於篇幅，茲不詳述。

㈡**以保險事故為標準，其他財產保險尚有下列：**

⑴**原子保險** 原子保險 (nuclear energy insurance; Versicherung von Kernenergierisiken; assurance des risques nucléaires) 乃以賠償由原子力危險所造成之損害為目的之保險，通常以陸上原子爐為對象，其廣義者尚包括原子力船及原子力航空機之保險。惟此之原子力危險以和平利用時所生者為限，不包括戰爭時原子力之損害在內。

⑵竊盜保險　竊盜保險 (burglary insurance; Einbruchdiebstahlversicherung; assurance contre le vol) 係就盜賊（強盜、竊盜）所致財物之損失（被盜取、毀損或污損），負賠償責任之保險。例如住宅竊盜保險、營業所竊盜保險、銀行竊盜保險等屬之。

⑶天候保險　天候保險 (weather insurance; Schlechtwetterversicherung; assurance des intempéries) 係以異常的落雨或日光不足等天候事情，致顧客減少，而營業上發生損失，由保險人負填補責任的保險，如觀光業者因天氣不佳，觀光客減少，致生損失，而以之投保是。此種保險，歐美頗為盛行。

⑷風害保險　風害保險 (windstorm insurance) 係以填補因暴風、颶風、旋風等所造成的財產損害為目的保險，在歐洲及北美諸國頗盛行，將來我國或有颱風保險出現，也未可知。

⑸洪水保險　洪水保險 (flood insurance) 係以賠償因河川湖沼氾濫所致之損害為目的的保險。此種保險每多包括於家宅綜合保險之中，而不另為獨立的保險，但近來已有成為獨立的保險之趨勢。美國現正從事以洪水保險，付諸國營之計畫，其實施或不在遠。

除上述者外，尚有戰爭保險 (war risks insurance; Kriegssirikoversicherung; assurance des risques de guerre)、地震保險 (earthquake insurance; Erdbebenversicherung; assurance contre les tremblements de terre)。此兩者通常保險契約多予除外，若獨立為之，且以財產為標的時，亦應屬於其他財產保險之一種。

其他財產保險準用的法規

其他財產保險，除適用本法有關保險之通則外，依本法第八二條之一第一項規定：「第七十三條至第八十一條之規定，於海上保險、陸空保險、責任保險、保證保險及其他財產保險準用之。」查第七三至八一條乃火災保險中有關保險價額、超過保險、一部保險及損失估計等規定；而第一二三條乃人壽保險有關保險人或要保人破產之規定，第一二四條乃人壽保險有關保單價值準備金優先受償之規定。此等規定，於超過一年之其他財產保險均準用之（本法八二條之一第二項）。至各該條之解釋，請參照有關章節，茲不贅述。

第二項　其他財產保險契約的效力

 保險人的權利

㈠**標的查勘權**　本法第九七條前段規定：「保險人有隨時查勘保險標的物之權……。」例如汽車保險，保險人得隨時查勘該汽車之引擎及其他機件，並查詢其使用之情形；又如竊盜保險，保險人得隨時查看標的物保管之情形均是。保險人查勘後，如發現全部或一部處於不正常狀態（如汽車引擎故障有危險增加之情形是），並得建議要保人或被保險人修復後，再行使用（同條中段），以免發生事故。

㈡**契約終止權**　上述建議，如為要保人或被保險人所採納實行，自無問題。如要保人或被保險人不接受其建議時，則保險人得以書面通知終止契約或有關部分（同條後段）。所謂終止契約指終止全部契約而言；所謂終止有關部分，指標的一部處於不正常狀態，經建議而未接受，即僅終止該部分之契約而言，例如竊盜保險，保險標的物一部分置於無人看守之屋內，保險人發現後建議改善，而竟未被接受，於是保險人自得終止該部分財物之承保。

 要保人的責任

本法第九八條第一項規定：「要保人或被保險人，對於保險標的物未盡約定保護責任所致之損失，保險人不負賠償之責。」可見保險契約中，得約定要保人或被保險人對於保險標的物，應盡相當的保護責任，例如竊盜保險約定被保險人應將貴重物品鎖入鐵櫃，且每週檢查一次是。既約定此種責任，則被保險人自應照辦，否則如因未盡約定保護責任所致之損失，保險人不負賠償責任。

又同條第二項規定：「危險事故發生後，經鑑定係因要保人或被保險人未盡合理方法保護標的物，因而增加之損失，保險人不負賠償之責。」因危險事故發生後，損失亦告發生，但對於標的物如不盡合理方法加以保護（汽車碰撞，前部雖毀，但車身尚可利用，車主恃有保險之故，竟全部委棄於途，

而不派人看守），致增加損失（汽車零件被盜一空），則保險人對此部分亦不負賠償責任。惟此之損失，是否因要保人或被保險人未盡合理保護方法之所致，須經鑑定而後可。所以如此者，係為避免糾紛的緣故。

第三項　其他財產保險契約的變動

本法第九九條木文規定：「保險標的物受部分之損失，經賠償或回復原狀後，保險契約繼續有效。」可見在其他財產保險，如僅發生分損時，則其契約之效力以不變動為原則（火災保險發生分損時，保險人與要保人均有終止契約之權，本法八二條一項，與此不同）。適用本條須具備以下之要件：①須保險標的物受部分之損失，例如竊盜保險，僅一部衣物被竊是，否則如發生全損，其契約當然終止。②須經賠償或回復原狀，例如被竊之衣物，已由保險人如數照製或照購，業已回復原狀是。③須尚在保險期間，若回復原狀後，已逾保險期間，則不在此限。具備上開三要件，則其保險契約繼續有效。蓋既已回復原狀，當可視同原物，於是其保險契約自應繼續有效為宜。

所謂繼續有效，當然指一切條件均不變動，而照舊維持其契約之效力而言。惟依同條但書規定：「但與原保險情況有異時，得增減其保險費。」上例如保險人未予回復原狀，僅以金錢賠償時，則保險標的之內容，即與原有情況不同，設原約訂定，對於金錢不予承保（實際上竊盜保險，對於現金多予除外），則此後標的物之範圍即形縮小，因此要保人自得請求減少保險費；反之若對於金錢亦予承保，則一部分衣物變為金錢，其危險增加，保險人亦得請求增加保險費。保險費既有增減，則保險契約之效力雖屬依舊，而其內容卻已變動了。

第五章 人身保險

◄◄ 第一節　人壽保險 ►►

第一項　總　說

壹　人壽保險的意義

人壽保險 (life assurance, life insurance; Lebensversicherung; assurance vie)，簡稱壽險，就是以被保險人的生命為保險標的，並以死亡或生存為保險事故，保險人於事故發生時，依約給付一定保險金額的一種人身保險（本法一〇一條參照）。分述之為：

㈠**人壽保險是一種人身保險**　我保險法上的保險大別為二，就是財產保險和人身保險。人身保險又細分為三，就是人壽保險，健康保險及傷害保險。所以說人壽保險是人身保險的一種。

㈡**人壽保險是以被保險人之生命為保險標的而以死生為保險事故的人身保險**　這是人壽保險與其他二種人身保險的差異處。其他二種人身保險雖均以人身為標的，但或以疾病為保險事故（健康保險），或以傷害為保險事故（傷害保險），與人壽保險之專以人之死生為保險事故者，有所不同。所謂「死」，指死亡而言（包括死亡宣告），至死亡之原因如何，原則上在所不問（自殺或犯罪處死等僅為保險人之免責事由，詳後述）；所謂「生」，指生存而言，並非出生之意，因而胎兒出生之問題，不在人壽保險範圍之內。

㈢**人壽保險是依約給付一定保險金額的人身保險**　人壽保險的保險金額與財產保險的保險金額性質不同，財產保險的保險金額僅為一種賠償最高限額，至實際之給付額若干，須視實際之損害如何定之；但人壽保險則不然，

人壽保險的保險人於保險事故發生時，即須按照約定的保險金額給付，別無所謂實際損害之問題。所以人壽保險屬於「定額保險」。至其保險金額之多寡，得由當事人任意約定之（本法一〇二條）。

人壽保險的種類

㈠**死亡保險、生存保險、混合保險**　人壽保險以保險事故為區別標準，可分三種如下：

⑴**死亡保險**　死亡保險 (assurance payable at death, insurance against death; Todesfallversicherung; assurance en cas de décès) 就是以被保險人之死亡，為保險事故的保險。還分為：①終身保險 (whole life insurance; lebenslängliche Todesfallversicherung; assurance vie entière) 就是契約中不定期限，自契約生效之日起，被保險人無論何時死亡，保險人均須給付一定保險金額的保險。換句話說，就是以被保險人終身為期的保險。至其保險費之交付，有一次交付者，有終身分期交付者，亦有限於某時期內，分次交付者。惟無論何者，非被保險人死亡，則不能領取保險金。此種保險之目的，多在乎為家屬生活費預留保障，俾被保險人死後，遺族可以生活無憂。②定期保險 (term insurance; abgekürzte od. temporäre Versicherung; assurance temporaire) 就是以一定期間為保險期間的死亡保險，被保險人在該期間內死亡，保險人即須給付保險金，若期滿仍生存時，則契約即行終止，保險人不必給付保險金，當然亦不退還保險費。但不妨為期間之更新，使契約繼續有效。此種保險多屬遠出旅行之人自行投保，或債權人為其債務人投保。

⑵**生存保險**　生存保險 (pure endowment insurance; Erlebensfallversicherung; assurance en cas de vie) 就是以被保險人於一定期內生存為保險事故，而給付保險金的保險。還可以分為：①純粹的生存保險：就是保險期間屆滿，被保險人尚生存時，始給付保險金，若中途死亡，則不為任何給付。②年金保險：就是以被保險人生存為條件，每年給付保險金的保險（其詳後述之）。

⑶**混合保險**　混合保險 (mixed insurance; gemisehte Versicherung; assurance mixte) 也叫養老保險 (endowment insurance; abgekürzte

Versicherung) 就是被保險人在保險期間中死亡，或滿期仍生存，均給付所定金額的保險。此種保險不但以死亡為保險事故，同時也以生存為保險事故，也就是生險與死險的混合，所以才叫做混合保險。此種保險寓有儲蓄養老之意義，為多數人所歡迎。惟因中途死亡所給付之保險金額與因期滿仍生存所給付之保險金額，在通常情形，雖多屬相同，但也可以特別約定兩者為不同之金額。因而乃有所謂「倍額養老保險」（就是因生存所領之保險金額，較因死亡所領者加倍），與「半額養老保險」（因生存所領者，為因死亡所領者之半數）之別。

　　㈡**資金保險、年金保險**　人壽保險以保險金的給付方法為區別標準，可分兩種如下：

　　⑴**資金保險**　資金保險 (capital insurance; Kapitalversicherung; assurance de capital) 就是保險事故發生時，將全部保險金一次給付的保險。一般之人壽保險，多採此方式。

　　⑵**年金保險**　年金保險 (annuity insurance; Rentenversicherung; assurance de rente) 就是以被保險人生存為條件，在其終身或一定期間中，每年給付一定金額的保險。終其身而每年給付者，謂之「終身年金保險」；於一定期間內而每年給付者，謂之「定期年金保險」。其次年金保險又有「即期年金保險」與「延期年金保險」之別，前者自契約成立之年度起，即開始給付保險金；後者自契約成立後，經過若干年，始給付保險金。又年金保險以其給付之年金額，是否一定不變為標準，尚可分為：「確定的年金保險」、「遞增的年金保險」與「遞減的年金保險」等三種。

　　㈢**普通人壽保險、簡易人壽保險**　人壽保險以經營之方法及範圍為區別標準，又可分為兩種如下：

　　⑴**普通人壽保險**　普通人壽保險 (ordinary life assurance; Großlebensversicherung; grande branche de l'assurance-vie) 就是以一般的經營方法，所經營的人壽保險。此種人壽保險由一般人壽保險公司經營，本法規定之人壽保險，即以此種人壽保險為範圍。

　　⑵**簡易人壽保險**　簡易人壽保險 (industrial insurance; Volksversicherung; assurance populaire) 就是以簡易之方法（如對被保險人免驗身體，即可訂約）

所經營之人壽保險，此種保險，以一般大眾為對象，俾減輕其經濟生活上之威脅，以到達社會安全為目的，所以雖亦屬營業保險，但兼有社會保險之性質。我國現有簡易人壽保險法、郵政簡易人壽保險投保規則。簡易人壽保險由中華郵政股份有限公司經營者，屬交通部主管，業務並受金融監督管理委員會監督。若其他保險業者經營簡易人壽保險業務，則由金融監督管理委員會主管（簡易人壽保險法二條）。

　　以上人壽保險的三大分類，係比較重要者，此外人壽保險的種類尚多，因較為次要，所以簡介如下：

　　㈠**單獨保險、聯合保險、團體保險**　單獨保險就是只有一被保險人，而以其生或死為保險事故的保險；聯合保險就以被保險人二人中，一人之死亡或達一定年齡尚生存為保險事故的保險。夫妻、父子、兄弟、姊妹等皆可為聯合保險；團體保險就是以一公司或一工廠的全體從業人員為被保險人，由其公司或工廠方面負擔保險費，而保險金則由死亡之人的家屬受領的保險。加入該團體者當然為被保險人，脫離該團體時，即當然喪失被保險人之資格。此種團體保險，日見進展，已擴充至以家族為單位的團體保險，所謂「家族保險」便是。

　　㈡**利益分配保險、無利益分配保險**　前者保險人將每期營業利益之一部分，分配與被保險人，多以抵銷應收之保險費之方式出之。後者則無利益分配。

　　㈢**平均保險費保險、自然保險費保險**　前者不因被保險人年齡之增長（危險率增加），而異其保險費之數額，也就是每年所收的保險費額平均一致；後者則依年齡之增長，而逐年增加保險費，愈老則保險費愈多。但人愈老則收入愈減，反而支付高額之保險費，勢感困難，因之近來這種保險，很少被人採用。

　　㈣**自己人壽保險、他人人壽保險**　前者要保人自己為被保險人，也就是要保人與被保險人為同一人的保險。後者則以他人為被保險人，也就是要保人與被保險人為不同之二人的保險。

　　㈤**為自己利益的人壽保險、為他人利益的人壽保險**　為自己利益的人壽保險，其要保人自己為受益人，尚可分兩種情形：①要保人、被保險人與受益人為同一人者，②要保人與受益人為同一人，而另有被保險人者。為他人

利益的人壽保險，則以他人為受益人，可分三種情形：①要保人被保險人為同一人，而受益人為另一人者；②被保險人與受益人為同一人，而要保人為另一人者；③要保人、被保險人與受益人，均為各別之人者。

　　為自己利益的人壽保險、為他人利益的人壽保險與㈣所述自己人壽保險，他人人壽保險不可混為一談，茲將兩者之關係，列表對照如下：

表 5-1（以自己人壽保險與他人人壽保險為準而對照）

㈣之區別	要保人	被保險人	受益人	㈤之區別	備　註
自己人壽保險	甲	甲	甲	為自己利益的人壽保險	
	甲	甲	丙	為他人利益的人壽保險	轉讓受一一四條之限制
他人人壽保險	甲	乙	甲	為自己利益的人壽保險	訂立受一〇五條之限制，轉讓出質受一〇六條之限制
	甲	乙	乙	為他人利益的人壽保險	訂立受一〇五條之限制（日本商法無限制），轉讓受一一四條之限制
	甲	乙	丙		訂立受一〇五條、轉讓出質受一〇六、一一四條之限制

表 5-2（以為自己利益的人壽保險與為他人利益的人壽保險為準而對照）

㈤之區別	要保人	被保險人	受益人	㈣之區別	備　註
為自己利益的人壽保險	甲	甲	甲	自己人壽保險	
	甲	乙	甲	他人人壽保險	訂立受一〇五條之限制，轉讓出質受一〇六條之限制
為他人利益的人壽保險	甲	甲	丙	自己人壽保險	轉讓受一一四條之限制
	甲	乙	乙	他人人壽保險	訂立受一〇五條之限制（日本商法無此限制），轉讓受一一四條之限制
	甲	乙	丙		訂立受一〇五條、轉讓出質受一〇六、一一四條之限制

　　由表 5-1 觀之，可知自己人壽保險有為自己利益者與為他人利益者之分；而他人人壽保險亦有為自己利益者與為他人利益者之分；若由表 5-2 觀之，可知為自己利益的人壽保險有自己人壽保險與他人人壽保險之分；而為他人利益的人壽保險亦有自己人壽保險與他人人壽保險之分。此等區別，於保險契約的訂立及其權利之移轉或出質上，均有莫大之關係，非澈底瞭解，則對於本法第一〇五、一〇六及一一四條之解釋，便無法明瞭，除其詳後述之外，於茲提請注意。

人壽保險的沿革

　　生老病死既為人所不免，則如何養生送死，實為吾人之一大切要問題。在我國古昔，養生送死無憾，孟子曾謂為王道之始；在西洋，羅馬帝政時代早已有埋葬費金庫 (collegis) 之制度，而中世紀基爾特 (guild) 對其會員之疾病、死亡有給付之制度，說者認為斯乃人壽保險之先聲。其後英國有友愛社 (friendly society) 之成立，而十七世紀末，學者哈利 (Halley) 有生命表之作成，至一七六二年倫敦有公平保險社 (Equitable Society) 之出現，始奠定近代人壽保險企業之基礎，自十九世紀起，各國之人壽保險事業，均見進展。迨至今日，人壽保險的種類已層出不窮，影響所及，對於吾人所關切之養生送死問題，實因之而解決不少。我國近年來保險公司之設立，有如雨後春筍，行見此一部分業務，亦必獲得大力推動，造福社會，當可預卜。

第二項　人壽保險契約的訂立

當事人及關係人

　　㈠**保險人**　人壽保險的保險人以人身保險業者為限，財產保險業不得為之（本法一三八條），申言之就是人壽保險的保險人，須為經營人身保險的保險公司或保險合作社。惟此乃指普通人壽保險而言，若郵政簡易人壽保險則以中華郵政公司為保險人（簡易人壽保險法三條），則又當別論。

　　㈡**要保人**　要保人的資格無何限制，只要對被保險人具有保險利益即可。

㈢**被保險人**　在人壽保險，被保險人既為關係人同時又居於保險標的之地位，頗關重要。因而乃有下列之問題：

㈠**被保險人須為自然人，法人不得充之**　因人壽保險係以人之死生為保險事故，而法人則無死生之問題，所以法人不得為人壽保險的被保險人。

㈡**人壽保險的被保險人可與要保人為同一人，亦可為各別之二人**　前者其保險契約係由被保險人本人訂立，後者則由被保險人以外之第三人訂立，二者均有效力。本法第一○四條規定：「人壽保險契約，得由本人或第二人訂立之。」即揭明斯旨。所謂本人指被保險人而言；所謂第三人指被保險人以外之第三人為要保人而言（與被保險人自為要保人，而由第三人代理訂約之情形不同，應注意）。由被保險人本人為要保人而訂之人壽保險契約為「自己人壽保險契約」，由第三人為要保人而訂之人壽保險契約為「他人人壽保險契約」。

「他人人壽保險契約」在訂立上及權利之移轉或出質上，均受限制：

⑴**就訂立言**　本法第一○五條規定：「由第三人訂立之死亡保險契約，未經被保險人書面同意，並約定保險金額，其契約無效。」「被保險人依前項所為之同意，得隨時撤銷之。其撤銷之方式應以書面通知保險人及要保人。」「被保險人依前項規定行使其撤銷權者，視為要保人終止保險契約。」可見由第三人訂立之死亡保險契約（包括混合保險、傷害致死保險、疾病致死保險等，但單純之生存保險契約，則不在此限），須經被保險人書面同意並約定保險金額始可，否則其契約不生效力。所以如此者，因以他人之生命，訂立死亡保險契約，如毫無限制，得隨意為之者，則無異以他人之生命為賭注，極易引起道德危險，所以各國法律上對此無不加以限制。惟限制之方法，則不一致。有採「金錢利益主義」者，就是要保人須與被保險人有金錢利益關係始可，如英美法是。有採「一般利益主義」者，就是要保人與被保險人只要有利益關係即可，並不限於金錢利益，如荷蘭商法第三二○條、比利時法（一八七四年）第四一條第三項、葡萄牙法（一八八八年）第四五六條是。有採取「限制受益人主義」者，就是此種保險契約的受益人，須為被保險人的繼承人或其他親屬始可，如日本舊商法第四二八條是。有採「同意主義」者，就是以經過被保險人之同意為必要，如德保險契約法第一五九條、法保

險法第五七條、瑞士保險法第七四條是。本法本條規定,須經被保險人的「書面同意」並「約定其保險金額」,顯亦採同意主義無疑,惟另依本法第三條規定,要保人須對被保險人有保險利益,死亡保險亦應受此限制,所以較他國之單純採取同意主義者,有所不同(匈牙利商法採取同意主義兼利益主義,與我類似)。

　　本法既亦採同意主義,則下列諸問題,應予究明:①同意的性質:同意乃死亡保險契約之生效要件,並非成立要件,其性質屬有相對人的單獨行為(亦有認係準法律行為者),且為補助的行為。②同意的方法:同意的方法在本法上限於以書面表示(通常多於要保書上蓋章),口頭則不生效力,以昭鄭重。③同意的時期:同意的時期無論訂約前或訂約後均可。④同意的範圍:同意的範圍不僅該契約的訂立須經同意,就連保險金額的多寡,也要經其同意始可。⑤同意與行為能力:同意既為意思表示,無行為能力人自不得為之。限制行為能力人的同意,須事先獲得其法定代理人之允許始可(民法七八條)。若法定代理人為要保人,則該法定代理人不得同時又為民法第七十八條之允許或逕以法定代理人之資格代為保險法第一〇五條之同意。⑥同意為絕對必要:在本法上他人人壽保險以經其同意為絕對必要,並無例外。

　　被保險人於訂約時,審度其與要保人、受益人之關係,及保險金額之大小之後而同意為死亡保險之被保險人,嗣後彼此關係可能發生變化,若繼續為死亡保險契約之被保險人,可能發生道德危險等,因此應許被保險人撤銷其所為之同意。惟其撤銷之方法,應以書面為之,以期鄭重。又被保險人並非保險契約之當事人,原無終止契約之權,但被保險人既已撤銷其所為之同意,該契約無復存在之必要,因此保險法第一〇五條第三項特別規定被保險人行使其撤銷權者,「視為」要保人終止保險契約。

　　(2)就權利之移轉或出質言　本法第一〇六條規定:「由第三人訂立之人壽保險契約,其權利之移轉或出質,非經被保險人以書面承認者,不生效力。」這是他人人壽保險契約在移轉或出質上之限制。按人身保險契約不得為指示式或無記名式,本法第四九條業已明定,則人身保險契約不得自由移轉,自不待言。因而若由第三人訂立之人壽保險契約,其權利之移轉或出質,非經被保險人之書面承認不可,否則仍難免發生道德危險。所謂「其權利」指因

保險契約所生之一切權利而言，例如保險金請求權是。不過此權利須為保險事故發生前之權利，並非保險事故發生後之權利，因保險事故發生後之權利，其移轉或出質無加以限制之必要。其次應注意者，本條之限制較本法第一〇五條之限制範圍為廣，第一〇五條僅限於死亡保險，本條則生存保險亦包括之。因生存保險，其權利之受讓人或質權人不一定仍對於被保險人有保險利益，所以也須經其同意（書面承認），以資慎重。因而如未經其書面承認，無論何種人壽保險，只要係由第三人訂立者，其權利之移轉或出質，概不生效力，從而保險事故一旦發生，受讓人或質權人均無權請求保險金。

㈢以未滿十五歲之未成年人或以受監護宣告尚未撤銷者為被保險人　保險法第一〇七條規定：「以未滿十五歲之未成年人為被保險人訂立之人壽保險契約，除喪葬費用之給付外，其餘死亡給付之約定於被保險人滿十五歲時始生效力。」「前項喪葬費用之保險金額，不得超過遺產及贈與稅法第十七條有關遺產稅喪葬費扣除額之一半。」「前二項於其他法律另有規定者，從其規定。」本法第一〇七條之一規定：「訂立人壽保險契約時，以受監護宣告尚未撤銷者為被保險人，除喪葬費用之給付外，其餘死亡給付部分無效。」「前項喪葬費用之保險金額，不得超過遺產及贈與稅法第十七條有關遺產稅喪葬費扣除額之一半。」「前二項規定於其他法律另有規定者，從其規定。」

因為未滿十五歲之未成年人，知慮薄弱；而受監護宣告尚未撤銷者，則或不能思慮，或思慮不周，如以之為被保險人而訂立死亡保險契約，容易發生道德危險，有以法律從嚴規範的必要：

⑴以未滿十五歲之未成年人為死亡保險的被保險人：保險法雖然並不禁止以未滿十五歲之未成年人為被保險人訂立之人壽保險契約，但是除喪葬費用外，其死亡給付部分在被保險人滿十五歲之日起才發生效力。

⑵以受監護宣告尚未撤銷者為被保險人：除喪葬費用之給付外，其餘死亡給付部分無效。此處之喪葬費用的保險金額，依規定不得超過遺產及贈與稅法第十七條有關遺產稅喪葬費扣除額之一半，目前遺產稅喪葬費扣除額是新臺幣一百二十三萬，因此喪葬費用的保險金額不得超過新臺幣六十一萬五千元。

㈣**受益人**　人壽保險與財產保險不同，在財產保險，保險事故發生時可

以請求保險給付者，稱為被保險人，而人壽保險，尤其死亡保險，則以另有受益人為常態。所以在人壽保險，受益人之地位，頗關重要。茲將受益人有關之問題列述如下：

㈠受益人的資格　受益人的資格，法律上無何限制，自然人、法人均無不可，不過通常多以自然人充之，又胎兒亦得為受益人，但以將來非死產者為限（民法七條），又指定之受益人以於保險事故發生時生存者為限（本法一一○條二項），所以已死之人，不得再被指定為受益人。

㈡受益人的人數　一個保險契約的受益人不限於一人，同時為多數人亦無不可。斯時關於保險金之受領，除保險契約中另有約定外，以發生可分之債為原則（民法二七一條）。

㈢受益人的產生　受益人的產生方法有三，即約定、指定與法定是，茲分述之：

⑴約定　受益人得由被保險人或要保人約定，本法第五條已有明文。約定時以要保人自己為受益人固可，以要保人以外之人為受益人亦可。以要保人自己為受益人之保險契約，謂之「為自己利益的人壽保險契約」；以要保人以外之人為受益人之保險契約，謂之「為他人利益的人壽保險契約」。後者以被保險人為受益人者有之，以其他之人為受益人者亦有之。惟約定之受益人有確定者（如約定某人為受益人），亦有未確定者（如僅約定要保人之法定繼承人為受益人，但法定繼承人為誰，尚未確定），已確定者固無問題，其未確定者，依本法第五二條規定：「為他人利益訂立之保險契約，於訂約時，該他人未確定者，由要保人或保險契約所載可得確定之受益人，享受其利益。」就是確定受益人之方法有二：①由要保人可得確定之受益人享受其利益，也就是由要保人指定受益人便是（由本條文字之結構上觀之，似亦可解釋為由要保人享受其利益）；②由保險契約所載可得確定之受益人，享受其利益。上舉僅約定要保人之法定繼承人為受益人之例，雖訂約時該他人尚未確定（如尚未出生，或因繼承順序關係尚未確定為何人），但終有確定之時，斯時即由該人享受其利益。

⑵指定　保險契約未約定受益人或雖約定但未確定者，均得由要保人指定之，本法第一一○條規定：「要保人得通知保險人，以保險金額之全部或一

部，給付其所指定之受益人一人或數人。前項指定之受益人，以於請求保險金額時生存者為限。」是為受益人之指定。詳言之：①得指定者限於要保人，是為要保人的指定權，指定時不須保險人的同意，所以指定權係一種形成權；②指定之方法，以通知為之，口頭書面均無不可，但為慎重計，實例上多以書面為之；③指定時不限於指出受益人之姓名，即以類名指定亦無不可。例如指定受益人為「配偶」或「子女」均是，不過須以於請求保險金額時生存者為限。例如要保人指定其妻為受益人，而於保險事故發生時，其妻業已死亡，斯時如另無受益人之存在，即變成「為自己利益的人壽保險契約」。但要保人若已續娶，則以後婚之妻為受益人，自不待言。又其妻並非死亡，而係離婚時則如何？法無規定，學者之意見不一：主張一經離婚則妻之名分不存在，其指定自歸無效，於是變為「為自己利益的人壽保險契約」者有之（朝川，《保險法》，六八〇頁），主張離婚後，縱其妻再嫁，原則上仍得享有受益人之利益者亦有之（桂著，《保險法論》，二五六頁）。二說各有所據，但離婚後如要保人再娶時，依前說自可以後妻為受益人；依後說如欲以後妻為受益人時，非經為受益人之變更指定不可。

(3)法定　受益人如未約定，亦未指定，或雖約定、指定而有疑義時則如何？斯時惟有依法決之：①本法第一一三條規定：「死亡保險契約未指定受益人者，其保險金額作為被保險人之遺產。」於是其繼承人即變為受益人了。惟本條限於死亡保險或混合保險而被保險人死亡之情形適用而已。若為生存保險或混合保險而被保險人屆期尚生存之情形則如何？法無明定，解釋上似應探求當事人之原意，由要保人或被保險人享受其利益；②本法第四五條後段規定：「受益人有疑義時，推定要保人為自己之利益而訂立。」所謂受益人有疑義，與上述未約定或未指定之情形不同，未約定或未指定乃對於受益人並未表示之謂，而受益人有疑義，乃對於受益人一項雖有所表示，但所表示者尚有疑義之謂，例如契約上受益人之項下，僅記載「自己」二字，但究屬被保險人自己，抑為要保人自己，尚有疑義，斯時法律上即推定為要保人自己。

(丁)受益人的權利　受益人的權利為受益權，有下列之問題：①權利取得之性質：受益人權利之取得，係原始取得，並非繼受取得，所以本法第一一二條規定：「保險金額約定於被保險人死亡時給付於其所指定之受益人者，其

金額不得作為被保險人之遺產。」因之受益人縱同時為被保險人之繼承人者，其所應領之保險金，亦為其固有財產，而非繼承財產，斯時該受益人（基於繼承人之資格）為限定繼承時，則其所領之保險金，便不在被繼承人的債權人之執行範圍以內。不惟如此，依我遺產及贈與稅法第一六條第九款之規定，約定於被繼承人死亡時，給付於其所指定之受益人之人壽保險金額，免納遺產稅。此規定之目的，雖在直接獎勵保險，但亦可間接作為受益人所得之保險金不屬被保險人遺產之佐證；②權利取得之時期：受益人權利之取得時期，除保險契約另有訂立外，則為保險契約成立之時，若於契約成立後指定者，則自指定之時，該被指定之第三人即取得權利，並不須其作同意受益之表示，因而民法第二六九條第二項之規定，於此不能適用。所謂不須第三人作同意受益之表示者，並非強制該第三人非受益不可之意（法諺有「恩惠不得強制接受」(beneficia non obtruduntur) 之說），所以不僅該第三人可以拒絕其權利之取得，即取得後亦許其拋棄之。不過如經其拒絕或拋棄後，並不能解釋為保險人因之而免去其義務，僅此後變為「為要保人自己利益之人壽保險契約」而已（野津，《保險法論》，四五〇頁）。③權利之內容及範圍：受益人所取得之權利，除保險契約有訂定外，以保險金請求權為限。至保險費返還請求權、保單價值準備金返還請求權及利益分配請求權等，原則上仍屬於要保人，受益人不能取得。又受益人既不得行使契約解除權，亦不得與保險人合意而使該契約消滅，因其並非繼承要保人之地位的緣故。又保險人對受益人所得為之抗辯，亦以由該保險契約所生者為限（本法二二條三項），保險人並不得以對於要保人或被保險人個人的事由對抗受益人。例如保險費之未付，據實說明義務之違反等事由，雖可以之對抗受益人，然若保險人因買賣、借貸、委任等保險契約以外之法律關係，對於要保人或被保險人所得對抗之事由，卻不得以之對抗受益人，從而如因此等法律關係而有債權，亦不得對於保險金債權抵銷。④權利之移轉：受益權亦得移轉，惟須依法定的手續為之。本法第一一四條規定：「受益人非經要保人之同意，或保險契約載明允許轉讓者，不得將其利益轉讓他人。」就是受益人不得擅自將其受益權轉讓他人，如欲轉讓他人須具有下列條件之一方可：一、經要保人之同意（如另有被保險人，尚須經被保險人之書面承認，本法一〇六條）；二、保險契約曾載明允許轉

讓。至所以如此限制者，以人壽保險契約之受益人如得自由轉讓其權利於他人時，或則易於發生道德危險（在死亡保險），或則不能貫徹要保人使受益人受益之初衷（在生存保險），故不能不加以限制。⑤權利之喪失：本法第一二一條第一項：「受益人故意致被保險人於死或雖未致死者，喪失其受益權。」

　　㈧受益人的變更　受益人的變更，除上述受益權之轉讓，亦可構成外，以經由要保人予以變更者為主要。本法第一一一條第一項規定：「受益人經指定後，要保人對其保險利益，除聲明放棄處分權者外，仍得以契約或遺囑處分之。」此可分兩點述之：①放棄處分權時：受益人經指定後，要保人對其保險利益曾聲明放棄處分權者，則其所指定之受益人即歸固定，而不得變更，是為「固定的指定」。②未放棄處分權時：受益人經指定後，要保人對其保險利益並未聲明放棄處分權者，則要保人仍得變更受益人，是為「不定的指定」。法律上以不定的指定為原則，以固定的指定為例外，因人壽保險契約多為長期性的契約，倘時過境遷，自應允許要保人另行指定受益人，此亦「情事變更原則」之表現。至於法條中所謂仍得以契約處分之者，乃要保人得與他人訂立契約，而以保險金贈與之，或以之抵償債務之謂；所謂仍得以遺囑處分之者，乃要保人得以遺囑另行指定受益人之謂。無論何者，均不須得保險人之同意，是為要保人的處分權。因此項處分權的結果，使受益人有所變更，是為要保人對於受益人的變更權，變更權屬於形成權，與前述之指定權有同一性質。受益人之變更，雖無須保險人之同意，但依本法第一一一條第二項規定：「要保人行使前項處分權，非經通知，不得對抗保險人。」蓋當初指定受益人時，既已通知保險人，若變更而不通知，則保險人自無從知悉，難免仍對原受益人為保險金額之給付，斯時要保人自不得以受益人業已變更為由，而否認其給付之效力。又要保人並未行使變更權而身先死亡時，則其當初指定之受益人即歸固定，要保人之繼承人不得行使變更權，但保險契約如另有訂定者，仍應從其所定（朝川，《保險法》，六四八頁）。

貳　保險金額

　　人壽保險的保險金額與財產保險的保險金額不同，財產保險的保險金額乃當事人所約定之保險人賠償之最高限額，至保險事故發生時，實際之賠償

額若干，尚應視實際之損害情形定之，惟不得超過保險金額而已。但人壽保險的保險金額則不然，人壽保險的保險金額乃當事人約定將來保險事故發生時所應支付之一定金額，並不受實際之損害情形所左右，所以人壽保險也叫做「定額保險」。至此項金額究屬若干，得由當事人自由約定，而載明保險契約，法律上別無限制，本法第一〇二條規定：「人壽保險之保險金額，依保險契約之所定。」即揭明斯旨。又人壽保險之標的係屬人身，而人身無價，所以人壽保險也無所謂保險價額，從而所約定的保險金額無論多寡，總不發生超過保險、一部保險之問題。

記載事項

本法第一〇八條規定：「人壽保險契約，除記載第五十五條規定事項外，並應載明下列事項。」因人壽保險契約亦為保險契約之一，除關於保險契約一般記載事項（本法五五條所列者），原則上亦應記載外，尚應記明下列事項：

㈠**被保險人之姓名、性別、年齡及住所**　被保險人在此為保險之標的，所以特應記載（因此本法五五條二款所列之保險標的物即不必記載，亦無從記載了）。尤其被保險人年齡一項特別重要，更應據實記載，不得虛報或誤報。

㈡**受益人姓名及與被保險人之關係或確定受益人之方法**　受益人已確定者應記載受益人之姓名及與被保險人之關係；如尚未確定者，應記載確定之方法，例如有待調查之受益人，則記明其調查之方法是。

㈢**請求保險金額之保險事故及時期**　此可分兩點言之：①請求保險金額之保險事故，如死亡保險之死亡，生存保險之生存便是（有此記載，則本法五五條三款即不必記載了）。②請求保險金額之時期，如記明保險事故發生後即時請求，或若干日後請求是。應注意者，此之所謂「時期」與第五五條第四款所列「保險責任開始之日、時及保險期間」，不可混為一談，此之所謂「時期」乃與本法第三四條第一項：「保險人應於要保人或被保險人交齊證明文件後，於約定期限內給付賠償金額。無約定期限者，應於接到通知後十五日內給付之。」中之「約定期限」相當。因而記載此項時期後，仍得為第五五條第四款之記載，兩者不算重複。

㈣**依第一一八條之規定，有減少保險金額之條件者，其條件**　所謂減少

保險金額之條件，詳後述之，此項條件有則記載，無則不記。

此外人壽保險契約不得為指示式或無記名式（本法四九條一項），所以要保人的姓名（本法五五條一款），亦必須載明。又當事人倘有其他約定事項（如利益分配，或解約金之償付條件）亦得記載，自不待言。

茲為期明瞭，將第五五條各款事項與本條各款事項，及人壽保險契約應記載之事項，列一對照表如表 5-3：

表 5-3　應記載事項

本法五五條各款	本法一〇八條各款	人壽保險契約應記載之事項
一、當事人之姓名及住所		1.當事人之姓名及住所
二、保險之標的物	一、被保險人之姓名、性別、年齡及住所	2.被保險人之姓名、性別、年齡及住所
	二、受益人之姓名及與被保險人之關係或確定受益人之方法	3.受益人之姓名及與被保險人之關係或確定受益人之方法
三、保險事故之種類	三、請求保險金額之保險事故及時期	4.請求保險金額之保險事故及時期
四、保險責任開始之日、時及保險期間		5.保險責任開始之日期及保險期間
五、保險金額		6.保險金額
	四、依一一八條之規定，有減少保險金額之條件者，其條件	7.依一一八條之規定，有減少保險金額之條件者，其條件
六、保險費		8.保險費
七、無效及失權原因		9.無效及失權原因
八、訂約之年月日		10.訂約年月日

第三項 人壽保險契約的效力

第一目 對於保險人的效力

保險金額的給付

本法第一○一條規定：「人壽保險人於被保險人在契約規定年限內死亡，或屆契約規定年限而仍生存時，依照契約負給付保險金額之責。」是為保險人的保險金額給付義務。茲將其有關之問題，分述如下：

㈠**應給付的金額** 應給付的金額，依照保險契約之所定 （本法一○二條）。

㈡**應給付的相對人** 保險金額應給付於保險事故發生當時之受益人。

㈢**應給付的時期** 應給付的時期，依契約之所定（本法一○八條三款）。通常在死亡保險，則被保險人死亡之時，為履行期之屆至；在生存保險，則契約所定之年限屆滿，而被保險人仍生存時，即為履行期之屆至。

㈣**應給付的地點** 給付地點，應以受益人（債權人）之住所地為原則，但通例多約定在保險人之營業所給付。

代位的禁止

在財產保險，保險人於給付賠償金額後，得行使代位權（本法五三條），前已言之，但人壽保險則不然。本法第一○三條規定：「人壽保險之保險人，不得代位行使要保人或受益人因保險事故所生對於第三人之請求權。」例如甲為要保人（或受益人），乙為被保險人（即甲之父），而為丙所傷害致死，則甲對丙依民法第一九四條有損害賠償請求權。此項請求權，保險人不得代位行使。因此種權利係具有專屬性的緣故（亦有認為人壽保險所以不適用代位之規定，係因此項保險契約，非損害填補契約，與財產保險有所不同之故。見龜井譯，《保險入門》，一三五頁）。

保險人的免責事由

　　保險人的免責事由，乃保險事故雖已發生，但保險人可藉以免責之事由。免責事由有約定者，有法定者，除約定之事由（例如約定被保險人受死亡宣告，保險人不負責），應從當事人之約定外，茲將人壽保險人之法定的免責事由，列述於下：

　　㈠**被保險人故意自殺**　本法第一○九條第一項規定：「被保險人故意自殺者，保險人不負給付保險金額之責任。但應將保險之保單價值準備金返還於應得之人。」自殺指以終止自己生命為目的，而為之自盡行為，其手段如何，雖非所問，惟必須故意始可，若誤吞毒藥或玩鎗走火，或游泳滅頂，則為過失致死，不在此限。又在無意識或精神錯亂中所為之行為致死亡者，亦不在此自殺範圍之內。又自殺須發生死亡之結果，否則保險事故不算發生，尚無給付保險金之問題，當然也無所謂免責之問題。被保險人自殺，保險人雖可免責，但應將保單價值準備金返還之（詳下述）。

　　被保險人自殺，所以成為免責事由者，那是因為自殺不但違背善良風俗，同時在死亡保險或混合保險，被保險人即等於危險的管理人，若故意使危險發生，保險人自當免責（本法二九條二項參照），否則人壽保險制度不難被人不當的利用了。

　　被保險人故意自殺為保險人免責事由之一點，當事人可否以特約排除，保險法採肯定說的立法。依本法第一○九條第二項規定：「保險契約載有被保險人故意自殺，保險人仍應給付保險金額之條款者，其條款於訂約二年後始生效力。恢復停止效力之保險契約，其二年期限應自恢復停止效力之日起算。」就是故意自殺仍予給付之條款，亦有效力，不過其效力須於訂約二年後始發生而已。所以如此者，因自殺本非人之常情，一時衝動，容或出此下策，但時間一久，將沖淡自殺之蓄意，若自訂約二年後，仍繼續貫徹當初自殺之初衷者，實有萬不得已之苦衷，所以法律乃准許該項約款發生效力，縱故意自殺，保險人亦應負給付保險金額之責任。又保險契約即使依照保險法第一一六條第三項：「第一項停止效力之保險契約，於停止效力之日起六個月內清償保險費、保險契約約定之利息及其他費用後，翌日上午零時起，開始

恢復其效力。要保人於停止效力之日起六個月後申請恢復效力者，保險人得於要保人申請恢復效力之日起五日內要求要保人提供被保險人之可保證明，除被保險人之危險程度有重大變更已達拒絕承保外，保險人不得拒絕其恢復效力。」的規定，於保險費清償後翌日上午零時開始恢復其效力，但是此一自殺理賠約款的二年期限，應自恢復停止效力之日重新起算。因若不如此，則被保險人難免原本要終止保險契約，因此停付保險費，後又起意自殺，乃再補交保險費，圖謀於自殺之後，領取保險金。若依上述規定，付費後保險契約雖於翌日上午零時恢復效力，但該項「自殺理賠約款」，則非再經過二年仍不生效力，如此始不至釀成道德風險。

　　㈡**被保險人因犯罪處死或拒捕或越獄致死**　本法第一○九條第三項規定：「被保險人因犯罪處死或拒捕或越獄致死者，保險人不負給付保險金額之責任。但保險費已付足二年以上者，保險人應將其保單價值準備金返還於應得之人。」這是因為犯罪處死或拒捕或越獄致死，其致死之緣由均屬非法，故不准其領受保險金。否則被保險人恃有人壽保險之故，或竟決意犯罪尋死，甚或預謀犯罪，而投保壽險，以圖死亡後，利其子孫。是則保險制度反足以助人為惡，豈不有背保險之本質，所以法律乃剝奪其保險金請求權。惟人壽保險本兼有儲蓄之功能，若因被保險人之犯罪等致死，而保險人竟全免責任者，難免有不當得利之嫌，所以本條但書復明定如保險費付足二年以上者，保險人應將保單價值準備金，返還於應得之人（本書一四八頁）。

　　上述免責事由之規定，當事人可否以特約排除其適用？法無明文，學者間意見不一，有「有效說」與「無效說」之別，前者認為對於犯罪者之制裁，應止於犯罪人本身，對於未曾犯罪之受益人剝奪其保險金請求權，本屬不該，所以當事人如有特約排除該項之適用者，其特約應屬有效。後者認為該條乃防止犯罪而有關公益之規定，具有強行性，當事人不得以特約變更之。後說為多數說，較為妥當。

　　㈢**受益人故意致被保險人於死**　本法第一二一條第一項、第二項規定：「受益人故意致被保險人於死或雖未致死者，喪失其受益權。」「前項情形，如因該受益人喪失受益權，而致無受益人受領保險金額時，其保險金額作為被保險人遺產。」這是因受益人故意致被保險人於死，顯有謀財害命之嫌，

有背公序良俗，所以法律上乃剝奪其受益權。惟此之所謂受益人不以指定之受益人為限，其他凡因被保險人死亡，即當然處於受領保險金地位之人均屬之，例如受益人本為被保險人自己，但被保險人死亡時，當然由其繼承人繼承，此繼承人如故意致被保險人於死時，亦有本條之適用。又此之致被保險人於死，須由於故意，若由於過失或出於正當防衛，致被保險人於死亡者，則不在此限。

受益人故意致被保險人於死，而保險人即因之而免責一點，當事人可否以特約排除？法無明文，解釋上當然不可以，否則即不免發生道德危險，與保險之本質不合。

㈣**要保人故意致被保險人於死**　本法第一二一條第三項規定：「要保人故意致被保險人於死者，保險人不負給付保險金額之責。保險費付足二年以上者，保險人應將其保單價值準備金給付與應得之人，無應得之人時，應解交國庫。」本項立法理由與上述受益人故意致被保險人於死之情形相同，除關於返還保單價值準備金一點，詳見下述外，餘不贅敘。

肆　保單價值準備金的返還

㈠**保單價值準備金的意義**　保單價值準備金 (policy reserve, premium reserve, underwriting reserve; Prämienreserve, Deckungskapital, Prämienübertrag; réserve mathématique, réserve pour risque en cours) 乃人壽保險人為準備將來支付保險金，所積存之金額，係狹義的保單價值準備金，屬廣義的保單價值準備金之一種（廣義保單價值準備金，除此狹義者外，尚包括其他準備金，詳本書二〇七頁）。其來源係將保險費之一部，予以保留，尤其超收之保險費更應予以積存。所謂超收之保險費有兩種情形：①未到期的保險費：例如要保人於九月一日交付一年分之保險費，則其中有八個月份屬於下年度，也就是尚未到期，保險人應將其積存便是。②因採取平均方式而超收的保險費：通常死亡保險，每因被保險人年齡的增長，而逐漸增加保險費，例如保險十年，第一年應交保險費為一百元，以後每年遞增一百元，至第十年則應交一千元，十年合計共應交五千五百元。倘要保人依此不同的數額，逐年照交，則屬於自然方式，其保險費稱為自然保險費，此種保險費並

無超額收取之問題。惟果如此繳費，則難免發生被保險人愈老，收入愈少，而交費愈多（設被保險人為要保人自己）之現象，殊不合理，所以保險公司常採取平均保險費辦法，就是將十年間保險費總額予以平均，每年交五百五十元。如此則第一年超收四百五十元，第二年超收三百五十元，第三年超收二百五十元。三年共超收一千零五十元，此超收之一千零五十元，保險人即應將其積存，而作為保單價值準備金。設被保險人於第三年底故意自殺，而保險人免責時，即應將此項保單價值準備金返還於應得之人。

　　㈡**保單價值準備金返還的原因**　保單價值準備金返還的原因，有下列兩種：

　　⑴**因契約終止的返還**　人壽保險契約如保險費未能依約交付而保險契約效力停止者，在保險契約所定的申請恢復效力期限經過後，保險人得依法終止契約（本法一一六條六項），此時依本法第一一六條第七項規定：「保險契約終止時，保險費已付足二年以上，如有保單價值準備金者，保險人應返還其保單價值準備金。」因人壽保險兼有儲蓄性質，保單價值準備金不當然屬於保險人所應得，故其契約縱因不續交保險費而被終止，保險人亦應返還保單價值準備金。惟須以保險費已付足二年以上者，否則不予返還，而用以抵償保險人之損失。

　　⑵**因保險人免責的返還**　保險人具有免責事由，可以不給付保險金，但仍應返還保單價值準備金，已如前述。其中保單價值準備金返還的情形有：

　　a.被保險人故意自殺，保險人應將保單價值準備金返還於應得之人（本法一〇九條一項但書）。所謂應得之人，原則上為要保人（因非有特約，保單價值準備金不屬於受益人權利範圍之內）。

　　b.被保險人因犯罪處死或拒捕或越獄致死，如保險費已付足二年以上者（此點與上述故意自殺之情形不同，故意自殺無此二年之限制），保險人應將保單價值準備金返還於應得之人（本法一〇九條三項但書）。所謂應得之人，原則上指要保人而言，但有特約時亦得為受益人或被保險人的繼承人。

　　c.要保人故意致被保險人於死，而保險費付足二年以上者，保險人應將其保單價值準備金，給付與應得之人，無應得之人時，應解交國庫（本法一二一條三項）。此之所謂應得之人，指於要保人有數人之情形，除故意致被保

險人於死之要保人以外之其他要保人。惟保單價值準備金原則上本應屬於要保人，若無其他要保人，即無應得之人，所以法律上乃規定：「無應得之人時，應解交國庫」，以歸公有，而免保險人坐享不當得利。

依據以上所列各種情形，保險人既負有返還保單價值準備金的義務，於是本法為保障其應得之人的權益起見，乃於第一二四條明定：「人壽保險之要保人、被保險人、受益人，對於被保險人之保單價值準備金，有優先受償之權。」是為要保人、被保險人、受益人的優先權，此種優先權於保險人破產時，最有實益（本法一二三條參照）。

伍　解約金的償付

(一)**解約金的意義**　解約金通稱解約返還金 (surrender value, return premium; Rückvergütete Prämie; valeur de rachat, prime ristonrnée)，本法簡稱解約金，乃於保險期間內，要保人中途終止契約時，保險人所應償付之金額便是。因人壽保險兼具有儲蓄之性質，故此項金額必須償付，所以又有「不沒收價格」 (non-forfeiture values; Garantiewerte; values garanties en cas de réduction ou de rachat) 之稱。

(二)**解約金償付的原因**　本法第一一九條第一項規定：「要保人終止保險契約，而保險費已付足一年以上者，保險人應於接到通知後一個月內，償付解約金；其金額不得少於要保人應得保單價值準備金之四分之三。」就是解約金的償付，說明如下：

(1)償付事由：必須是要保人任意終止保險契約。

(2)償付條件：須保險費已付足一年以上。

(3)償付期限：應於接到通知（終止契約之通知）後一個月內。

(4)償付金額：此項金額較保單價值準備金為少，因係要保人終止契約，保險人得扣回訂約費用，但最少亦不得少於要保人應得保單價值準備金的四分之三。

(5)償付對象：為要保人。

又同條第二項規定：「償付解約金之條件及金額，應載明於保險契約。」以杜爭執，惟所載之金額，仍須受前項之限制（不得少於保單價值準備金四

分之三），自不待言。

第二目　對於要保人的效力

 壹 保險費的交付

要保人有依約交付保險費的義務，但此義務並無專屬性，所以本法第一一五條規定：「利害關係人，均得代要保人交付保險費。」所謂利害關係人，如受益人或被保險人均是。因保險費若不交付，對於受益人的保險金請求權，有重大之影響，所以法律上乃明定利害關係人得代交保險費，以維護其權益。

其次交付保險費之義務，如不履行時則如何？依本法第一一七條第一項規定：「保險人對於保險費，不得以訴訟請求交付。」就是排除民法第二二七條關於聲請強制執行規定之適用。此乃因為人壽保險本兼有儲蓄之性質，法律上不能強人為之。保險人既不得以訴訟請求交付，那麼法律上就可以聽任要保人不交保險費，而毫無辦法？是又不然，要保人如不交付保險費，可得以下三種效果：

㈠**契約效力的停止**　本法第一一六條第一項規定：「人壽保險之保險費到期未交付者，除契約另有訂定外，經催告到達後屆三十日仍不交付時，保險契約之效力停止。」此三十日之期限，稱為寬限期或優惠期 (grace period, days of grace; Respektfrist; Nachfrist; délai de grâce)，自保險人之催告到達後起算。可見該項催告特別重要，於是同條第二項乃又規定：「催告應送達於要保人，或負有交付保險費義務之人之最後住所或居所，保險費經催告後，應依與保險人約定之交付方法交付之；保險人並應將前開催告通知被保險人以確保其權益。對被保險人之通知，依最後留存於保險人之聯絡資料，以書面、電子郵件、簡訊或其他約定方式擇一發出通知者，視為已完成。」第三項規定：「第一項停止效力之保險契約，於停止效力之日起六個月內清償保險費、保險契約約定之利息及其他費用後，翌日上午零時起，開始恢復其效力。要保人於停止效力之日起六個月後申請恢復效力者，保險人得於要保人申請恢

復效力之日起五日內要求要保人提供被保險人之可保證明,除被保險人之危險程度有重大變更已達拒絕承保外,保險人不得拒絕其恢復效力。」以平衡要保人與保險人的權益。所謂「其他費用」,例如催告費用是。保險費及此等費用清償後,翌日上午零時,其契約效力即開始恢復。

　　㈡**契約的終止**　本法第一一六條第六項規定:「保險人於前項所規定之期限屆滿後,有終止契約之權。」所謂「前項所規定之期限」是指保險契約所約定的要保人「申請恢復效力之期限」,該期限自停止效力之日起不得低於二年(本法一一六條五項)。因此不依約交付保險費的第二個法律效果,就是保險人得以保險費未付為由,而終止契約。終止與停止不同,停止的契約,其效力可恢復,終止的契約,則向將來失去效力,不可恢復。保險契約終止時,保險費已付足二年以上,如有保單價值準備金者,保險人應返還其保單價值準備金(本法一一六條七項)。

　　㈢**保險金或年金的減少**　以被保險人終身為期,不附生存條件之死亡保險契約,或契約訂定於若干年後給付保險金額或年金者,如保險費已付足二年以上而有不交付時,於前條第五項所定之期限屆滿後,保險人僅得減少保險金額或年金(本法一一七條二項)。此為保險費義務不履行時可得的第三種效果。因為「以被保險人終身為期,不附生存條件之死亡保險契約」,係指單純死亡保險中之終身保險而言,儲蓄性質十分濃烈,目的在保障被保險人的遺屬的生活;而所謂「契約訂定於若干年後給付保險金額或年金」之保險,係指生存保險中之單純的生存保險或延期年金保險而言,也有濃烈的儲蓄性質,目的在保障被保險人本人晚年的生活,因此如保險費已付足二年以上而有不交付時,於保險契約所定申請恢復效力之期限屆滿後,只可以減少保險金額或年金,不得終止契約。而且減少保險金額或年金,必須依保險契約所載條件為之,以保護要保人或被保險人的權益。

貳　款項的質借

　　款項的質借就是要保人於一定條件下,得以保險契約(保險單)為質,向保險人借款之謂。保險人根據要保人的請求,即得貸給款項,此種貸款,學者稱之為「保險證券貸款或保險證券擔保貸款」(policy loans;

Policendarlehen; prêt sur police)。至所謂一定條件,依本法第一二○條第一項規定:「保險費付足一年以上者,要保人得以保險契約為質,向保險人借款。」就是要保人之借款,須付足保險費一年以上始可。其次借款之手續,須向保險人請求,並以保險契約為質(即將保險單移歸保險人占有,以供擔保;但現今日本保險界之實例,多不移轉保險單之占有,僅以背書方法行之)。此時依本法第一二○條第二項規定:「保險人於接到要保人之借款通知後,得於一個月以內之期間,貸給可得質借之金額。」法律上准予一個月以內之期間者,俾保險人得籌措現金。至可得質借之金額若干,通常與前述之解約金相當,不得少於要保人應得保單價值準備金四分之三 (本書一四九頁)。又此種貸款亦得附加利息,自不待言。

其次此種貸款之法律性質如何?說者不一:①解約金一部先付說:認為要保人所能借到之款,不過為如自己終止契約時,應得解約金之一部分而已,所以與其名為借款,實不若逕認為解約金之一部先付。此說不能說明何以該項借款得附利息。②消費借貸說:此說又分為二,甲說認為要保人於自己將來之保險金請求權上設定權利質權,而以此為擔保,與保險人成立金錢消費借貸。此說對於實例上有不移轉保險單之占有者,不能說明。乙說認為乃附有抵銷預約之一種特殊的金錢消費借貸,所謂附有抵銷預約,就是約定將來要保人不能償還此項借款時,保險人得以自己所負保險金之債務與之抵銷便是。以上諸說在我保險法上似係採②說中之甲說,此由條文中規定要保人得以保險契約為質一點觀之,便知其然。

以保險契約為質之借款,保險人應於借款本息超過保單價值準備金之日之三十日前,以書面通知要保人返還借款本息,要保人未於該超過之日前返還者,保險契約之效力自借款本息超過保單價值準備金之日停止(本法一二○條三項)。保險人未依前項規定為通知時,於保險人以書面通知要保人返還借款本息之日起三十日內要保人未返還者,保險契約之效力自該三十日之次日起停止(本法一二○條四項)。保險契約因為上述兩種情形而效力停止者,要保人如何申請恢復效力以及保險人如何行使終止權,均準用保險法第一一六條第三項至第六項關於要保人欠繳保險費而保險契約的效力停止後,要保人補繳保險費使契約恢復效力或保險人行使終止權使契約效力終止的規定

（詳細請參考本書八一頁）。

 年齡的告知

　　要保人有據實說明義務（也叫告知義務），若故意隱匿或因過失遺漏，或為不實之說明時，其隱匿、遺漏或不實之說明，足以變更或減少保險人對於危險之估計者，保險人得解除契約（本法六四條），前已言之。在人壽保險被保險人年齡一項，對於危險的估計，保險費的多寡，頗關重要，所以據實說明義務中，以據實告知年齡為主要，若年齡不實，勢必影響契約之效力，或保險費之數額，本法就此設有特殊規定，茲分述之如下：

　　㈠**年齡不實與契約效力的關係**　本法第一二二條第一項規定：「被保險人年齡不實，而其真實年齡已超過保險人所定保險年齡限度者，其契約無效，保險人應退還所繳保險費。」

　　在人壽保險，保險人往往訂定一保險年齡之限度，以為承保之標準。例如訂明年在四十五歲者，不得投保超過二十年之壽險；五十五歲者，不得投保超過十年之壽險，而超過六十五歲者則拒絕承保是。此六十五歲就是保險年齡限度（此非法定限度，乃保險人自定，因之各保險公司可能不一致），若被保險人的真實年齡超過此限度時，其契約無效。例如被保險人年已七十歲，而虛報六十歲，訂立五年人壽保險契約，其契約應歸無效是。

　　本條乃對於第六四條之特別規定，遇有年齡不實之情形，應優先適用本條，而不得適用第六四條之規定（解除契約）。又年齡不實，有出於誤報者，有出於故意虛報者，二者雖均不得適用民法總則（民法八八、九二條）關於錯誤或詐欺之規定，但出於故意虛報者，如具備刑法第三三九條所定之要件時，仍不妨成立詐欺罪，自不待言。

　　㈡**年齡不實與保險費額的關係**　人壽保險被保險人年齡愈大者，死亡可能性愈大，保險費額亦必加多；反之年齡愈小，死亡可能性愈小，保險費額亦必減少。若被保險人年齡不實，除具有前述之情形，歸於無效或遲後生效者外，其真實年齡如尚未超過保險年齡之限度或已達法定年齡之最低規定者，其契約自仍有效，只是保險費額發生問題而已，茲將此問題分兩點述之：

　　⑴**所付之保險費少於應付之數額者**　本法第一二二條第二項規定：「因被

保險人年齡不實，致所付之保險費少於應付數額者，要保人得補繳短繳之保險費或按照所付之保險費與被保險人之真實年齡比例減少保險金額。但保險事故發生後，且年齡不實之錯誤不可歸責於保險人者，要保人不得要求補繳短繳之保險費。」此種情形，係於不實之年齡小於真實之年齡時，也就是以大報小時見之。例如被保險人實年六十歲，而誤報為五十五歲是。六十歲應付之保險費多，五十五歲應付之保險費少，今照五十五歲付費，而實為六十歲，於是乃造成所付之保險費少於應付之數額之現象。此種情形，要保人原則上得就「補繳短繳之保險費」與「比例減少保險金額」中，選擇其一，所謂「補繳短繳金額」，除補繳保險費之不足額，並應附加利息。所謂「比例減少金額」，指保險金額應按照所付之保險費與被保險人之真實年齡比例減少之。惟所謂「按照所付之保險費與被保險人之真實年齡比例減少保險金額」一語，應解為：「按照所付之保險費與被保險人之真實年齡應付之保險費比例減少保險金額」，始為合理。茲舉例以明之：設被保險人實年六十歲，若投保五年壽險，保險金額為一萬元時，依保險公司規定每年應交保險費一千元。今竟誤報為五十五歲，而五十五歲投保同樣壽險，只須每年交八百元即可。若已查出真實年齡，則應減少保險金額，其計算方式如下：

①以文字表示

應付之保險費額：所付之保險費額＝現有之保險金額：x（減少後之保險金額）

②以數字表示 1000：800＝10000：x

計算結果 $x = \dfrac{800 \times 10000}{1000} = 8000$（減少後之保險金額）

　　以上僅為原則，於例外情形，若保險事故已經發生，而且年齡不實的錯誤不可歸責於保險人，則要保人不可以要求補繳保險費，只可以依照比例減少保險金額，以防止逆選擇。

　　(2)保險費收取逾額者　保險費收取逾額，係於不實之年齡大於真實之年齡，也就是以小報大時見之，例如五十五歲，誤報為六十歲是。此種情形勢必造成保險費收取逾額之現象，依本法第一二二條第三項規定：「因被保險人年齡不實，致所付之保險費多於應付數額者，保險人應退還溢繳之保險費。」

因此種情形多出於誤報，故法律責令保險人返還。如前舉例，六十歲保五年壽險，保險金額一萬元者，須每年付保險費一千元；五十五歲保五年壽險，保險金一萬元者，只須每年付費八百元。今被保險人之年齡既誤報為六十歲，致每年多交保險費二百元，則保險人即應將此數返還於要保人（實例上於年齡更正後，無息退還）。

第四項　人壽保險契約的變動

 內容的變更

　　人壽保險契約的內容，因下列事由而發生變更：

　　㈠**受益人的變更**　受益人經指定後，要保人原則上仍得再為指定，是為受益人之變更，前已言之。受益人變更，保險契約之內容即隨之變更。又受益權轉讓時亦可使受益人變更，斯時保險契約之內容，自亦發生變更。

　　㈡**保險金額的減少**　保險金額為保險契約之重要內容，因而保險金額的減少，亦為保險契約內容變更之原因。其情形有二：

　　⑴**因遲交保險費或因要保人之請求而減少**　保險法第一一八條第一項規定：「保險人依前條規定，或因要保人請求，得減少保險金額或年金。其條件及可減少之數額，應載明於保險契約。」所謂「依前條規定」是指依照保險法第一一七條第二項的規定，保險人只可以依保險契約所載條件減少保險金額或年金而言；所謂「因要保人請求」是指在沒有減少保險金額或年金的法定事由的情形下，而要保人發出變更保險金額或年金的意思表示。此兩種情形，其條件及可減少之數額，均應載明於保險契約。也就是說減少保險金之條件及可減少之數額，必須於保險契約明白記載之，以杜糾紛，而保護要保人的利益。

　　保險金額減少後，通例要保人不必再行續交保險費，即變為已交足保險費之保險，是為「繳清保險」(paid-up insurance; prämienfreie Versicherung; assurance ibérée)，繳清保險之保險金額當然就是依上述規定減少後之金額，而該項可減少之金額雖應依契約之所定，但法律為保護要保人方面之利益起

見，乃設有限制，那就是本法第一一八條第二項規定：「減少保險金額或年金，應以訂原約時之條件，訂立同類保險契約為計算標準。其減少後之金額，不得少於原契約終止時已有之保單價值準備金，減去營業費用，而以之作為保險費一次交付所能得之金額。」就是說：減少後之保險金額或年金，不得少於原契約終止時（假定不採取減少保險金額之辦法，而終止契約時）已有之保單價值準備金，減去營業費用後之數額，而即以該項數額作為保險費一次交付所能得之金額。惟計算時應以訂原約時之條件，訂立同類保險契約為計算標準始可。又所減去之營業費用，亦不能漫無限制，依同條第三項規定：「營業費用以原保險金額百分之一為限。」茲就以上所述，舉例以明之：例如原為十年滿期之人壽保險契約，保險金額二萬二千元，每年交保險費二千元，至第三年已共交六千元，設以百分之八十為保單價值準備金，倘此時終止保險契約者，則保單價值準備金已有四千八百元。今擬變為繳清保險，則由此四千八百元中，減去營業費用二百二十元（原保險金額百分之一）為四千五百八十元。即以此數作為保險費，而一次交付，投保同一條件及種類之人壽保險，並以所餘之七年為期，則其原保險金額得減為七千七百八十六元（此係假設以四千五百八十元為本金，而年利率一分，單利計算，七年所得之本利和）。此數為減少後之最低額，當事人縱有特約亦不得少於此項金額。

其次應注意者，以上係指分期交付保險費之人壽保險，如有遲交或要保人請求減少保險金或年金，而改為繳清保險之情形而言，若本為一次交足保險費之人壽保險，當然無從發生此項問題。不惟如此，就是一部分係分期交付，一部分係一次交付，其一次交付之部分，亦不生此問題。本法第一一八條第四項規定：「保險金額之一部，係因其保險費全數一次交付而訂定者，不因其他部分之分期交付保險費之不交付而受影響。」也就是分期交付之部分，可因不交付而減少保險金額或年金，但一次交付之部分，既已全數交足，自不因他部分之未交付，而亦減少其保險金額或年金。理屬當然，法條特示注意。

(2)因年齡不實而減少 被保險人年齡不實，致所付之保險費少於應付數額者，要保人得補繳短繳之保險費或按照所付之保險費與被保險人之真實年齡比例減少保險金額。但保險事故發生後，且年齡不實之錯誤不可歸責於保險人者，要保人不得要求補繳短繳之保險費（本法一二二條二項），其意義已

詳述於前，茲不贅敘。

 效力的停止與恢復

依本法第一一六條之規定，人壽保險之保險費遲交經催告逾期仍不交付時，則保險契約之效力停止。但停止效力之保險契約，可因保險費及其他費用之清償，而恢復其效力。此種停止與恢復，均屬於保險契約之變動問題，其詳已見前述，茲不復贅。

 無效與終止

㈠**無效**　被保險人年齡不實，而其真實年齡已超過保險人所定之保險年齡限度者，其契約無效（本法一二二條一項），是為人壽保險契約特有之無效原因，其意義已於年齡告知義務中述之，於茲不贅。

㈡**終止**　人壽保險之保險費到期未交付者，除契約另有訂定外，經催告到達後屆三十日仍不交付時，保險契約之效力停止（本法一一六條一項）。停止效力之人壽保險契約，超過保險法第一一六條第三項規定申請恢復效力之期限——該申請恢復效力之期限，「自停止效力之日起不得低於二年，並不得遲於保險期間之屆滿日（本法一一六條五項）。」保險人於前項所規定之期限屆滿後，有終止契約之權（本法一一六條六項），及要保人得任意終止契約（本法一一九條）外，亦因保險人破產而終止（本法二七條前段），不過人壽保險契約與其他保險契約不同，其他保險契約終止後之保險費已交付者雖應返還（本法二七條後段），但終止前之保險費則不予返還。人壽保險契約因具有儲蓄性質，不能適用此之規定，故本法第一二三條第一項前段乃另行規定：「保險人破產時，受益人對於保險人得請求之保險金額之債權，以其保單價值準備金按訂約時之保險費率比例計算之。……」本條乃仿自法國保險契約法第八二條之立法例。所謂「受益人對於保險人得請求之保險金額之債權」，指在保險契約有效期中，保險人破產，雖尚未發生危險事故，但受益人亦得向保險人請求相當保險金額之債權而言（若在破產前，因保險事故之發生，而取得之保險金額請求權，該金額即為原約定之保險金額之全部，而不適用

本條）。所謂保險費率 (rate of premium prämiensatz taux de prime) 乃保險費對於保險金額之比率，亦即保險費占保險金額之成數，通常以百分率表示之（火災保險則以千分之幾表示），例如投保十年壽險，保險金額一萬元，倘每年交保險費七百元，十年共交七千元，此種情形其保險費率便是：$\dfrac{7000}{10000}=70\%$。

保險人破產時，受益人即得以當時之保單價值準備金與訂約時之保險費率為比例，算出其應得之保險金額。如上例，交費至第五年，保險人破產，設當時之保單價值準備金為二千八百元（假定為五年保險費三千五百元之八成），則受益人得請求之保險金額為四千元，其算式如下：

$$2800 : \frac{70}{100} = 2800 \times \frac{100}{70} = 4000 \ \text{元}$$

上述之受益人的保險金額債權，依本法第一二四條規定，對於被保險人之保單價值準備金有優先受償之權，於是即得先於保險人之其他債權人就其保單價值準備金優先受償（破產法一一二條參照）。

以上係保險人破產對於保險契約所生之影響，若要保人破產時則如何？依本法第一二三條第一項後段規定：「要保人破產時，保險契約訂有受益人者，仍為受益人之利益而存在。」第二項規定：「投資型保險契約之投資資產，非各該投資型保險之受益人不得主張，亦不得請求扣押或行使其他權利。」即保險契約不因要保人之破產而終止，仍為受益人之利益而繼續，不過要保人既已破產，自無法再交保險費，於是只有由受益人代交保險費了（本法一一五條參照）。至若保險契約並未約定受益人時，則要保人之破產管理人自得於破產宣告三個月內終止契約（本法二八條參照），並請求解約金之償付（本法一一九條）。

◀◀ 第二節 健康保險 ▶▶

第一項 總 說

壹 健康保險的意義

健康保險舊稱疾病保險 (health insurance, sickness insurance; Krankenversicherung)，乃保險人於被保險人疾病、分娩及其所致失能或死亡時，負給付保險金額之責的人身保險（本法一二五條參照）。分述之如下：

㈠**健康保險是一種人身保險** 健康保險是人身保險的一種，而與前述之人壽保險同類，因此關於人壽保險的規定，多所準用（本法一三〇條）。

㈡**健康保險是以疾病、分娩及其所致失能或死亡為保險事故** 健康保險的保險事故是被保險人的疾病、分娩及其所致失能或死亡，此點與人壽保險單以被保險人的生死為保險事故者，有所不同。也就是健康保險有綜合保險的性質。其保險事故不止一種，有：①疾病：疾病指人身內部原因所引起之病症而言，無論精神方面的，或肉體方面的，均得為健康保險的保險事故。②分娩：指因分娩而致身體不健康而言，此項保險，限於女子，男人則不適用（惟在社會保險，男人有以其配偶分娩，而領取生育給付之機會，見勞工保險條例三一條二項）。③因疾病、分娩所致之失能或死亡：此之所謂失能或死亡，並不是一項獨立的事故，乃疾病或分娩所得的結果。詳言之，就是由疾病所致之失能（如病後耳聾），由疾病所致之死亡，由分娩所致之失能，及由分娩所致之死亡四者便是。失能或死亡若非由於疾病分娩之所致，則不包括在內。

㈢**健康保險保險人於上述保險事故發生時負給付保險金額的責任** 健康保險的保險人於被保險人疾病、分娩及其所致失能或死亡時，負給付保險金額之責任。保險金額之多寡，應依保險契約之所定（本法一三〇條準用一〇二條）。

健康保險的種類

　　健康保險以保險事故為區別標準，可分為下列兩種：

　　㈠**疾病保險**　疾病保險 (sickness insurance) 有廣狹二義，廣義的疾病保險是健康保險的舊稱，也就是與健康保險同其意義。狹義的疾病保險乃健康保險之一種，於此指狹義者而言。此種保險於被保險人罹患疾病時，由保險人給付保險金額。通常包括醫藥費、住院費、手術費等等，其範圍如何，得由當事人任意約定。又因疾病所致之失能或死亡，保險人亦應給付保險金額，可見在本法上疾病保險的範圍，頗為廣泛。至於被保險人因疾病不能工作，所致工資之損失，或不能從事特定業務，所致業務利得之損失，雖亦可包括於健康保險之內，但通常斯二者或屬社會保險之範圍，或屬於財產保險之範圍。

　　㈡**生育保險**　生育保險 (maternity insurance) 就是以婦女之分娩為保險事故的健康保險。分娩應從廣義解釋，不問活產或死產，妊娠期間之或長或短，都包括在內，但故意墮胎流產，則為法所不許，保險人自亦不負給付保險金之責任（本法一二八條參照）。生育保險給付之範圍，通常除分娩費用外，如檢查、保胎，以至於以預防疾病之目的所支出之產婦保健費，甚至於初生嬰兒所需要之醫藥費用，都包括在內。又因分娩所致之失能或死亡，保險人亦應負給付保險金額的責任。

第二項　健康保險契約的訂立

 當事人及關係人

　　健康保險契約的當事人為保險人與要保人，此外亦有被保險人與受益人之問題。通常要保人與被保人為同一人時為多，要保人與被保人不為同一人時，亦無不可。所以健康保險契約得由本人訂立，亦得由第三人訂立（本法一三〇條準用一〇四條），又由第三人訂立時，為避免道德危險，亦須經被保險人之書面承認並約定保險金額（本法一三〇條準用一〇五條）。若訂約時被保險人已在疾病情況中者，保險人對是項疾病並不負責任。

健康檢查

健康保險契約訂立之手續，依本法第一二六條規定：「保險人於訂立保險契約前，對於被保險人得施以健康檢查。」「前項檢查費用，由保險人負擔。」得施以健康檢查者，所以使保險人明瞭被保險人的健康情形，藉以決定是否承保，或確定保險人之責任（訂約當時之疾病，不在保險人責任範圍以內）。至該項檢查費用所以由保險人負擔者，係囚屬於業務費用的緣故。又該項檢查並非保險人的義務，故非不可省略。

 記載事項

健康保險契約的記載事項，依本法第一二九條規定：「被保險人不與要保人為同一人時，保險契約除載明第五十五條規定事項外，並應載明下列各款事項。」那就是：

㈠**被保險人之姓名、年齡及住所** 被保險人為保險的對象，所以應將其姓名、年齡及住所等項記明。

㈡**被保險人與要保人之關係** 被保險人與要保人之關係應予記載，以便查知要保人對於被保險人具有如何之保險利益。

除上列兩項外，如另有受益人時，自亦應記載之。至若被保險人與要保人為同一人時，則上列兩項不必記載。

第三項 健康保險契約的效力

 對於保險人的效力

㈠**保險金額的給付** 本法第一二五條規定：「健康保險人於被保險人疾病、分娩及其所致失能或死亡時，負給付保險金額之責。」可知保險金額之給付，乃保險人的主要義務。

㈡**法定的免責事由** 健康保險人有給付保險金額的責任，惟遇有下列事由之一時，則免其責任：

⑴**訂約時被保險人已病或妊娠**　本法第一二七條規定：「保險契約訂立時，被保險人已在疾病或妊娠情況中者，保險人對是項疾病或分娩，不負給付保險金額之責任。」就是：①在保險契約訂立時，被保險人已患之疾病，保險人對於該項疾病不負給付保險金額之責任，但對於訂約後再患之疾病卻不能不負責任。例如訂約時被保險人患有哮喘病，保險人對於該病雖可免責，但訂約後又患盲腸炎者，保險人對此卻應負責。②在保險契約訂立時，被保險人業已懷孕，將來分娩，保險人不負責任，但訂約後始懷孕，保險人則不能免責。

其次應注意者，保險人免負責之疾病或分娩，若因之而致被保險人發生失能或死亡時，則保險人仍得免責否？法無明文，應依契約之所定。

⑵**被保險人故意自殺或墮胎所致疾病、失能、流產或死亡**　本法第一二八條規定：「被保險人故意自殺或墮胎所致疾病、失能、流產或死亡，保險人不負給付保險金額之責。」為保障國民健康，維護善良風俗，理應如此。本條應分兩部分：①被保險人故意自殺致發生疾病、失能、流產（孕婦故意自殺，雖自殺未遂，但有時可致流產）或死亡，保險人不負責任；②被保險人故意墮胎（若因疾病，醫生認為必要，施手術而墮胎者，不在此限），致發生疾病、失能、流產或死亡，保險人亦不負責任。

以上所述，係法定免責事由，此外若當事人約有免責事由者，自應從其約定。

㈢**代位的禁止**　健康保險之保險人不得代位行使要保人或受益人因保險事故，所生對於第三人之請求權（本法一三○條準用一○三條）。

貳　對於要保人的效力

㈠**保險費之代付**　要保人的主要義務，為保險費的交付，但此非專屬義務，因而利害關係人均得代要保人交付之（本法一三○條準用一一五條）。

㈡**契約效力之停止**　要保人不交付保險費者，亦生契約效力停止之效果（本法一三○條準用一一六條）。

㈢**當事人破產之效果**　保險人破產時保險契約效力終止，受益人對於保險人得請求給付保險金，以保單價值準備金按訂約時之保險費率比例計算。

要保人破產時，保險契約效力並不終止，仍為受益人之利益而存在（本法一三〇條準用一二三條）。

㈣**保單價值準備金之優先受償權**　健康保險之要保人、被保險人、受益人，對於被保險人之保單價值準備金，有優先受償之權（本法一三〇條準用一二四條）。

◄◄ 第三節　傷害保險 ►►

第一項　總　說

壹　傷害保險的意義

傷害保險 (personal accident insurance; Unfallversicherung; assurancecontre les accidents) 就是保險人於被保險人遭受意外傷害及其所致失能或死亡時，負給付保險金額之責的一種保險（本法一三一條一項參照）。又所謂「意外傷害」，係指非由疾病引起之外來突發事故所致者（本法一三一條二項參照）。茲分述之如下：

㈠**傷害保險是人身保險的一種**　傷害保險也是一種人身保險，與前述人壽保險同類（普通多於人壽保險中附有傷害約款，而不另投傷害保險），所以對於人壽保險的規定，多所準用（本法一三五條）。

㈡**傷害保險以意外傷害及其所致失能或死亡為保險事故**　傷害保險的保險事故係意外傷害及其所致失能或死亡，此點與健康保險不同，與人壽保險亦異。

健康保險重在疾病，而疾病為內在原因所引起（雖疾病中亦多有細菌傳染者，似亦為外在原因，但因細菌侵入，每逐漸醞釀成疾，解釋上仍不能認為外在原因）。傷害保險的意外傷害，指非由疾病引起之外來突發事故所致者（本法一三一條二項），申言之，傷害保險之傷害須具備以下要件：①須對於

人體之傷害：如撞車而折斷左臂，操縱機械而損傷右手是。②須外界突發事故之所致：傷害須由外界突發事故所直接招致，若由於憂鬱過度，致生內傷，則應屬於疾病範圍，不在此限。③須屬意外的事故：就是事故之發生，須屬偶然，若故意自傷，或自願傷害（如賣藝之人，自捶胸使傷，以吸引觀眾），則不在此限。其次傷害之程度如何，應於契約中明白記載，輕微之傷害（如手指擦破），雖不必負責，但因之致失能或死亡時，保險人仍應負責。惟此之死亡與人壽保險事故之死亡不同，人壽保險以死亡為獨立之原因，傷害保險則以死亡為傷害之結果，若被保險人縱已死亡，但非於傷害之所致，保險人仍不負責。

(三)傷害保險保險人於發生上述事故時負給付保險金額之責任　傷害保險人於被保險人遭受意外傷害及其所致失能或死亡，負給付保險金額之責任。此之保險金額若干，應依保險契約之所定（本法一三五條準用一〇二條）。

傷害保險的種類

傷害保險依實例觀之，有以下各種：

(一)**普通傷害保險**　普通傷害保險 (general accident insurance) 也叫一般傷害保險，就是個人於日常生活中，可能遭遇到的一般傷害，而以之為保險事故之保險便是。所謂日常生活之傷害，例如滑倒致傷、騎車撞傷、沸水燙傷、電火燒傷等均是。

(二)**團體傷害保險**　團體傷害保險 (group personal accident insurance; kollektive Unfallversicherung; assurance collective contre les accidents) 就是多數被保險人作為一個團體，而發行一張保險單的傷害保險，例如運動團體傷害保險便是。

(三)**旅行傷害保險**　旅行傷害保險 (travel accident insurance) 就是被保險人在旅途中，因意外事故遭受傷害，而以之為保險事故的保險。例如飛機失事，或船舶碰撞，所致旅客身體之傷害便是。旅行傷害保險尚分國內旅行傷害保險及海外旅行傷害保險兩大類。旅行傷害保險契約訂立與否，本屬當事人之自由，但我海商法第八一條卻有強制旅客投保意外保險之規定，該項意外保險，應屬於旅行傷害保險之一種。

㈣**交通傷害保險**　交通傷害保險 (traffic accident insurance; Verkehrs-unfallversicherung) 就是以搭乘火車、電車、公共汽車等，定期或定時而依一定路線行駛的陸上交通工具中所生傷害為事故的一種傷害保險。

第二項　傷害保險契約的訂立

 當事人及關係人

傷害保險契約的當事人為保險人與要保人，此與一般保險契約相同，無何特殊問題。至其關係人則為被保險人與受益人，此二者特有之問題如下：

㈠**被保險人**　被保險人一定為自然人，且不分年齡或精神狀態是否有欠缺，均在得承保之範圍，以保障該被保險人之人身權益。又法人無身體傷害之問題，所以不得為傷害保險之被保險人。

其次傷害保險契約之被保險人，可能與要保人為同一人，亦可為各別之人。也就是說，傷害保險契約得由本人或第三人訂立之（本法一三五條準用一○四條）。其由第三人訂立之傷害保險契約，亦須被保險人之書面同意並約定保險金額，方可生效（本法一三五條準用一○五條）。

㈡**受益人**　傷害保險亦得有受益人之問題，申言之：①要保人得通知保險人以保險金額之全部或一部給付其所指定之受益人一人或數人。前項指定之受益人以請求保險金額時生存者為限（本法一三五條準用一一○條）。②受益人經指定後，要保人對其保險利益除聲明放棄處分權者外，仍得以契約或遺囑處分之。要保人行使前項處分權非經通知不得對抗保險人（本法一三五條準用一一一條）。③保險金額約定被保險人因傷死亡時，給付其所指定之受益人者，其金額不得作為被保險人之遺產（本法一三五條準用一一二條）。④傷害保險契約未經指定受益人者，如被保險人死亡時，其保險金額作為被保險人之遺產（本法一三五條準用一一三條）。⑤受益人非經要保人之同意或保險契約載明允許轉讓者，不得將其利益轉讓他人（本法一三五條準用一一四條）。

記載事項

本法第一三二條規定：「傷害保險契約，除記載第五十五條規定事項外，並應載明下列事項。」那就是：

㈠被保險人之姓名、年齡、住所及與要保人之關係。

㈡受益人之姓名及與被保險人之關係，或確定受益人之方法。

㈢請求保險金額之事故及時期。

以上三點，其解說請參照前述，茲不贅敘。

第三項　傷害保險契約的效力

 對於保險人的效力

㈠**保險金額的給付**　本法第一三一條規定：「傷害保險人於被保險人遭受意外傷害及其所致失能或死亡時，負給付保險金額之責。」也就是傷害保險人有給付保險金的義務。保險金額的多寡，應依契約之所定。有定額給付與不定額給付之分。定額給付就是照約定的保險金額給付，而無所增減；不定額給付就是以約定的保險金額為最高限額，於此限度內，按實際付出之醫藥費、手術費等給付之。

㈡**法定的免責事由**　傷害保險人遇有下列事由，則可免其責任：

⑴**被保險人故意自殺，或因犯罪行為，所致傷害、失能或死亡**　本法第一三三條規定：「被保險人故意自殺，或因犯罪行為，所致傷害、失能或死亡，保險人不負給付保險金額之責任。」因此等事故或違背善良風俗或違反法律規定，所以保險人應免其責任。同時因傷害保險多屬短期，與人壽保險不同，故免責後亦無保單價值準備金返還之問題。

⑵**受益人故意傷害被保險人**　本法第一三四條第一項規定：「受益人故意傷害被保險人者，無請求保險金額之權。」此乃為防止道德危險所設的規定，保險人遇此情形自當免責。又傷害保險短期者居多，故於免責後亦無返還保單價值準備金於其他應得之人之問題。

其次依本法同條第二項規定：「受益人故意傷害被保險人未遂時，被保險人得撤銷其受益權利。」受益權利雖經撤銷，但保險人亦不因之而免責，惟有由要保人再行指定受益人而已。

　㈢**代位的禁止**　傷害保險之保險人不得代位行使要保人或受益人因保險事故所生對於第三人之請求權（本法一三五條準用一〇三條）。

 ## 對於要保人的效力

　要保人的主要義務，為保險費的交付。但此非專屬義務，因而利害關係人均得代要保人交付之（本法一三五條準用一一五條）。

　若到期未交付保險費者，除契約另有訂定外，經催告到達後屆三十日仍不交付時，保險契約之效力停止。該催告應送達於要保人，或負有交付保險費義務之人之最後住所或居所，保險費經催告後，應依與保險人約定之交付方法交付之；保險人並應將前開催告通知被保險人以確保其權益。對被保險人之通知，依最後留存於保險人之聯絡資料，以書面、電子郵件、簡訊或其他約定方式擇一發出通知者，視為已完成。上述停止效力之保險契約，於停止效力之日起六個月內清償保險費、保險契約約定之利息及其他費用後，翌日上午零時起，開始恢復其效力。要保人於停止效力之日起六個月後申請恢復效力者，保險人得於要保人申請恢復效力之日起五日內要求要保人提供被保險人之可保證明，除被保險人之危險程度有重大變更已達拒絕承保外，保險人不得拒絕其恢復效力。保險人未於五日期限內要求要保人提供可保證明或於收到上述可保證明後十五日內不為拒絕者，視為同意恢復效力。保險契約所定申請恢復效力之期限，自停止效力之日起不得低於二年，並不得遲於保險期間之屆滿日。保險人於上述申請恢復效力期限屆滿後，有終止契約之權。保險契約終止時，保險費已付足二年以上，如有保單價值準備金者，保險人應返還其保單價值準備金。保險契約約定由保險人墊繳保險費者，於墊繳之本息超過保單價值準備金時，其停止效力及恢復效力之申請準用本法一一六條一項至六項規定（本法一三五條準用一一六條）。

　其次在人壽保險有保險費不得以訴訟請求交付之規定（本法一一七條一項），在傷害保險是否亦係如此，法無明文（舊保險法九五條排斥其適用），

解釋上不適用斯種規定,即傷害保險的保險費得以訴訟請求交付。

又保險契約之當事人破產時,依本法第一三五條規定,亦得準用第一二三條,即保險人破產,契約效力因而終止,被保險人得請求保險金額;要保人破產者,契約仍為受益人之利益存在。

傷害保險被保險人保單價值準備金,要保人、被保險人、受益人,有優先受償之權利(本法一三五條準用一二四條)。

◀◀ 第四節　年金保險 ▶▶

第一項　總　說

壹　年金保險的意義

年金保險 (annuity insurance; installment insurance; Rentenversicherung) 乃保險人於被保險人生存期間或特定期間內,依照契約負一次或分期給付一定金額責任的一種人身保險(本法一三五條之一參照)。分述之如下:

㈠**年金保險是一種人身保險**　年金保險是人身保險的一種,而與前述之人壽保險同類,因此關於人壽保險的規定,多所準用(本法一三五條之四)。

㈡**年金保險是於被保險人生存期間或特定期間內給付年金金額的人身保險**　年金保險有以被保險人生存為條件,在其終身(即其生存期間內)依約給付一定金額者,謂之「終身年金保險」;有於一定期間內依約給付一定金額者,謂之「定期年金保險」。前者係以被保險人的生存作為給付年金的條件;後者則與人的生死不發生關聯,年金的給付期間由當事人事先加以確定。

㈢**年金保險是依約一次或分期給付一定金額的人身保險**　年金保險的保險人須按照約定一次或分期給付一定金額,所以年金保險與人壽保險相同,屬於「定額保險」,即關於保險人應給付之年金金額已由當事人預先約定,保險人須按照該約定額給付保險金(即年金),而不得增減,別無所謂按實際損

害計算給付額之問題。又所謂年金給付，原指每年一次而言，但事實上係指按期給付，每月、每季或每半年給付一次均可。又當事人亦可約定一次給付一定金額，惟保險金（即年金）如一次給付，容易一下子浪費掉或因投資運用方法不當而耗失，無法滿足安定老年生活之實際需要及投保年金保險之目的。

　　由於年金保險係個人安排子女教育、養老，或企業機構配合員工退休、撫卹員工家屬等，維持其生活穩定最佳方式，可保障社會安全。職是之故，民國八十一年二月二十八日修正公布施行之現行保險法，乃於人身保險章增訂年金保險一節（第四章第四節），俾促進其健全發展。

貳　年金保險的種類

　　年金保險之種類甚多，茲依不同之分類標準，就其較重要者分別簡述如下：

　　㈠**終身年金保險、定期年金保險**　關於此項分類，前已述及，於茲不贅。

　　㈡**即期年金保險、延期年金保險**　此係以年金給付始期為區別標準：

　　⑴**即期年金保險**　此項年金保險係自契約成立之年度起，即開始給付保險金。至於年金的給付，一般習慣採用在每期（一個月、三個月、六個月或一年）之末為之，謂之期末給付年金，但亦可約定在每期之初給付者，謂之期初給付年金。

　　⑵**延期年金保險**　此項年金保險係自契約成立後，經過若干年或受領人達到一定年齡後，始給付保險金。至於年金的給付，有在每期之初給付者（期初給付年金），有在每期之末給付者（期末給付年金）。

　　㈢**一次繳費年金保險、分期繳費年金保險**　此係以保險費之繳付方法為區別標準：

　　⑴**一次繳費年金保險**　此項年金保險係由要保人將應繳之保險費一次全部繳付，通常係由一次獲得大量款項者，為備日後長期生活之需，以一次繳費方式投保即期年金保險。由於一次繳費，其數額太多，非一般人所願或所能負擔，故實際上採用者甚少。

　　⑵**分期繳費年金保險**　此項年金保險係由要保人在年金開始給付前，分期繳納保險費，直至年金開始給付之時為止。前述延期年金保險，頗多採取

此項繳費方式。

　　㈣**定額年金保險、變額年金保險**　此係以年金給付金額是否固定為區別標準：

　　⑴**定額年金保險**　此項年金保險之每期給付金額，在訂立年金保險契約時即已確定，在給付期間內維持不變。一般投保年金保險者，大多採取此種方式。

　　⑵**變額年金保險**　此項年金保險之每期給付金額，可以按照一定之計算標準而變動，具有因應通貨膨脹而確保保險金實質價值之功能，為近年頗為流行之新種保險商品。

第二項　年金保險契約的訂立

 ## 當事人及關係人

　　㈠**保險人**　年金保險係人身保險之一種，因而年金保險的保險人以人身保險業者為限，財產保險業不得為之（本法一三八條）。

　　㈡**要保人**　要保人的資格無何限制，只要對被保險人具有保險利益即可。

　　㈢**被保險人**　年金保險契約，得由本人或第三人訂立之（本法一三五條之四準用一○四條），即年金保險契約得由被保險人本人為要保人與保險人訂立，亦得由被保險人以外之第三人為要保人與保險人訂立。前者之要保人與被保險人係同一人，一般稱之為「自己年金保險契約」；後者之要保人與被保險人係不同一人，一般稱之為「他人年金保險契約」。由第三人訂立之年金保險契約，其權利之移轉或出質，非經被保險人以書面承認者，不生效力（本法一三五條之四準用一○六條）。此乃因年金保險，其權利之受讓人或質權人不一定仍對於被保險人有保險利益，所以也須經其同意（書面承認），否則難免發生道德危險。

　　㈣**受益人**　受益人得由被保險人或要保人約定，本法第五條已有明文，惟因年金保險係個人安排子女教育、養老等維持其生活穩定之最佳方式，尤其在保障被保險人生存期間之生活費用，故本法第一三五條之三第一項規定：

「受益人於被保險人生存期間為被保險人本人。」故於被保險人生存期間內不得另行約定或指定受益人，應以被保險人本人為受益人。至於保險契約載有於被保險人死亡後給付年金者，其受益人準用第一一〇至一一三條規定（本法一三五條之三第二項）。茲就有關問題分述如下：

⑴受益人的指定　要保人得通知保險人，將被保險人死亡後年金金額之全部或一部，給付其所指定之受益人一人或數人（準用本法一一〇條一項），是為受益人之指定。要保人指定受益人時不須保險人的同意，惟前項指定之受益人，以於請求年金金額時生存者為限（準用本法一一〇條二項）。至於年金保險契約載有於被保險人死亡後給付年金，但未指定受益人者，其年金金額則作為被保險人遺產（準用本法一一三條），於是被保險人之繼承人即變為受益人。

⑵受益人的變更　受益人經指定後，要保人對其保險利益除聲明放棄處分權者外，仍得以契約或遺囑處分之（準用本法一一一條一項），即要保人得變更受益人。要保人變更受益人時，亦無須保險人之同意，但要保人行使上開處分權而變更受益人者，非經通知，不得對抗保險人（準用本法一一一條二項）。蓋當初指定受益人時，既已通知保險人，若變更而不通知，則保險人自無從知悉，難免仍對原受益人為年金金額之給付，斯時要保人自不得以受益人業已變更為由，而否認其給付之效力。

⑶受益人的權利　受益人的權利為受益權，年金金額約定於被保險人死亡後，給付於其所指定之受益人者，其金額不得作為被保險人之遺產（準用本法一一二條）。故受益人縱同時為被保險人之繼承人者，其所應領或領得之保險金（即年金），亦為其固有財產，而非繼承財產。其次，受益權亦得移轉，惟須依法定的手續為之，即受益人非經要保人之同意，或保險契約載明允許轉讓者，不得將其利益轉讓他人（準用本法一一四條）。又受益人故意致被保險人於死或雖未致死者，喪失其受益權（準用本法一二一條一項）。

貳　記載事項

本法第一三五條之二規定：「年金保險契約，除記載第五十五條規定事項外，並應載明下列事項。」因年金保險契約亦為保險契約之一，除關於保險

契約一般記載事項（本法五五條所列者），原則上亦應記載外，尚應記明下列事項：

㈠**被保險人之姓名、性別、年齡及住所**　被保險人在此為保險之標的，所以特應記載，尤其被保險人年齡一項特別重要，更應據實記載，不得虛報或誤報（與本法一二二條有關）。

㈡**年金金額或確定年金金額之方法**　由於年金保險係由保險人於被保險人生存期間或特定期間內，依照契約負一次或分期給付一定金額責任之一種定額保險。保險人所應支付之年金金額究屬若干，得由當事人自由約定，而載明保險契約，保險人並有依約支付該一定金額之責任，故年金金額或確定年金金額之方法，必須明確記載。

㈢**受益人之姓名及與被保險人之關係**　保險契約載有於被保險人死亡後給付年金，而其受益人於訂約時已確定者，應記載受益人之姓名及與被保險人之關係。

㈣**請求年金之期間、日期及給付方法**　年金保險契約成立後，被保險人或受益人對保險人有年金給付請求權，保險人對被保險人或受益人有依約給付年金之義務，故關於請求年金之期間、日期及給付方法自亦須明確記載。

㈤**依第一一八條規定，有減少年金之條件者，其條件**　所謂減少年金之條件，詳如前述（本書一五五頁），此項條件有則記載，無則不記。

第三項　年金保險契約的效力

第一目　對於保險人的效力

 年金金額的給付

本法第一三五條之一規定：「年金保險人於被保險人生存期間或特定期間內，依照契約負一次或分期給付一定金額之責。」由是可知，保險人應依約給付被保險人或受益人一定金額，此為保險人的主要義務。

代位的禁止

依本法第一三五條之四規定，有關人壽保險禁止代位之第一〇三條規定，於年金保險準用之。故年金保險之保險人，不得代位行使要保人或受益人因保險事故所生對於第三人之請求權。

保險人的免責事由

㈠**受益人故意致被保險人於死**　本法第一二一條第一項規定：「受益人故意致被保險人於死或雖未致死者，喪失其受益權。」此項規定於年金保險準用之（本法一三五條之四），故受益人故意致被保險人於死亡或雖未致死者，喪失其受益權。受益人喪失受益權後，保險人應將保險金額給付予其他受益人（例如第二順位受益人），若無其他受益人時，其保險金額應作為被保險人遺產（本法一三五條之四準用一二一條二項）。

㈡**要保人故意致被保險人於死**　要保人故意致被保險人於死者，保險人不負給付年金金額之責，保險費付足二年以上者，保險人應將其保單價值準備金給付與應得之人，無應得之人時，應解交國庫（本法一三五條之四準用一二一條三項）。

肆 保單價值準備金的返還

保單價值準備金返還的原因，有下列兩種：

㈠**因契約終止的返還**　年金保險契約如保險費未能依約交付時，保險人得依法終止契約（本法一三五條之四準用一一六條六項）。保險契約終止時，保險費已付足二年以上者，如有保單價值準備金者，保險人應返還其保單價值準備金（本法一三五條之四準用一一六條七項）。

㈡**因保險人免責的返還**　要保人故意致被保險人於死，而保險費付足二年以上者，保險人應將其保單價值準備金，給付與應得之人，無應得之人時，應解交國庫（本法一三五條之四準用一二一條三項）。

如上所述，保險人負有返還保單價值準備金的義務，本法為保障其應得人之權益，乃賦與年金保險之要保人、被保險人、受益人，對於被保險人之

保單價值準備金，有優先受償之權利（本法一三五條之四準用一二四條）。

第二目　對於要保人的效力

 ## 保險費的交付

　　要保人有依約交付保險費的義務，但此項義務並無專屬性，利害關係人（如受益人或被保險人）均得代要保人交付保險費（本法一三五條之四準用一一五條）。又因年金保險本兼有儲蓄之性質，法律上不能強人為之，故保險人對於保險費，不得以訴訟請求交付（本法一三五條之四準用一一七條一項）。惟要保人如不依約交付保險費，則可得以下三種效果：

　　㈠**契約效力的停止**　年金保險之保險費到期未交付者，除契約另有訂定外，經催告到達後屆三十日仍不交付時，保險契約之效力停止。又催告應送達於要保人，或負有交付保險費義務之人之最後住所或居所，保險費經催告後，應於保險人營業所交付之（本法一三五條之四準用一一六條一項、二項）。催告到達後屆三十日後仍不交付者，其契約效力停止。停止效力之保險契約，於停止效力之日起六個月內清償保險費、保險契約約定之利息及其他費用後，翌日上午零時起，開始恢復其效力。要保人於停止效力之日起六個月後申請恢復效力者，保險人得於要保人申請恢復效力之日起五日內要求要保人提供被保險人之可保證明，除被保險人之危險程度有重大變更已達拒絕承保外，保險人不得拒絕其恢復效力，以平衡要保人與保險人的權益。

　　㈡**契約的終止**　年金保險的保險人於保險契約所定申請恢復效力的期限屆滿後，有終止契約之權，該期限自停止效力之日起不得低於二年（本法一三五條之四準用一一六條五項）。因此不依約交付保險費的第二個法律效果，就是保險人得以保險費未付為由，而終止契約。

　　㈢**保險金或年金的減少**　以被保險人終身為期，不附生存條件之死亡保險契約，或契約訂定於若干年後給付保險金額或年金者，如保險費已付足二年以上而有不交付時，於保險契約所定申請恢復效力之期限屆滿後，保險人

僅得減少保險金額或年金（本法一三五條之四準用一一七條二項）。此為不履行繳納保險費義務可能發生的第三個法律效果。因為「以被保險人終身為期，不附生存條件之死亡保險契約」，係指單純死亡保險中之終身保險而言，儲蓄性質十分濃烈，目的在保障被保險人的遺屬的生活；而所謂「契約訂定於若干年後給付保險金額或年金」之保險，是指生存保險中之單純的生存保險或延期年金保險而言，也有濃烈的儲蓄性質，目的在保障被保險人本人的晚年生活，因此如保險費已付足二年以上而有不交付時，於保險契約所定申請恢復效力之期限屆滿後，只可以減少保險金額或年金，不得終止契約。但是減少保險金額或年金時，須依保險契約所載條件為之，以保障要保人或被保險人的權益。

上述「終止契約」或「減少年金」兩者，保險人原得選擇行之，但依本法第一一七條第二項規定：「以被保險人終身為期，不附生存條件之死亡保險契約，或契約訂定於若干年後給付保險金額或年金者，如保險費已付足二年以上而有不交付時，於前條第五項所定之期限屆滿後，保險人僅得減少保險金額或年金。」此項規定於年金保險準用之（本法一三五條之四），故於延期年金保險，若已付足保險費二年以上，即使不繼續繳納保險費，保險人亦只能減少年金，而不得終止契約。

款項的質借及要保人終止契約之限制

於年金保險，在年金給付期間，如准許要保人終止契約或以保險契約為質，向保險人借款，則體弱者或即將死亡者，將以此方式獲得較預期存活年金為多之給付，造成逆選擇現象，並發生保費不敷給付支出情形，為整體年金保險財務穩健，於年金給付期間，不宜準用第一一九及一二〇條規定，以利年金保險業務之推展。

年齡的告知

在年金保險被保險人年齡一項，對於年金金額之計算及保險費的多寡等，頗關重要，自應據實告知。被保險人年齡不實，而其真實年齡已超過保險人所定保險年齡限度者，其契約無效，保險人應退還所繳保險費（本法一三五

條之四準用一二二條一項）。因被保險人年齡不實，致所付之保險費少於應付數額者，要保人得補繳短繳之保險費或按照所付之保險費與被保險人之真實年齡比例減少保險金額。但保險事故發生後，且年齡不實之錯誤不可歸責於保險人者，要保人不得要求補繳短繳之保險費（本法一三五條之四準用一二二條二項）。反之，因被保險人年齡不實，致保險費收取逾額者，保險人應退還溢繳之保險費（本法一三五條之四準用一二二條三項）。

第四項　年金保險契約的變動

內容的變更

㈠**受益人的變更**　受益人經指定後，要保人原則上仍得再為指定，且受益人在法定要件下亦可轉讓其受益權，凡此均可使受益人變更，已如前述。受益人變更，保險契約之內容，自亦隨之發生變更。

㈡**年金金額的減少**　年金金額為保險契約之重要內容，屬於年金保險契約之法定應記載事項之一（本法一三五條之二第二款參照），因而年金金額的減少，亦為保險契約內容變更之原因。其情形有二：

⑴**因遲交保險費或因要保人之請求而減少**　以被保險人終身為期，不附生存條件之年金保險契約，或契約訂定於若干年後給付年金者，如保險費已付足二年以上而有不交付時，於一一六條五項所定之期限屆滿後，保險人僅得減少年金（本法一三五條之四準用一一七條二項），此外亦可因要保人的請求而減少年金（本法一三五條之四準用一一八條一項前段）。保險人依本法第一一七條第二項規定，或因要保人請求，固得減少年金，惟其條件及可減少之數額，則應載明於保險契約（本法一三五條之四準用一一八條一項），以杜糾紛，而保護要保人的利益。其次，減少年金，應以訂原約時之條件，訂立同類保險契約為計算標準，其減少後之金額，不得少於原契約終止時已有之保單價值準備金減去營業費用，而以之作為保險費一次交付所能得之金額（本法一三五條之四準用一一八條二項）。至於前項營業費用，則以原年金金額百分之一為限（本法一三五條之四準用一一八條三項）。

　　應予注意者，乃以上所述係指分期交付保險費之年金保險，如有遲交或要保人請求減少年金，而改為繳清保險之情形而言。從而保險金（年金金額）之一部，係因其保險費全數一次交付而訂定者，不因其他部分之分期交付保險費之不交付而受影響（本法一三五條之四準用一一八條四項）。換言之，即保險費分期交付之部分，可因不交付而減少年金，但一次交付之部分，既已全數交足，自不因他部分之未交付，而亦減少其年金。

　　⑵**因年齡不實而減少**　被保險人年齡不實，致所付之保險費少於應付數額者，原則上要保人得選擇按照所付之保險費與被保險人之真實年齡比例減少保險金額（本法一三五條之四準用一二二條二項）。

 ## 效力的停止與恢復

　　年金保險之保險費遲交經催告逾期仍不交付時，則保險契約之效力停止，但停止效力之保險契約，可因於停止效力之日起六個月內清償保險費、保險契約約定之利息及其他費用後，翌日上午零時起，開始恢復其效力。要保人於停止效力之日起六個月後申請恢復效力者，保險人得於要保人申請恢復效力之日起五日內要求要保人提供被保險人之可保證明，除被保險人之危險程度有重大變更已達拒絕承保外，保險人不得拒絕其恢復效力。保險人未於五日期限內要求要保人提供可保證明或於收到上述可保證明後十五日內不為拒絕者，視為同意恢復效力。保險契約所定申請恢復效力之期限，自停止效力之日起不得低於二年，並不得遲於保險期間之屆滿日（本法一三五條之四準用一一六條）。其詳已見前述，茲不復贅。

 ## 無效與終止

　　㈠**無效**　被保險人年齡不實，而其真實年齡已超過保險人所定之保險年齡限度者，其契約無效（本法一三五條之四準用一二二條一項）。

　　㈡**終止**　年金保險契約除因保險費遲交，保險人得依法終止契約（本法一三五條之四準用一一六條六項）外，亦因保險人的破產而終止（本法二七條前段）。保險契約因保險人破產而終止者，其終止後之保險費，已交付者，保險人應返還之（本法二七條後段），終止前之保險費則不予返還。又因年金

保險契約具有儲蓄性質，依本法第一三五條之四準用第一二三條第一項前段規定，則年金保險之保險人破產時，受益人對於保險人得請求之年金金額之債權，以其保單價值準備金，按訂約時之保險費率，比例計算之。上述之受益人的年金金額債權，對於被保險人之保單價值準備金有優先受償之權（本法一三五條之四準用一二四條）。

　　以上係保險人破產對於保險契約所生之影響，若要保人破產時，保險契約定有受益人者，仍為受益人之利益而存在（本法一三五條之四準用一二三條一項後段），即保險契約不因要保人之破產而終止，仍為受益人之利益而繼續，不過要保人既已破產，自無法再交保險費，於是只有由受益人代交保險費了（本法一一五條參照）。至若保險契約並未約定受益人時，則要保人之破產管理人自得於破產宣告三個月內終止契約（本法二八條參照），並請求解約金之償付（本法一一九條）。

第六章 社會保險

◀◀ 第一節　社會保險的概念 ▶▶

第一項　社會保險的意義

社會保險 (social insurance; Sozialversicherung; assurance sociale) 乃國家為推行社會政策，以謀社會福利起見，依法強制的一種保險。分述之如下：

㈠社會保險乃保險的一種　保險分營業保險與社會保險兩大類，前已言之（本書四頁），兩者在原理原則上容或有其共通之點，但在目的和手段上，則絕不相同（詳後述之）。我國保險法若僅就其名稱上觀之，因保險二字係屬全稱，似包括社會保險在內，但若就其內容觀之，則又僅以營業保險為規律對象，對於社會保險，則以本法第一七四條規定：「社會保險另以法律定之。」現我國有關社會保險之法律（指中央立法者）有：軍人保險條例、公教人員保險法及勞工保險條例等三種。所以關於社會保險應優先適用各該法律。

㈡社會保險乃國家依法強制的保險　社會保險是國家依法強制的保險，所以也叫做強制保險 (Compulsory insurance; Zwangsversicherung; assurance obligatoire)，與營業保險完全出於當事人雙方之契約行為者，有所不同。這是社會保險的最大的特點。申言之，社會保險只有依法參加、依法承保的問題，而無所謂保險契約的訂立問題。

㈢社會保險乃國家推行社會政策以謀社會福利所強制的保險　凡屬保險都具有社會性（本書四、二八頁），若從廣義言之，所有保險都可以算做社會保險，但此之所謂社會保險乃從狹義，就是國家為推行社會政策，以謀社會福利所強制的保險，始得謂之社會保險（因之此種社會保險也叫政策保險）。施行此種保險的最高依據，就是憲法第一五五條前段規定：「國家為謀社會福

利，應實施社會保險制度。」此種制度之實施為社會安全之一項目，而社會安全又為基本國策之一節（憲法第一三章參照），所以說社會保險乃國家為推行社會政策，以謀社會福利所強制的保險。

第二項　社會保險的類屬

㈠**社會保險屬於人身保險**　營業保險以保險標的為標準，可分為財產保險與人身保險，也就是對物保險與對人保險兩種。社會保險當然也可以照此分類，不過我國現有的社會保險，均以人（軍人、公務人員、勞工）為對象，至於以物（職業工具、勞作產物）為對象的社會保險，尚待推行。所以社會保險在我國應屬於人身保險。

㈡**社會保險屬於綜合保險**　營業保險以保險事故為標準，又可分為單一保險（如火災保險）與綜合保險（如海上保險）兩種，但社會保險的保險事故則非單一（如勞工保險的保險事故，包括生育、傷病、醫療、失能、老年、死亡），所以社會保險應屬於綜合保險。

第三項　社會保險與營業保險的區別

社會保險與營業保險究有若何之區別，茲比較說明如下：

㈠**就被保險人言**　營業保險任何人均可投保，而財產保險之被保險人且不限於自然人；社會保險則不但其被保險人限於自然人，且非具有特定身分之人，則不得加入。

㈡**就保險人言**　營業保險由保險業經營，保險業即為保險人；而社會保險則由政府舉辦，政府特設機構或指定特定機構承保。

㈢**就保險費言**　營業保險之保險費係由要保人負擔，而社會保險之保險費則由政府、僱主及加入者三方面分擔，或全由政府負擔。同時營業保險保險費之計算，係以危險的大小及保險金的多寡為比例，申言之：①如其他條件同一，則危險大者，保險費高；危險小者，保險費低。②如其他條件同一，則保險金額多者，保險費高；保險金額寡者，保險費低。而社會保險則不然。

社會保險的保險費多以被保險人的所得為比例計算之；但不問被保險人的所得如何，而以均一額計算者亦有之（如英國、丹麥、瑞典等國是）。

㈣**就保險金言**　營業保險保險金的給付，係依保險契約之所定；而社會保險保險金的給付，則依法之所定。

此外營業保險之投保，係屬自由；社會保險之加入，係屬強制；營業保險具有營利性；社會保險則屬社會政策之推行。諸如此類，皆為兩者不同之所在，可見社會保險與營業保險截然有別。

◀◀ 第二節　各國社會保險的概況 ▶▶

社會保險乃十九世紀後半期，新興起的一種保險，由德國宰相俾斯麥 (Otto von Bismarck) 首先倡行。經過兩次世界大戰後，各國無不推行社會安全制度，爭以「由搖籃到墳墓」或「由妊娠到墳墓」相標榜，而社會保險為社會安全制度最重要的一環，所以社會保險當然已普遍為各國所重視。茲將各主要國家社會保險之概況，簡介如下：

㈠**德國**　德國社會保險，係以下列三法為基礎而逐漸發展：①疾病保險法：疾病保險法 (Krankenversicherungsgesetz) 係一八八三年由俾斯麥創行。②勞工傷害保險法：勞工傷害保險法 (Unfallversicherungsgesetz) 係一八八四年頒行。③殘廢老年保險法：殘廢老年保險法 (Invaliditäts und Altersversicherungsgesetz) 係一八八九年頒行。此三者奠定了德國社會保險法之基礎，迨一九一一年七月十九日頒行德國國家保險條例 (Reichsversicherungsordnung, R.V.O.)，將此三者予以統一。同年更實行了職員保險 (Angestellten-versicherung)，屬於一種年金保險。

第一次世界大戰後，因經濟不景氣，於一九二七年又增加了失業保險一部門，於是現代社會保險應有的各部門，均已齊備。此外又有礦工金庫、海上金庫等設施，亦構成德國社會保險之一部。

德國社會保險主要各部門的內容，大致如下：

⑴**疾病保險**　以被保險人的薪給為比例，計算保險費及保險金，由地區

金庫、州金庫、礦工金庫等辦理，除包括醫療給付外，近又增設預防給付。按德國社會保險本以保護社會上的弱者為目的，因而其被保險人則限於一定薪額以下之受僱人始得加入，此一定之限額，雖不斷地提高，然究未達到全國國民皆得參加之程度。疾病保險當然也是如此。

(2)年金保險　年金保險制度經一九五七年改正後，稱為生產性年金，提高以工資為比例的給付限度，勞工以最後工資百分之六十，職員以最後薪津百分之四十五，為老年年金之基準，占全世界最高水準，引起各國年金制度之改正，尤其確立了勞工保險、職員保險及礦工金庫的各種老年年金的通算制度，乃成為各國制度的模範。

(3)傷害保險　傷害保險係以勞動關係、僱傭關係或訓練關係之勞動者為被保險人，而由同業（僱主）公會主辦該項業務。此同業公會屬於一種自治團體，具有公法人的資格，掌管保險給付之決定，保險費徵收之決定及財產管理等事宜。保險給付一部為現物給付，一部為現金給付。前者除治療之外，尚包括事故防止及職業輔導。保險給付及經費之資金，除國家補助外，由加入公會之各企業，按該企業之危險率及其支付工資之數額為基準，加以分擔。

(4)失業保險　失業保險係以合於疾病保險或礦工金庫之被保險人資格者為被保險人，也就是以一定額以下薪資收入者為限；但不包括農林業之勞動者。勞動者對於保險費負擔其工資之百分之二，而保險金則可領到其基本工資的三分之一，如有加給，則可領到最高工資的三分之二。

(5)礦工金庫　礦工金庫係一種特別的社會保險，專為在礦坑工作的工人所設，因此種工人工作環境不利，災害較多，所以法律上乃特加保護。保險給付有年金（退職年金，殘廢年金，遺屬年金）及健康給付等項。

(二)法國　法國社會保險係於一九三〇年開始，當時屬於綜合性的社會保險，惟將失業保險及勞動傷害保險予以除外，所以其社會保險僅包括疾病給付、生育給付、殘廢給付、老年給付、死亡給付，而不包括失業給付。不過疾病、殘廢、老年三種給付係互相結合，而在醫療監督制之下，實行無限期給付，但對於短期疾病係採返還醫療費百分之八十的方式，而不採取現物給付的辦法。至於老年年金，如保險期間三十年，退職年齡為六十歲時，則以本人退職前十年間平均工資的百分之二十為正常年金（六十五歲退職則為百

分之四十），若保險期間在十五年至三十年之間者，則比例減少。至若六十五歲退職，而保險期間未達十五年者，則給與老年津貼。此外以資力調查為條件，對於六十五歲以上之退職者，給與老年勞動者津貼，作為最低之保障。其次勞動傷害補償，家屬津貼制度係於一九四五年開始成為法國新社會安全制度之一部。勞動傷害補償在戰前本屬於營業保險之範圍，戰後雖編入社會安全制度之中，但實質上係採取保險之形態，其財源由僱主方面單獨負擔，保險給付亦較其他社會保險為優厚。

　　㈢**英國**　英國在一九一二年實施國民健康保險 (National Health Insurance) 及失業保險 (Unemployment Insurance)，於一九二五年實施共釀年金 (contributory pensions)。第二次大戰後，將此等保險統合為國民保險 (national insurance)，並制定下列六種法律，構成英國的社會安全制度：

①家屬津貼法（一九四五年六月）。

②國民產業傷害保險法（一九四六年七月）。

③國民保險法（一九四六年八月）。

④國民健康服務法（一九四六年十一月）。

⑤國民扶助法（一九四八年五月）。

⑥兒童法（一九四六年六月）。

　　以上六者中之②③兩者屬於社會保險之部門，尤以③國民保險為中心，此種保險的被保險人，凡在英國居住，十六歲以上，男子到六十五歲，女子到六十歲者，一律強制參加。惟每週收入在二鎊以下者，及為人妻者，對於加入保險與否，有選擇權。此種保險的保險費分以下三種情形負擔：①被保險人如為受僱人時，則其由本人、僱主及國庫三方面分擔；②被保險人如為自己營業人時，則其由本人與國庫分擔；③被保險人如為無業之人時，亦由其本人與國庫分擔。因而被保險人所交付之保險費以均一額計算，而不採取以薪給為比例之計算辦法。

　　至於保險之給付，分為失業給付、疾病給付、生育給付，寡婦給付、孤兒養育給付、退職年金及死亡給付等七種。惟無論何者，均係以現金為給付。至於疾病之現實治療，因另有國民健康服務法，而實施全國國民免費治療的關係（任何人患病，不論貧富，不論曾否保險，均予免費治療），所以國民保

險的給付裏雖有疾病給付，但不包括疾病的現實治療在內。

此外勞動者傷害的保險則依國民產業傷害保險法為之，該法為國民保險之另一部。其保險費由勞動者與僱主平均分擔。此種保險的給付，包括傷病給付、殘廢給付及死亡給付等三種。給付額不以工資額為比例，採取均一數額，以貫徹英國社會保險制度之均一給付原則。

㈣美國　美國社會保險制度之推行，較他國為晚，在一九三五年始有社會安全法 (Social Security Act)，由聯邦政府贊助各州舉辦失業保險。而聯邦政府舉辦全國性老年保險，並加入遺屬保險及殘廢保險，合稱為老年遺屬殘廢保險 (old-age, survivors and disability insurance, OASDI)。此種保險最初係以擁有八人以上從業員之團體的勞動者為對象，但其後日見擴大其範圍，今日農業勞動者亦被納入其中，可以說業已普及於一切受僱者了。此外聯邦政府直轄之公務人員有退職年金，鐵路從業人員有退職年金及失業保險，也都是社會保險的一部。至於勞工傷害保險則由各州舉辦。

其次美國舉辦軍人保險 (veterans' life insurance) 是其特點，那就是第一次世界大戰時舉辦的合眾國政府人壽保險 (United States Government Life Insurance)，第二次世界大戰時舉辦的國營兵役保險 (National Service Life Insurance) 及其後創設的軍人給金制度便是。合眾國政府人壽保險係於一九一七年創設，起初為定期保險，以現役軍人為限，始得加入。厥後開辦長期保險，復員軍人亦得加入。迨一九四〇年，創設上述之國營兵役保險乃現在實行之現役軍人五年定期保險。至一九五一年創設軍人給金制度後，軍人不繳保險費便可以享受死亡給付了。

㈤日本　日本於一九二六年實施健康保險，以工場礦山之勞工為對象；一九三一年又實施勞動者災害扶助責任保險；一九三八年實施國民健康保險；一九三九年實施船員保險；一九四二年實施勞動者年金保險（現已改為厚生年金）；一九四七年將健康保險中之業務災害及勞動者災害扶助責任保險，合而為一，稱為勞動災害補償保險，同時新設失業保險。於是社會保險的各部門，始告齊備。其後又將失業保險及健康保險兩者推廣及於日僱勞動者方面（一九五〇年、一九五三年），最近對於國民健康保險採取強制，同時為了自己營業者及無業者而創設了國民年金制度，以期達成國民皆保險的口號。由

以上各點觀之，日本的社會保險並非採取單一制，而係採取多軌制。以保險事故、被保險人及保險給付之不同，可分為八種保險，而由不同的機構所主管。其中健康保險、日僱勞動者健康保險、國民健康保險、厚生年金保險及船員保險五者，係由厚生省保險局主管；而國民年金保險，則為厚生省年金局主管。勞動者災害補償保險及失業保險（包括日僱勞動者失業保險），則為勞動省所主管。至其經營方式，亦多不一致，健康保險之一部由健康保險組合經營，國民健康保險則出國民健康保險組合經營，其餘的保險以及健康保險之一部則由各該主管省之局課直接經營。

◄◄ 第三節　我國社會保險的概況 ►►

第一項　概　況

依憲法第一五五條「國家為謀社會福利，應實施社會保險制度」之規定，我國先後曾經開辦勞工保險、公務人員保險、軍人保險、農民健康保險……等社會保險，為貫徹憲法實施社會保險制度之意旨，我國於民國八十四年三月一日更進一步實施全民健康保險。全民健康保險的實施，不但成為社會安全體系中最重要的一環，而且可以促進醫療、製藥、資訊等相關產業的發展，以及醫療產業稅制的健全化。

第二項　全民健康保險之特性

全民健康保險性質上為社會保險，因此具有社會保險之特性：

㈠**非營利性**　全民健康保險之保險人——中央健康保險署——對於適格要保人之要保不得拒絕，其經營保險之目的在提供國民平等的醫療保障而非在謀取利潤，因此即令虧本亦應繼續開辦，此與營利保險不同。

㈡**強制性**　依照全民健康保險法的規定，符合下列資格的人，都有義務

投保全民健康保險：

　⑴「具有中華民國國籍，符合下列各款資格之一者，應參加本保險為保險對象：一、最近二年內曾有參加本保險紀錄且在臺灣地區設有戶籍，或參加本保險前六個月繼續在臺灣地區設有戶籍。二、參加本保險時已在臺灣地區設有戶籍之下列人員：㈠政府機關、公私立學校專任有給人員或公職人員。㈡公民營事業、機構之受僱者。㈢前二目被保險人以外有一定雇主之受僱者。㈣在臺灣地區出生之新生嬰兒。㈤因公派駐國外之政府機關人員與其配偶及子女。曾有參加本保險紀錄而於本法中華民國一百年一月四日修正之條文施行前已出國者，於施行後一年內首次返國時，得於設籍後即參加本保險，不受前項第一款六個月之限制（全民健康保險法八條）。」

　⑵「除前條規定者外，在臺灣地區領有居留證明文件，並符合下列各款資格之一者，亦應參加本保險為保險對象：一、在臺居留滿六個月。二、有一定雇主之受僱者。三、在臺灣地區出生之新生嬰兒（全民健康保險法九條）。」

　　法律之所以規定符合上述資格的人一律應參加全民健康保險，主要原因在於防止保險學上的「逆選擇」。所謂逆選擇就是說，當一個人年輕力壯，身體健康，就醫機會較少時，不願參加全民健保，不繳交保險費。反之，等到年老力衰，體弱多病，依賴醫療十分殷切時，卻反過來參加全民健保，中央健保局處於被反選擇的狀態，此時被保險人為體弱多病的一群，醫療費用十分龐大，構成中央健康保險局之巨額虧損，政府財務重大負擔。

　　㈢補貼性

　　社會保險要保人所繳交的保險費，原則上只是全部保險費的一部分，其他部分則由投保單位或政府補貼。茲將我國全民健康保險保險費負擔比例，如表 6-1：

表 6-1　全民健康保險保險費負擔比例

保險對象			負擔比例 (%)		
			被保險人	投保單位	政府
第一類	公務人員、公職人員	本人及眷屬	30	70	0
	私校教職員	本人及眷屬	30	35	35
	公民營事業、機構等有一定雇主之受雇者	本人及眷屬	30	60	10
	雇主、自營業主、專門職業及技術人員自行執業者	本人及眷屬	100	0	0
第二類	職業工會會員、外雇船員	本人及眷屬	60	0	40
第三類	農、漁會會員	本人及眷屬	30	0	70
第四類	義務役軍人、替代役役男、軍校軍費生、在卹遺眷、在矯正機關接受刑或保安處分（保護管束除外）、管訓處分之執行逾二個月者	本　人	0	0	100
第五類	低收入戶	本　人	0	0	100
第六類	榮民、榮民遺眷家戶代表	本　人	0	0	100
		眷　屬	30	0	70
	其他地區人口	本人及眷屬	60	0	40

第三項　保險憑證

　　凡六歲以上的保險對象就醫，應憑「全民健康保險卡及身分證明文件正本或影本」（例如身分證或駕駛執照）；至於未滿六歲的兒童就醫則憑「兒童健康手冊」，孕婦就醫憑「孕婦健康手冊」。

第四項　保險給付

　　全民健康保險之保險給付實際上由中央健康保險署透過其委託之醫事服務機構為之，所謂「醫事服務機構」包括中央健康保險署之特約醫院及診所，中央健康保險署之特約藥局，中央健康保險署指定之醫事檢驗機構，以及其他經主管機關指定的特約醫事服務機構。

　　以上醫事服務機構因為與中央健康保險署簽訂契約，接受委託，因此有為中央健康保險署提供醫療給付的義務。在履行提供醫療給付之後，再依中央健康保險署與該醫事服務機構所簽的委任契約，向中央健康保險署請領金錢。

第五項　自行負擔的規定

　　為了避免醫療浪費，提高國人重視預防保健，並減少醫師濫行提供昂貴或超出治療疾病所需的檢查或藥品，特別參考先進國家控制醫療浪費的經驗，實施部分自行負擔制度。所謂部分自行負擔制度是指每次就診，被保險人應依規定自行負擔一定金額，醫療費用超過自行負擔之部分，才由保險人（中央健康保險署）支付。自行負擔分為兩類：

　　㈠門診、急診、居家照護於未經轉診之自行負擔

　　保險對象應自行負擔門診或急診費用之百分之二十，居家照護醫療費用之百分之五。但不經轉診，於地區醫院、區域醫院、醫學中心門診就醫者，應分別負擔其百分之三十、百分之四十及百分之五十（全民健康保險法四三條一項）。

　　前項應自行負擔之費用，於醫療資源缺乏地區，得予減免（全民健康保險法四三條二項）。

　　第一項之轉診實施辦法及第二項醫療資源缺乏地區之條件，由主管機關定之（全民健康保險法四三條四項）。

　　㈡住院費用之自行負擔

　　「保險對象應自行負擔之住院費用如下：一、急性病房：三十日以內，

百分之十；逾三十日至第六十日，百分之二十；逾六十日起，百分之三十。二、慢性病房：三十日以內，百分之五；逾三十日至第九十日，百分之十；逾九十日至第一百八十日，百分之二十；逾一百八十日起，百分之三十。保險對象於急性病房住院三十日以內或於慢性病房住院一百八十日以內，同一疾病每次住院應自行負擔費用之最高金額及全年累計應自行負擔費用之最高金額，由主管機關公告之（全民健康保險法四七條）。」

第六項　代位求償

全民健康保險的被保險人，其身體或健康被第三人侵害而對該第三人有損害賠償請求權時，全民健康保險的保險人——中央健保署——於對被保險人提供醫療給付後，依照保險法第五三條的規定，可以代位行使被保險人對第三人的請求權。第三人於賠償中央健保署之後，若其已投保責任保險，可再依照責任保險契約向承保其責任保險的保險人請求。但是如此循環請求，十分不便，法律成本太高，簡便的方法可以由中央健保署直接向責任保險保險人請求，全民健康保險法第九五條規定：「保險對象因汽車交通事故，經本保險之保險人提供保險給付後，得向強制汽車責任保險之保險人請求償付該項給付。保險對象發生對第三人有損害賠償請求權之保險事故，本保險之保險人於提供保險給付後，得依下列規定，代位行使損害賠償請求權：一、公共安全事故：向第三人依法規應強制投保之責任保險保險人請求；未足額清償時，向第三人請求。二、其他重大之交通事故、公害或食品中毒事件：第三人已投保責任保險者，向其保險人請求；未足額清償或未投保者，向第三人請求。前項所定公共安全事故與重大交通事故、公害及食品中毒事件之最低求償金額、求償範圍、方式及程序等事項之辦法，由主管機關定之。」

第七章 保險業

◄◄ 第一節 通 則 ►►

第一項 總 說

壹 保險業的意義

何謂保險業？依本法第六條第一項規定：「本法所稱保險業，指依本法組織登記以經營保險為業之機構。」此可分三點述之：

㈠**保險業係一種機構** 保險業須為一種機構，也就是一種團體。因而在本法，自然人不得獨立為保險業。

㈡**保險業係依本法以經營保險為業之機構** 保險業顧名思義自須實際經營保險業務，也就是對外承保，而自為保險人。至於業務之經營須依本法之規定，在保險契約成立時有保險費請求權；在承保危險事故發生時，依其承保之責任，負擔賠償之義務（本法二條參照）。

㈢**保險業係依本法組織登記之機構** 保險業不但業務之經營須依本法為之，即其組織登記亦須依本法之規定為之始可。至如何組織登記，除本法設有規定外（如本法一三七條），並因保險業種類之不同，而應分別適用公司法、合作社法有關之規定（本法一五一條、一五六條），及保險業管理辦法之規定（本法一七六條）。

貳 保險業的組織

本法第一三六條第一項規定：「保險業之組織，以股份有限公司或合作社為限。但經主管機關核准者，不在此限。」可見在本法上保險業因其組織之

不同，可分為下列幾種：

㈠**保險公司**

⑴**以股份有限公司組織為限**　採取公司組織的保險業，以股份有限公司為限，不得成立其他類型的保險公司（如無限公司、兩合公司等）。保險公司除本法另有規定外，適用公司法關於股份有限公司之規定（本法一五一條）。

⑵**原則上股票應該公開發行**　保險業之組織為股份有限公司者，除其他法律另有規定或經主管機關許可外，其股票應辦理公開發行（本法一三六條五項）。保險業依前項除外規定未辦理公開發行股票者，應設置獨立董事及審計委員會，並以審計委員會替代監察人（本法一三六條六項）。前揭獨立董事、審計委員會之設置及其他應遵行事項，準用證券交易法第十四條之二至第十四條之五相關規定（本法一三六條七項）。

⑶**保險公司的股票，不得為無記名式**　本法第一五二條規定，但保險公司得簽訂參加保單紅利之保險契約（本法一四〇條一項）。保單紅利之計算基礎及方法，應該在保險契約中明訂（本法一四〇條三項）。

㈡**保險合作社**　就是採取合作社組織之保險業。財產保險合作社之預定社員人數不得少於三百人；人身保險合作社之預定社員人數不得少於五百人（本法一六二條），保險合作社簽訂之保險契約，以參加保單紅利者為限（本法一四〇條二項），保單紅利的計算基礎及方法，應該在保險契約中明訂（本法一四〇條三項）。保險合作社除依本法規定外，適用合作社法及其有關法令之規定（本法一五六條）。為了保證保險合作社的健全經營：

⑴**必須募足基金，原則上不得發還**　保險合作社，除依合作社法籌集股金外，並依本法籌足基金（本法一五七條一項）。該基金非俟公積金積至與基金總額相等時，不得發還（本法一五七條二項）。

⑵**社員抵銷的禁止**　保險合作社之社員，對於保險合作社應付之股金及基金，不得以其對保險合作社之債權互相抵銷（本法一六一條）。

⑶**理監事的競業禁止**　保險合作社之理事，不得兼任其他合作社之理事、監事或無限責任社員（本法一五九條）。

⑷**社員出社仍負連帶責任**　保險合作社於社員出社時，其現存財產不足抵償債務，出社之社員仍負擔出社前應負之責任（本法一五八條）。

㈢**其他經主管機關核准者**　我國保險業之組織除股份有限公司及合作社外，尚有依其他經主管機關核准而經營保險業務者，主要是指依外國法律組織登記，並經主管機關許可，在中華民國境內經營保險為業之機構（本法六條二項）。外國保險業，除本法另有規定外，準用本法有關保險業之規定（本法一三七條四項）。

參　非保險業不得兼營保險業務

非保險業不得兼營保險業務（本法一三六條二項）。違反者，由主管機關或目的事業主管機關會同司法警察機關取締，並移送法辦；如屬法人組織，其負責人對有關債務，應負連帶清償責任（本法一三六條三項）。執行取締任務時，得依法搜索扣押被取締者之會計帳簿及文件，並得撤除其標誌等設施或為其他必要之處置（本法一三六條四項）。

肆　經主管機關核准創新實驗

為促進普惠金融及金融科技發展，不限於保險業、保險經紀人、保險代理人及保險公證人，得依金融科技發展與創新實驗條例申請辦理保險業務創新實驗（本法一三六條之一第一項）。前項之創新實驗，於主管機關核准辦理之期間及範圍內，得不適用本法之規定（本法一三六條之一第二項）。

伍　保險業的負責人

保險業既以股份有限公司或合作社兩種組織為原則，二者都是法人，須設有負責人，對外代表，對內執行業務。保險法第七條：「本法所稱保險業負責人，指依公司法或合作社法應負責之人。」也就是說：

㈠**股份有限公司組織**　保險公司的負責人應依公司法之所定，例如：董事長、常務董事、董事、經理人便是（公司法八條參閱）；

㈡**合作社組織**　保險公司負責人應依合作社法之所定，例如：理事便是。

為健全保險事業之發展，保證保險之良好經營，負責人應具備之消極及積極資格自有明確加以規定之必要。基於授權明確原則，保險法第一三七條之一第一項規定「保險業負責人應具備之資格條件、兼職限制、利益衝突之

禁止及其他應遵行事項之準則，由主管機關定之。」第二項並規定「保險業負責人未具備前項準則所定資格條件者，主管機關應予解任；違反兼職限制或利益衝突之禁止者，主管機關得限期令其調整，無正當理由屆期未調整者，應予解任。」視違反情節之不同，分別訂其法律效果。

第二項　保險業開始營業的條件

本法第一三七條第一項規定：「保險業非經主管機關許可，並依法為設立登記，繳存保證金，領得營業執照後，不得開始營業。」可知保險業之開始營業，必須符合下列條件：

㈠**須經主管機關許可**　保險業的成立，須先申請主管機關許可，獲得主管機關的核准。此之所謂主管機關，依本法第一二條規定：「本法所稱主管機關為金融監督管理委員會。但保險合作社除其經營之業務，以金融監督管理委員會為主管機關外，其社務以合作社之主管機關為主管機關。」因此保險業不論是公司組織，或是合作社組織，關於業務的開始經營，都必須經由金融監督管理委員會核准方可。合作社並且另應該經內政部核准。

㈡**須辦理登記**　保險人為股份有限公司組織者，必須依照公司法的規定辦理登記；保險人為合作社組織者，必須依照合作社法辦理登記。

㈢**繳納保證金**

⑴**保證金的繳存與代繳**　保險業乃收取保險費而擔保他人危險之營業，其擔保力或清償力之有無及大小，對於社會大眾影響重大。且保險事故不定時發生，保險業之自有資金（資本或基金）亦應保持一定程度之流動性，以期適時提供保險業理賠時支付保險金使用。因此本法第一四一條規定：「保險業應按資本或基金實收總額百分之十五，繳存保證金於國庫。」保證金之繳存應以現金為之。但經主管機關之核准，得以公債或庫券代繳之（本法一四二條一項）。

⑵**保證金不予發還的情況與例外**　繳存之保證金，除保險業有下列情事之一者外，不予發還：一、經法院宣告破產。二、經主管機關依本法規定為接管、勒令停業清理、清算之處分，並經接管人、清理人或清算人報經主管

機關核准。三、經宣告停業依法完成清算（本法一四二條二項）。接管人得依前項第二款規定報請主管機關核准發還保證金者，以於接管期間讓與受接管保險業全部營業者為限（本法一四二條三項）。以有價證券抵繳保證金者，其息票部分，在宣告停業依法清算時，得准移充清算費用（本法一四二條四項）。

　　㈣**符合資本或基金最低額的規定**　各種保險業資本或基金之最低額，由主管機關，審酌各地經濟實況，及各種保險業務之需要，分別呈請行政院核定之（本法一三九條）。

　　㈤**必領得營業執照**　保險業領得營業執照後方得開業，所以領得營業執照亦為保險業成立時一種重要程序（本法一三七條一項後段）。

　　外國保險業非經主管機關許可，並依法為設立登記，繳存保證金，領得營業執照後，不得開始營業（本法一三七條三項）。外國保險業，除本法另有規定外，準用本法有關保險業之規定（本法一三七條四項）。

第三項　高額持股的申報義務

　　㈠**申報種類**

　　⑴**持股後限期申報**　同一人或同一關係人單獨、共同或合計持有同一保險公司已發行有表決權股份總數超過百分之五者，自持有之日起十日內，應向主管機關申報；持股超過百分之五後累積增減逾一個百分點者，亦同（本法一三九條之一第一項）。

　　⑵**持股前事先申報**　同一人或同一關係人擬單獨、共同或合計持有同一保險公司已發行有表決權股份總數超過百分之十、百分之二十五或百分之五十者，均應分別事先向主管機關申請核准（本法一三九條之一第二項）。以上兩種情形，單獨、共同或合計持有同一保險公司已發行有表決權股份總數比例的計算，若有第三人為同一人或同一關係人以信託、委任或其他契約、協議、授權等方法持有股份者，應併計入同一關係人範圍（本法一三九條之一第三項）。

　　㈡**修正前持有高額持股的申報**　在中華民國九十九年十一月十二日修正之條文施行前，同一人或同一關係人單獨、共同或合計持有同一保險公司已

發行有表決權股份總數超過百分之五者，應自施行之日起六個月內向主管機關申報。於申報後第一次擬增減持股比率而增減後持股比率超過百分之十者，應事先向主管機關申請核准；第二次以後之增減持股比率，依第一項及第二項規定辦理（本法一三九條之一第四項）。

　　㈢**違反申報義務的法律效果**　未依第一項、第二項或第四項規定向主管機關申報或經核准而持有保險公司已發行有表決權之股份者，其超過部分無表決權，並由主管機關命其於限期內處分（本法一三九條之一第六項）。

　　㈣**家庭高額持股的通知**　同一人或本人與配偶、未成年子女合計持有同一保險公司已發行有表決權股份總數百分之一以上者，應由本人通知保險公司（本法一三九條之一第七項）。

　　㈤**關於同一人、同一關係人的定義**

　　㈲**同一人**　同一人，指同一自然人或同一法人（本法一三九條之二第一項）。

　　㈡**同一關係人**　指同一自然人或同一法人之關係人，其範圍如下：⑴同一自然人之關係人：ａ.同一自然人與其配偶及二親等以內血親。ｂ.前目之人持有已發行有表決權股份或資本額合計超過三分之一之企業。ｃ.第一目之人擔任董事長、總經理或過半數董事之企業或財團法人。⑵同一法人之關係人：ａ.同一法人與其董事長、總經理，及該董事長、總經理之配偶與二親等以內血親。ｂ.同一法人及前目之自然人持有已發行有表決權股份或資本額合計超過三分之一之企業，或擔任董事長、總經理或過半數董事之企業或財團法人。ｃ.同一法人之關係企業。關係企業適用公司法第三六九條之一至第三六九條之三、第三六九條之九及第三六九條之十一規定（本法一三九條之二第二項）。

　　計算前二項同一人或同一關係人持有同一保險公司之股份，不包括下列各款情形所持有之股份：一、證券商於承銷有價證券期間所取得，且於主管機關規定期間內處分之股份。二、金融機構因承受擔保品所取得，且自取得日起未滿四年之股份。三、因繼承或遺贈所取得，且自繼承或受贈日起未滿二年之股份（本法一三九條之二第三項）。

第四項　經營的限制

保險業經營的限制主要包括：經營範圍的限制、資金運用的限制、舉債借款、為保證人、或提供擔保的限制、維持資本適足率的限制（依本法一四三條之四第一項，自有資本與風險資本之比率及淨值比率，不得低於一定比率；目前主管機關規定為百分之二百）、分配盈餘的限制以及行使股東權利的限制。說明如下。

 ## 經營範圍的限制

保險業之經營，其成敗影響於社會者甚大，所以法律上對其營業範圍不能不加以相當之限制。限制之情形如下：

㈠**財產保險與人身保險原則上不得兼營**　本法第一三八條第一項規定：「財產保險業經營財產保險，人身保險業經營人身保險，同一保險業不得兼營財產保險及人身保險業務。但財產保險業經主管機關核准經營傷害保險及健康保險者，不在此限。」分述如下：

⑴財產保險業以經營財產保險為原則，但是經主管機關核准者，得經營傷害保險以及健康保險（本法一三八條一項）。財產保險業依前項但書規定經營傷害保險及健康保險業務應具備之條件、業務範圍、申請核准應檢附之文件及其他應遵行事項之辦法，由主管機關定之（本法一三八條二項）。

⑵人身保險業只可以經營人壽保險、健康保險、傷害保險以及年金保險，不得經營其他保險。但是經主管機關核准得訂立信託契約，為死亡保險金或失能保險金的受託人。按保險業經營人身保險業務，保險契約得約定保險金一次或分期給付（本法一三八條之二第一項）；信託基金的給付，也是分期給付的一種。保險業經營保險金信託業務，應經主管機關許可，其營業及會計必須獨立（本法一三八條之三第一項）。保險業依法從事信託業務，辦理保險金信託業務應設置信託專戶，並以信託財產名義表彰（本法一三八條之二第四項）；信託財產為應登記之財產者，應依有關規定為信託登記（本法一三八條之二第五項）；信託財產為有價證券者，保險業設置信託專戶，並以信託財

產名義表彰；其以信託財產為交易行為時，得對抗第三人，不適用信託法第四條第二項規定（本法一三八條之二第六項）。保險業作為信託契約的受託人，應該注意下列事項：

⑴限於死亡或失能之保險金　人身保險契約中屬死亡或失能之保險金部分，要保人於保險事故發生前得預先洽訂信託契約。

⑵要保人與被保險人　要保人與被保險人應為同一人。

⑶受益人資格　信託契約之受益人並應為保險契約之受益人，且以被保險人、未成年人、受監護宣告尚未撤銷者為限（本法一三八條之二第二項）。

⑷保險給付的擬制　前項信託給付屬本金部分，視為保險給付，信託業依信託業法規定擔任保險金信託之受託人，且該信託契約之受益人與保險契約之受益人為同一人，並以被保險人、未成年人、受監護宣告尚未撤銷為限者，其信託給付屬本金部分，亦同。（本法一三八條之二第三項）。

⑸基金運用的限制　保險業辦理保險金信託，其資金運用範圍以下列為限：

　a.現金或銀行存款。

　b.公債或金融債券。

　c.短期票券。

　d.其他經主管機關核准之資金運用方式（本法一三八條之二第七項）。

⑹違約的損害賠償責任　保險業為擔保其因違反受託人義務而對委託人或受益人所負之損害賠償、利益返還或其他責任，應提存賠償準備（本法一三八條之三第二項）。

於茲有一問題，就是上述關於保險業禁止兼營之規定，在「再保險」是否亦受其限制？即同一再保險公司，可否兼營兩者，不無問題。本書認為可以兼營，其理由有四：

⑴再保險本質上為責任保險　再保險，無論原保險為財產保險或人身保險，本質上都是責任保險。

⑵再保險性質上單純　財產保險與人身保險兼營，勢必業務龐雜，影響其財力，因此法律原則上禁止；但再保險是從原保險分出，業務較小，性質單純。

⑶財產保險與人身保險分開經營不是各國通例　財產保險與人身保險不

得兼營，乃採自日本立法例（日本保險業法七條），在英國一九五八年之保險公司法 (Insurance Companies Act) 並無是項規定（德、瑞兩國亦無規定），可見禁止兼營之規定，並無絕對理由。

(4)**責任保險可以獨立經營**　再保險本質上為責任保險，得獨立經營。

基於以上理由，再保險業可以承保原保險財產保險以及原保險人身保險，目前中央再保險公司即兼營財產保險及人身保險業務，依契約提供再保險之保障。

(二)**保險業不得兼營法定以外之業務**　保險業不得兼營本法規定以外之業務，但主管機關核准辦理其他與保險有關業務者，不在此限（本法一三八條三項）。保險業經主管機關核准，兼營保險法規定以外與保險有關業務，而涉及外匯業務之經營者，須經中央銀行之許可（本法一三八條四項）。保險合作社不得經營非社員之業務（本法一三八條五項）。

(三)**有積極承保住宅地震險的義務之限制**　保險人的經營範圍固然有不得經營的消極限制，更有必須經營的積極限制，亦即依法必須承保地震險。財產保險業應承保住宅地震危險，以主管機關建立之危險分散機制為之（本法一三八條之一第一項）。為了建立地震危險的分散機制，應成立財團法人住宅地震保險基金負責管理，就超過財產保險業共保承擔限額部分，由該基金承擔、向國內、外為再保險、以主管機關指定之方式為之或由政府承受（本法一三八條之一第二項）。因發生重大震災，致住宅地震保險基金累積之金額不足支付應攤付之賠款，為保障被保險人之權益，必要時，該基金得請求主管機關會同財政部報請行政院核定後，由國庫提供擔保，以取得必要之資金來源（本法一三八條之一第五項）。

貳　資金運用的限制

保險業的資金及各種準備金，不能凍結而不運用，至於如何運用才符合安全性、收益性、流動性及公益性之原則，關乎保險業之成敗甚大，法律必須有所規定。

保險業資金的運用，依照本法第一四六條第一項、第二項規定：「保險業資金之運用，除存款外，以下列各款為限：一、有價證券。二、不動產。三、

放款。四、辦理經主管機關核准之專案運用、公共及社會福利事業投資。五、國外投資。六、投資保險相關事業。七、從事衍生性商品交易。八、其他經主管機關核准之資金運用。」「前項所定資金，包括業主權益及各種準備金」說明如下：

㈠**存款占保險業資金額度的比例限制**　保險業之資金得存放銀行、金庫、信用合作社、郵政儲金匯業局等金融機構。惟為提高資金的收益，防止業者與其關係銀行利益輸送，甚至因銀行經營不善而倒閉，使保險業資金運用的安全性及收益性受到影響，損及保戶權益。因而對保險業資金存放於金融機構的數額，應該加以限制，本法第一四六條第三項規定：「第一項所定存款，其存放於每一金融機構之金額，不得超過該保險業資金百分之十。但經主管機關核准者，不在此限。」

㈡**購買有價證券的限制**　保險業購買有價證券有下列限制：

⑴**所購買證券種類的限制**　本法第一四六條之一第一項規定：「保險業資金得購買下列有價證券：一、公債、國庫券。二、金融債券、可轉讓定期存單、銀行承兌匯票、金融機構保證商業本票；其總額不得超過該保險業資金百分之三十五。三、經依法核准公開發行之公司股票；其購買每一公司之股票，加計其他經主管機關核准購買之具有股權性質之有價證券總額及股份總數，分別不得超過該保險業資金百分之五及該發行股票之公司已發行股份總數百分之十。四、經依法核准公開發行之有擔保公司債，或經評等機構評定為相當等級以上之公司所發行之公司債及免保證商業本票；其購買每一公司之公司債及免保證商業本票總額，不得超過該保險業資金百分之五及該發行公司債之公司業主權益百分之十。五、經依法核准公開發行之證券投資信託基金及共同信託基金受益憑證；其投資總額不得超過該保險業資金百分之十及每一基金已發行之受益憑證總額百分之十。六、證券化商品及其他經主管機關核准保險業購買之有價證券；其總額不得超過該保險業資金百分之十。」

⑵**購買公司股票、有擔保公司債占保險業資金的比例限制**　本法第一四六條之一第二項規定：「前項第三款及第四款之投資總額，合計不得超過該保險業資金百分之三十五。」

⑶**避免利益輸送的限制**　本法第一四六條之一第三項規定「保險業依第

一項第三款及第六款投資，不得有下列情事之一：一、以保險業或其代表人擔任被投資公司董事、監察人。二、行使對被投資公司董事、監察人選舉之表決權。三、指派人員獲聘為被投資公司經理人。四、擔任被投資證券化商品之信託監察人。五、與第三人以信託、委任或其他契約約定或以協議、授權或其他方法參與對被投資公司之經營、被投資不動產投資信託基金之經營、管理。但不包括該基金之清算。」

保險業有前項各款情事之一者，其或代表人擔任董事、監察人、行使表決權、指派人員獲聘為經理人、與第三人之約定、協議或授權，無效（本法一四六條之一第四項）。

(4)**購買未上市、未上櫃、私募基金的特別限制** 保險業依第一項第三款至第六款規定投資於公開發行之未上市、未上櫃有價證券、私募之有價證券；其應具備之條件、投資範圍、內容、投資規範及其他應遵行事項之辦法，由主管機關定之（本法一四六條之一第五項）。

㈢**購買不動產的限制** 所謂不動產，係指土地或土地上之房屋、建築物等定著物而言（民法六六條一項）。對於不動產之投資雖具有安全性，但缺少流動性，倘若任由保險業將其大筆資金投置於不動產上，不但容易哄擡房地產價格，影響社會安定，且若保險事故發生偏高，臨時大量變現也不容易，因此本法第一四六條之二第一項規定：「保險業對不動產之投資，以所投資之不動產即時利用並有收益者為限；其投資總額，除自用不動產外，不得超過其資金百分之三十。但購買自用不動產總額不得超過其業主權益之總額。」但為鼓勵保險業投資到社會住宅，保險法規定：保險業依住宅法興辦社會住宅且僅供租賃者，得不受第一項即時利用並有收益者之限制（本法一四六條之二第三項）。

又為避免保險業藉不動產之取得或出售，移轉資金或對特定關係人為利益輸送，致損害投保大眾及股東之權益，本法第一四六條之二第二項規定：「保險業不動產之取得及處分，應經合法之不動產鑑價機構評價。」以維公正。此外，保險業投資土地者，除應受保險法上開規定之限制外，並應受土地法等相關法律規定之限制，自不待言。

㈣**放款的限制** 保險業的放款，有下列限制：

(1)**放款種類的限制**　保險法第一四六條之三第一項規定：「保險業辦理放款，以下列各款為限：一、銀行或主管機關認可之信用保證機構提供保證之放款。二、以動產或不動產為擔保之放款。三、以合於第一百四十六條之一之有價證券為質之放款。四、人壽保險業以各該保險業所簽發之人壽保險單為質之放款。」

(2)**放款總額占保險業資金的比例限制**　除了以各該保險業簽發的保險單為質的貸款外，其他各類放款金額都受到限制，即「前項第一款至第三款放款，每一單位放款金額不得超過該保險業資金百分之五；其放款總額，不得超過該保險業資金百分之三十五（本法一四六條之三第二項）。」

(3)**對利害關係人的放款受到多重限制**　「保險業依第一項第一款、第二款及第三款對其負責人、職員或主要股東，或對與其負責人或辦理授信之職員有利害關係者，所為之擔保放款，應有十足擔保，其條件不得優於其他同類放款對象，如放款達主管機關規定金額以上者，並應經三分之二以上董事之出席及出席董事四分之三以上同意；其利害關係人之範圍、限額、放款總餘額及其他應遵行事項之辦法，由主管機關定之（保險法一四六條之三第三項）。」應該說明兩點：

a.**利用他人名義向保險業申請放款之規範及推定**　第一四六條之三第三項所列舉之放款對象，利用他人名義向保險業申請辦理之放款，適用第一四六條之三第三項規定（本法一四六條之八第一項）。即依照「保險業依第一項第一款、第二款及第三款對其負責人、職員或主要股東，或對與其負責人或辦理授信之職員有利害關係者，所為之擔保放款，應有十足擔保，其條件不得優於其他同類放款對象，如放款達主管機關規定金額以上者，並應經三分之二以上董事之出席及出席董事四分之三以上同意；其利害關係人之範圍、限額、放款總餘額及其他應遵行事項之辦法，由主管機關定之」（本法一四六條之三第三項）；向保險業申請辦理之放款，其款項為利用他人名義之人所使用，或其款項移轉為利用他人名義之人所有時，推定為前項所稱利用他人名義之人向保險業申請辦理之放款（本法一四六條之八第二項）。

b.**多重限制的內容**　①須有十足擔保的限制；②放款條件不得優於其他同類放款對象；③董事會重度決議的限制：放款達主管機關規定金額以上者，

並應經三分之二以上董事之出席及出席董事四分之三以上同意；④投資數額與質借放款數額合計總額的限制：保險業投資其他公司股票、公司債的投資數額與保險業對該公司以所發行股票、公司債質借放款數額的合計總額，受到上限的限制。依照本法第一四六條之三第四項規定：「保險業依第一百四十六條之一第一項第三款及第四款對每一公司有價證券之投資與依第一項第三款以該公司發行之有價證券為質之放款，合併計算不得超過其資金百分之十及該發行有價證券之公司業主權益百分之十。」

關於與利害關係人的交易，所牽涉的問題，不但利害關係人本身就是不確定的法律概念，而且與利害關係人的交易，也不限於放款一項而已，其他還有放款以外的交易，為了兼顧法律的穩定性以及靈活性，並且符合授權明確原則，本法第一四六條之七規定：「主管機關對於保險業就同一人、同一關係人或同一關係企業之放款或其他交易得予限制；其限額、其他交易之範圍及其他應遵行事項之辦法，由主管機關定之。前項所稱同一人，指同一自然人或同一法人；同一關係人之範圍，包含本人、配偶、二親等以內之血親及以本人或配偶為負責人之事業；同一關係企業之範圍，適用公司法第三百六十九條之一至第三百六十九條之三、第三百六十九條之九及第三百六十九條之十一規定。主管機關對於保險業與其利害關係人從事放款以外之其他交易得予限制；其利害關係人及交易之範圍、決議程序、限額及其他應遵行事項之辦法，由主管機關定之。」

㈤**辦理經主管機關核准之專案運用、公共及社會福利事業投資的限制**
保險業資金本質上屬公眾資金，因此政策上應有效引導為公益性運用，如工業區開發、或策略性工業、高科技工業投資，以及高速公路、國民住宅、停車場或為特種保單分紅目的之獨立帳戶等。保險法第一四六條之五規定：「保險業資金辦理專案運用、公共及社會福利事業投資，應申請主管機關核准或備供主管機關事後查核；其申請核准或備供事後查核之情形、應具備之文件、程序、運用或投資之範圍、限額及其他應遵行事項之辦法，由主管機關定之。」保險業資金辦理專案運用、公共及社會福利事業投資，同條第二至四項各有嚴格條件限制，以防流弊。

㈥**辦理國外投資的限制**　保險業資金原則上應僅限於國內運用，惟為因

應國際化、自由化之現代趨勢,自有允許保險業資金為國外投資之必要,然國外投資應受下列的限制:

(1)**投資種類的限制** 保險法第一四六條之四第一項規定:「保險業資金辦理國外投資,以下列各款為限:一、外匯存款。二、國外有價證券。三、設立或投資國外保險公司、保險代理人公司、保險經紀人公司或其他經主管機關核准之保險相關事業。四、其他經主管機關核准之國外投資。」

(2)**投資總額占保險業資金的比例限制** 保險法第一四六條之四第二項規定:「保險業資金依前項規定辦理國外投資總額,由主管機關視各保險業之經營情況核定之,最高不得超過各該保險業資金百分之四十五。但下列金額不計入其國外投資限額:一、保險業經主管機關核准銷售以外幣收付之非投資型人身保險商品,並經核准不計入國外投資之金額。二、保險業依本法規定投資於國內證券市場上市或上櫃買賣之外幣計價股權或債券憑證之投資金額。三、保險業經主管機關核准設立或投資國外保險相關事業,並經核准不計入國外投資之金額。四、其他經主管機關核准之投資項目及金額。」另,同條第三項規定:「保險業資金辦理國外投資之投資規範、投資額度、審核及其他應遵行事項之辦法,由主管機關定之。主管機關並得視保險業之財務狀況、風險管理及法令遵循之情形就前項第二款之投資金額予以限制。」

(七)**投資保險相關事業的限制** 本法第一四六條之六規定:「保險業業主權益,超過第一百三十九條規定最低資本或基金最低額者,得經主管機關核准,投資保險相關事業所發行之股票,不受第一百四十六條之一第一項第三款及第三項規定之限制;其投資總額,最高不得超過該保險業業主權益。保險業依前項規定投資而與被投資公司具有控制與從屬關係者,其投資總額,最高不得超過該保險業業主權益百分之四十。保險業依第一項規定投資保險相關事業,其控制與從屬關係之範圍、投資申報方式及其他應遵行事項之辦法,由主管機關定之。」此處稱「保險相關事業」指保險、金融控股、銀行、票券、信託、信用卡、融資性租賃、證券、期貨、證券投資信託、證券投資顧問事業及其他經主管機關認定之保險相關事業而言。

(八)**從事衍生性商品交易的限制** 保險業依第一項第七款規定從事衍生性商品交易之條件、交易範圍、交易限額、內部處理程序及其他應遵行事項之

辦法，由主管機關定之（本法一四六條八項）。

(九)其他經主管機關核准之資金運用的限制

 舉債借款、為保證人或提供擔保的限制

保險業不得向外借款、為保證人或以其財產提供為他人債務之擔保。但保險業有下列情形之一，報經主管機關核准向外借款者，不在此限：

(一)為給付鉅額保險金、大量解約或大量保單貸款之週轉需要。

(二)因合併或承受經營不善同業之有效契約。

(三)為強化財務結構，發行具有資本性質之債券（本法一四三條）。

 維持資本適足等級的限制

(一)**資本適足率的標準與等級**　保險業自有資本與風險資本之比率（以下簡稱資本適足率）及淨值比率，不得低於一定比率（本法一四三條之四第一項）。保險業依自有資本與風險資本之比率及淨值比率，劃分為下列資本等級：一、資本適足。二、資本不足。三、資本顯著不足。四、資本嚴重不足。（本法一四三條之四第二項）前項第四款所稱資本嚴重不足，指自有資本與風險資本之比率低於第一項所定一定比率之百分之二十五或保險業淨值低於零。（本法一四三條之四第三項）第一項之「一定比率」，由保險法授權主管機關訂定，目前為百分之二百。

(二)**禁止不法分配盈餘、買回其股份或退還股金**　保險業有下列情形之一者，不得以股票股利或以移充社員增認股金以外之其他方式分配盈餘、買回其股份或退還股金：一、資本等級為資本不足、顯著不足或嚴重不足。二、資本等級為資本適足，如以股票股利、移充社員增認股金以外之其他方式分配盈餘、買回其股份或退還股金，有致其資本等級降為前款等級之虞（本法一四三條之五第一項）。前項第一款之保險業，不得對負責人發放報酬以外之給付。但經主管機關核准者，不在此限（本法一四三條之五第二項）。

(三)主管機關對各類資本不足保險業的措施

(1)資本不足者

a.令其或其負責人限期提出增資、其他財務或業務改善計畫。屆期未提出增資、財務或業務改善計畫，或未依計畫確實執行者，得採取次一資本等級之監理措施。

b.令停售保險商品或限制保險商品之開辦。

c.限制資金運用範圍。

d.限制其對負責人有酬勞、紅利、認股權憑證或其他類似性質之給付。

e.其他必要之處置（本法一四三條之六第一款）。

(2)資本顯著不足者

a.前款之措施。

b.解除其負責人職務，並通知公司（合作社）登記主管機關廢止其負責人登記。

c.停止其負責人於一定期間內執行職務。

d.令取得或處分特定資產，應先經主管機關核准。

e.令處分特定資產。

f.限制或禁止與利害關係人之授信或其他交易。

g.令其對負責人之報酬酌予降低，降低後之報酬不得超過該保險業資本等級列入資本顯著不足等級前十二個月內對該負責人支給平均報酬之百分之七十。

h.限制增設或令限期裁撤分支機構或部門。

i.其他必要之處置（本法一四三條之六第二款）。

(3)資本嚴重不足者　除前款之措施外，應採取第一四九條第三項第一款規定之處分（本法一四三條之六第三款）。

伍　分配盈餘之限制

保險業分配盈餘前，必須滿足下列條件：

(一)自有資本比率與風險資本比率不得低於一定比率（按：目前為百分之兩百）　本法第一四三條之四第一項：「保險業自有資本與風險資本之比率及

淨值比率，不得低於一定比率。」

㈡**提存各種準備金**　狹義之準備金指人壽保險之保單價值準備金，廣義者則尚包括其他各種準備金。依本法第一一條規定：「本法所定各種準備金，包括責任準備金、未滿期保費準備金、特別準備金、賠款準備金及其他經主管機關規定之準備金。」以上各種準備金，保險業應依保險之種類分別提存，以備將來供作給付保險金或其他目的使用（如保單紅利、盈餘分配是）。

　　本法第一四五條第　項規定：「保險業於營業年度屆滿時，應分別保險種類，計算其應提存之各種準備金，記載於特設之帳簿。」惟計算準備金時不能漫無標準，所以同條第二項又規定：「前項所稱各種準備金之提存比率、計算方式及其他應遵行事項之辦法，由主管機關定之。」俾保險業有所遵循。

㈢**先提撥法定盈餘公積金或併提特別盈餘公積金**　本法第一四五條之一第一項及第二項規定：「保險業於完納一切稅捐後，分派盈餘時，應先提百分之二十為法定盈餘公積。但法定盈餘公積，已達其資本總額或基金總額時，不在此限。保險業得以章程規定或經股東會或社員大會決議，另提特別盈餘公積。主管機關於必要時，亦得命其提列。」

陸　行使股東權利的限制

　　本法第一四六條之九規定：「保險業因持有有價證券行使股東權利時，不得與被投資公司或第三人以信託、委任或其他契約約定或以協議、授權或其他方法進行股權交換或利益輸送，並不得損及要保人、被保險人或受益人之利益。保險業於出席被投資公司股東會前，應將行使表決權之評估分析作業作成說明，並應於各該次股東會後，將行使表決權之書面紀錄，提報董事會。保險業及其從屬公司，不得擔任被投資公司之委託書徵求人或委託他人擔任委託書徵求人。」

第五項　風險的分攤與轉嫁——共保與再保險

 ## 得以共保方式分攤風險

　　為期分化重大損失及配合政府政策，必須建立共保機制。所謂共保，就是數家保險業，共同為保險契約的保險人，通常以一家保險公司為主辦人，各家保險公司可以依照自己的意願，承保一定保險金額，依照保險金額享有保險費，也依照保險金額分擔保險理賠。共保制度通常用於巨額的承保，因此本法第一四四條之一規定：「有下列情形之一者，保險業得以共保方式承保：一、有關巨災損失之保險者。二、配合政府政策需要者。三、基於公共利益之考量者。四、能有效提昇對投保大眾之服務者。五、其他經主管機關核准者。」

 ## 應以強制再保險方式轉嫁風險

　　保險業辦理再保險之分出、分入或其他危險分散機制業務之方式、限額及其他應遵行事項之辦法，由主管機關定之（本法一四七條）。保險業專營再保險業務者，為專業再保險業，不適用第一三八條第一項、第一四三條之一、第一四三條之三及第一四四條第一項規定（本法一四七條之一第一項）。前項專業再保險業之業務、財務及其他相關管理事項之辦法，由主管機關定之（本法一四七條之一第二項）。

第六項　設置安定基金

 ## 安定基金之設置

　　保險業萬一發生失卻清償能力，致無法償還準備金或履行契約責任等情

事時，勢必損及要保人或被保險人的權益，造成金融風暴，對金融安全、經濟發展及社會安定等，均將會有極其不良之影響。為減輕或免除要保人或被保險人之損失，並維護金融安全，因而有安定基金之設置。保險法規定財產保險業及人身保險業應分別提撥資金，設置財團法人安定基金（本法一四三條之一第一項）。財團法人安定基金之組織及管理等事項之辦法，由主管機關定之（本法一四三條之一第二項）。安定基金由各保險業者提撥；其提撥比率，由主管機關審酌經濟、金融發展情形及保險業承擔能力定之，並不得低於各保險業者總保險費收入之千分之一（本法一四三條之一第三項）。安定基金累積之金額不足保障被保險人權益，且有嚴重危及金融安定之虞時，得報經主管機關同意，向金融機構借款（本法一四三條之一第四項）。

貳 安定基金之辦理事項

(一)**列舉的辦理事項** 依照本法第一四三條之三第一項規定：「安定基金辦理之事項如下：一、對經營困難保險業之貸款。二、保險業因與經營不善同業進行合併或承受其契約，致遭受損失時，安定基金得予以低利貸款或墊支，並就其墊支金額取得對經營不善保險業之求償權。三、保險業依第一百四十九條第三項規定被接管、勒令停業清理或命令解散，或經接管人依第一百四十九條之二第二項第四款規定向法院聲請重整時，安定基金於必要時應代該保險業墊付要保人、被保險人及受益人依有效契約所得為之請求，並就其墊付金額取得並行使該要保人、被保險人及受益人對該保險業之請求權。四、保險業依本法規定進行重整時，為保障被保險人權益，協助重整程序之迅速進行，要保人、被保險人及受益人除提出書面反對意見者外，視為同意安定基金代理其出席關係人會議及行使重整相關權利。安定基金執行代理行為之程序及其他應遵行事項，由安定基金訂定，報請主管機關備查。五、受主管機關委託擔任監管人、接管人、清理人或清算人職務。六、經主管機關核可承接不具清償能力保險公司之保險契約。七、財產保險業及人身保險業安定基金提撥之相關事宜。八、受主管機關指定處理保險業依本法規定彙報之財務、業務及經營風險相關資訊。但不得逾越主管機關指定之範圍。九、其他為安定保險市場或保障被保險人之權益，經主管機關核定之事項。」

(二)**辦理事項的相關法規命令**

(1)**安定基金資金動用的限制** 安定基金辦理前項第一款至第三款及第九款事項，其資金動用時點、範圍、單項金額及總額之限制由安定基金擬訂，報請主管機關核定（本法一四三條之三第二項）。

(2)**安定基金報請主管機關核准墊支之金額** 保險業與經營不善同業進行合併或承受其契約致遭受損失，依第一項第二款規定申請安定基金墊支之金額，由安定基金報請主管機關核准（本法一四三條之三第三項）。

(3)**主管機關對安定基金提供保險業的經營資訊** 主管機關於安定基金辦理第一項第七款及第八款事項時，得視其需要，提供必要之保險業經營資訊（本法一四三條之三第四項）。

(4)**保險業應依規定建置並提供安定基金各種準備金的電子資料** 保險業於安定基金辦理第一項第七款及第八款事項時，於安定基金報經主管機關核可後，應依安定基金規定之檔案格式及內容，建置必要之各項準備金等電子資料檔案，並提供安定基金認為必要之電子資料檔案（本法一四三條之三第五項）。

(三)**安定基金對保險業的查核** 安定基金得對保險業辦理下列事項之查核：一、提撥比率正確性及前項所定電子資料檔案建置內容。二、自有資本與風險資本比率未符合第一四三條之四規定保險業之資產、負債及營業相關事項（本法一四三條之三第六項）。

(四)**損害賠償責任與求償權**

(1)**損害賠償責任** 監管人、接管人、清理人及清算人之負責人及職員，依本法執行監管、接管、清理、清算業務或安定基金之負責人及職員，依本法辦理墊支或墊付事項時，因故意或過失不法侵害他人權利者，監管人、接管人、清理人、清算人或安定基金應負損害賠償責任（本法一四三條之三第七項）。

(2)**對負責人、職員的求償權** 前項情形，負責人及職員有故意或重大過失時，監管人、接管人、清理人、清算人或安定基金對之有求償權（本法一四三條之三第八項）。

第七項　主管機關對保險業的監督

　　保險業經營之成功與失敗，既關乎公益甚大，所以主管機關必須加以監督。依本法的規定，主管機關對保險業的監督主要如下：

 隨時命令報告營業狀況與隨時檢查業務、財務狀況

　　㈠**隨時命令保險業報告營業狀況**　主管機關得令保險業於限期內報告營業狀況（本法一四八條一項後段）。

　　㈡**隨時檢查業務及財務狀況**　主管機關得隨時派員檢查保險業之業務及財務狀況（本法一四八條一項前段），主管機關不但可以指定檢查人員進行檢查，也可以委託適當機構或專業經驗人員擔任；其費用，由受檢查之保險業負擔（本法一四八條二項）。檢查人員或受託機構、專業人員執行職務時，得為下列行為，保險業負責人及相關人員不得規避、妨礙或拒絕：

　　⑴**無需另外取得主管機關許可者**

　　a.令保險業提供第一四八條之一第一項所定各項書表，並提出證明文件、單據、表冊及有關資料。

　　b.詢問保險業相關業務之負責人及相關人員。

　　c.評估保險業資產及負債（本法一四八條三項）。

　　⑵**需另外取得主管機關許可者**　第一項及第二項檢查人員執行職務時，基於調查事實及證據之必要，於取得主管機關許可後，得為下列行為：

　　a.要求受檢查保險業之關係企業提供財務報告，或檢查其有關之帳冊、文件，或向其有關之職員詢問。

　　b.向其他金融機構查核該保險業與其關係企業及涉嫌為其利用名義交易者之交易資料（本法一四八條四項）。前項所稱關係企業之範圍，適用公司法第三六九條之一至第三六九條之三、第三六九條之九及第三六九條之十一規定（本法一四八條五項）。

提出年度營業狀況暨資金運用報告書

　　保險業每屆營業年度終了，應將其營業狀況連同資金運用情形，作成報告書，併同資產負債表、損益表、股東權益變動表、現金流量表及盈餘分配或虧損撥補之議案及其他經主管機關指定之項目，先經會計師查核簽證，並提經股東會或社員代表大會承認後，十五日內報請主管機關備查（本法一四八條之一第一項）。保險業除依前項規定提報財務業務報告外，主管機關並得視需要，令保險業於規定期限內，依規定之格式及內容，將業務及財務狀況彙報主管機關或其指定之機構，或提出帳簿、表冊、傳票或其他有關財務業務文件（本法一四八條之一第二項）。前二項財務報告之編製準則，由主管機關定之（本法一四八條之一第三項）。

第八項　財務資訊的公開與重大訊息的揭露

　　保險業是準金融業，其財務的狀況以及經營的資訊，影響投保戶的權益以及社會金融的安定，因此保險法規定，保險業必須：

　　㈠**財務資訊的公開**　保險業應依規定據實編製記載有財務及業務事項之說明文件提供公開查閱（本法一四八條之二第一項）。

　　㈡**重大訊息的揭露**　保險業於有攸關消費大眾權益之重大訊息發生時，應於二日內以書面向主管機關報告，並主動公開說明（本法一四八條之二第二項）。以上第一項說明文件及前項重大訊息之內容、公開時期及方式，由主管機關定之（本法一四八條之二第三項）。

第九項　內部控制與稽核制度

　　內部控制、稽核制度與主管機關的檢查，構成綿密的監督體系。關於主管機關的檢查，前面已經敘述。關於內部控制、稽核制度，本法第一四八條

之三第一項規定：「保險業應建立內部控制及稽核制度；其辦法，由主管機關定之。」

㈠**內部控制**　內部控制指負責經營單位的自我檢查，特別是「保險業對資產品質之評估、各種準備金之提存、逾期放款、催收款之清理、呆帳之轉銷及保單之招攬核保理賠，應建立內部處理制度及程序；其辦法，由主管機關定之（本法一四八條之三第二項）。」

㈡**稽核制度**　保險業內部設有稽核部門，直接對董事會負責，負責查核各部門的缺失以及效益評估等。保險業為了落實稽核制度，必要時可以進行專案稽核，委請外面的會計師，進行專案查核，提出專案報告。

第十項　主管機關的行政處分

 壹　主管機關對保險業的行政處分

㈠**得為的處分──主管機關行使裁量權的處分**　保險業違反法令、章程或有礙健全經營之虞時，主管機關除得予以糾正或令其限期改善外，並得視情況為下列處分：

⑴限制其營業或資金運用範圍。

⑵令其停售保險商品或限制其保險商品之開辦。

⑶令其增資。

⑷令其解除經理人或職員之職務。

⑸撤銷法定會議之決議。

⑹解除董（理）事、監察人（監事）職務或停止其於一定期間內執行職務。此時主管機關應通知公司（合作社）登記之主管機關廢止其董（理）事、監察人（監事）登記（本法一四九條二項）。

⑺其他必要之處置（本法一四九條一項）。

所謂保險人經營保險業違反保險法的規定，主要例如：違反禁止超額承保的規定（本法七二條）、違背經營範圍的限制（本法一三八條、一三八條之一、一三八條之二、一三八條之三）、違背舉債借款、為保證人、提供保證之

規定（本法一四三條）、違背禁止分配盈餘、買回股份或退還股金的規定（本法一四三條之五第一項）、違背資金的運用限制（本法一四六條至一四六條之九）、違反再保險之分出、分入或其他危險分散機制之規定（本法一四七條）、違反年度營業報告義務（本法一四八條之一）、違反據實編製財務文件，向主管機關報告或說明的義務（本法一四八條之二）、違反建立或執行內部控制或稽核義務（本法一四八條之三）、違反建立或執行內部處理制度或程序之規定、違反配合監管、接管或勒令停業清理之規定（本法一四九條），依其情節的輕重及違法的種類，由主管機關依法處以罰鍰、勒令撤換負責人、廢止經營保險金信託業務之許可，甚至於撤銷其營業執照。甚至處以刑罰的處罰。詳細請參考本法第一六八條至第一六九條及第一六九條之二。

⑴應為之處分──主管機關必須的處分

⑴應該對保險業監管、接管、勒令停業或命令解散的情形　主管機關應依下列規定對保險業為監管、接管、勒令停業清理或命令解散之處分：

　　a.資本等級為適足率嚴重不足，未依限完成增資者　資本等級為嚴重不足，且其或其負責人未依主管機關規定期限完成增資、財務或業務改善計畫或合併者，應自期限屆滿之次日起九十日內，為接管、勒令停業清理或命令解散之處分（本法一四九條三項一款）。

　　b.其他財務或業務顯著惡化，經核定財務或業務改善計畫仍未改善者前款情形以外之財務或業務狀況顯著惡化，不能支付其債務，或無法履行契約責任或有損及被保險人權益之虞時，主管機關應先令該保險業提出財務或業務改善計畫，並經主管機關核定。若該保險業損益、淨值呈現加速惡化或經輔導仍未改善，致仍有前述情事之虞者，主管機關得依情節之輕重，為監管、接管、勒令停業清理或命令解散之處分（本法一四九條三項二款）。

　　依第三項規定監管、接管、停業清理或解散者，主管機關得委託其他保險業、保險相關機構或具有專業經驗人員擔任監管人、接管人、清理人或清算人；其有涉及第一四三條之三安定基金辦理事項時，安定基金應配合辦理（本法一四九條五項）。此時應該注意兩點：①受託人辦理受託事項不適用政府採購法的規定，即經主管機關委託之相關機構或個人，於辦理受委託事項時，不適用政府採購法之規定（本法一四九條六項）。②不適用公司法關於臨

時管理人或檢查人的規定，且原則上停止重整、破產、和解之聲請或強制執行程序，保險業受接管或被勒令停業清理時，不適用公司法有關臨時管理人或檢查人之規定，除依本法規定聲請之重整外，其他重整、破產、和解之聲請及強制執行程序當然停止（本法一四九條七項）。

(2)得另訂完成增資期限、重提增資、財務或業務改善計畫的情形　保險業因國內外重大事件顯著影響金融市場之系統因素，致其或其負責人未於主管機關規定期限內完成前項增資、財務或業務改善或合併計畫者，主管機關得令該保險業另定完成期限或重新提具增資、財務或業務改善或合併計畫（本法一四九條四項）。

 貳　接　管

㈠**接管的效力**

(1)**經營權、管理權及處分權移轉予接管人，原有機關停止運作**　保險業經主管機關派員接管者，其經營權及財產之管理處分權均由接管人行使之。原有股東會、董事會、董事、監察人、審計委員會或類似機構之職權即行停止（本法一四九條之一第一項）。因此：

a.**帳冊移交義務**　保險業之董事、經理人或類似機構應將有關業務及財務上一切帳冊、文件與財產列表移交與接管人。

b.**對接管人的答復義務**　董事、監察人、經理人或其他職員，對於接管人所為關於業務或財務狀況之詢問，有答復之義務（本法一四九條之一第三項）。

c.**重要財務行為須經監管人同意**　保險業經主管機關為監管處分時，非經監管人同意，保險業不得為下列行為：一、支付款項或處分財產，超過主管機關規定之限額。二、締結契約或重大義務之承諾。三、其他重大影響財務之事項（本法一四九條九項）。

監管人執行監管職務時，準用第一四八條有關檢查之規定（本法一四九條十項）。保險業監管或接管之程序、監管人與接管人之職權、費用負擔及其他應遵行事項之辦法，由主管機關定之（本法一四九條一一項）。

(2)**接管人對外的代表權**　前項接管人，有代表受接管保險業為訴訟上及

訴訟外一切行為之權，並得指派自然人代表行使職務。接管人執行職務，不適用行政執行法第一七條及稅捐稽徵法第二四條第三項規定（本法一四九條之一第二項）。接管人對外的代表權很多，其中涉及保險業重整、保全處分者有：

　　a.代表聲請重整　接管人依本法規定聲請重整，就該受接管保險業於受接管前已聲請重整者，得聲請法院合併審理或裁定；必要時，法院得於裁定前訊問利害關係人（本法一四九條八項）。法院受理接管人依本法規定之重整聲請時，得逕依主管機關所提出之財務業務檢查報告及意見於三十日內為裁定（本法一四九條之二第五項）。依保險契約所生之權利於保險業重整時，有優先受償權，並免為重整債權之申報（本法一四九條之二第六項）。接管人依本法聲請重整之保險業，不以公開發行股票或公司債之公司為限，且其重整除本法另有規定外，準用公司法有關重整之規定（本法一四九條之二第七項）。

　　b.提出保全處分，可免提供擔保　接管人因執行職務聲請假扣押、假處分時，得免提供擔保（本法一四九條之一第四項）。

　　c.通知有關機關，禁止違法者財產移轉或限制出境　保險業經主管機關依第一四九條第三項規定為監管、接管、勒令停業清理或命令解散之處分時，主管機關對該保險業及其負責人或有違法嫌疑之職員，得通知有關機關或機構禁止其財產為移轉、交付或設定他項權利，並得函請入出境許可之機關限制其出境（本法一四九條之六）。

　　㈡接管人權力的限制

　　⑴主管機關得限制保險契約的訂定、變更或終止或保單的質借、償付　保險業於受接管期間內，主管機關對其新業務之承接、受理有效保險契約之變更或終止、受理要保人以保險契約為質之借款或償付保險契約之解約金，得予以限制（本法一四九條之二第一項）。

　　⑵重要事項須擬具方案，先獲許可　接管人執行職務而有下列行為時，應研擬具體方案，事先取得主管機關許可：一、增資或減資後再增資。二、讓與全部或部分營業、資產或負債。三、分割或與其他保險業合併。四、有重建更生可能而應向法院聲請重整。五、其他經主管機關指定之重要事項（本法一四九條之二第二項）。

　　保險業於受接管期間內，經接管人評估認為有利於維護保戶基本權益或金融穩定等必要，得由接管人研擬過渡保險機制方案，報主管機關核准後執行（本法一四九條之二第三項）。

　　(3)為促成其他保險業承接而調高保險費率或降低保險金額，須報經核准

　　受接管保險業依第二項第二款規定讓與全部或部分營業、資產或負債時，如受接管保險業之有效保險契約之保險費率與當時情況有顯著差異，非調高其保險費率或降低其保險金額，其他保險業不予承接者，接管人得報經主管機關核准，調整其保險費率或保險金額（本法一四九條之二第八項）。

　　㈢**監管、接管的期限與監管、接管的終止**　監管、接管之期限，由主管機關定之。在監管、接管期間，監管、接管原因消失時，監管人、接管人應報請主管機關終止監管、接管（本法一四九條之三第一項）。接管期間屆滿或雖未屆滿而經主管機關決定終止接管時，接管人應將經營之有關業務及財務上一切帳冊、文件與財產，列表移交與該保險業之代表人（本法一四九條之三第二項）。

解散的清算程序──原則上分別準用公司法與合作社法

　　依第一四九條為解散之處分者，其清算程序，除本法另有規定外，其為公司組織者，準用公司法關於股份有限公司清算之規定；其為合作社組織者，準用合作社法關於清算之規定。但有公司法第三三五條特別清算之原因者，均應準用公司法關於股份有限公司特別清算之程序為之　（本法一四九條之四）。

肆 股份有限公司保險業受讓受接管保險業的程序

　　股份有限公司組織之保險業受讓依本法第一四九條之二第二項第二款受接管保險業讓與之營業、資產或負債時，保險法有下列法律適用的特別規定：

　　㈠**受讓受接管保險業，採用多數決，且不同意股東不得請求收買股份**股份有限公司受讓全部營業、資產或負債時，應經代表已發行股份總數過半數股東出席之股東會，以出席股東表決權過半數之同意行之；不同意之股東

不得請求收買股份，免依公司法第一八五條至第一八七條規定辦理（本法一四九條之七第一項一款）。

㈡**不適用民法關於債權讓與、債務承擔的規定**　債權讓與之通知以公告方式辦理之，免依民法第二九七條之規定辦理。承擔債務時免依民法第三〇一條債權人承認之規定辦理（本法一四九條之七第一項二款、三款）。

㈢**特殊情況，可免申報結合**　經主管機關認為有緊急處理之必要，且對市場競爭無重大不利影響時，免依公平交易法第一一條第一項規定向公平交易委員會申報結合（本法一四九條之七第一項四款）。

㈣**以公告方式辦理解散或合併通知**　保險業依第一四九條之二第二項第三款與受接管保險業合併時，除適用前項第一款及第四款規定外，解散或合併之通知得以公告方式辦理之，免依公司法第三一六條第四項規定辦理（本法一四九條之七第二項）。

伍 保險業的清理

㈠**清理人的職務**　保險業之清理，主管機關應指定清理人為之，並得派員監督清理之進行（本法一四九條之八第一項）。

清理人之職務如下：一、了結現務。二、收取債權，清償債務。三、分派賸餘財產（本法一四九條之八第二項）。

㈡**準用接管等相關規定**

⑴**準用保險法關於接管的規定**　保險業經主管機關為勒令停業清理之處分時，準用第一四九條之一、第一四九條之二第一項、第二項、第四項及第八項規定（本法一四九條之八第三項）。

⑵**準用保險法關於保險業受讓受接管保險業的規定**　其他保險業受讓受清理保險業之營業、資產或負債或與其合併時，應依前條規定辦理（本法一四九條之八第四項）。

㈢**債權的申報**

⑴**催告申報債權**　清理人就任後，應即於保險業所在地之日報為三日以上之公告，催告債權人於三十日內申報其債權，並應聲明屆期不申報者，不列入清理。但清理人所明知之債權，不在此限（本法一四九條之九第一項）。

⑵造具資產負債表及財產目錄，報請主管機關備查，並刊登報紙　清理人應即查明保險業之財產狀況，於申報期限屆滿後三個月內造具資產負債表及財產目錄，並擬具清理計畫，報請主管機關備查，並將資產負債表於保險業所在地日報公告之（本法一四九條之九第二項）。

⑶申報期間內停止對債權人清償　清理人於第一項所定申報期限內，不得對債權人為清償。但對已屆清償期之職員薪資，不在此限（本法一四九條之九第三項）。

㈣第三人對受清理保險業債權的行使

⑴限於依訴訟程序確定或依規定辦理債權登記者　保險業經主管機關勒令停業進行清理時，第三人對該保險業之債權，除依訴訟程序確定其權利者外，非依前條第一項規定之清理程序，不得行使（本法一四九條之十第一項）。前項債權因涉訟致分配有稽延之虞時，清理人得按照清理分配比例提存相當金額，而將所餘財產分配於其他債權人（本法一四九條之十第二項）。但下列各款債權，不列入清理：一、債權人參加清理程序為個人利益所支出之費用。二、保險業停業日後債務不履行所生之損害賠償及違約金。三、罰金、罰鍰及追繳金（本法一四九條之十第三項）。

⑵有別除權的債權　在保險業停業日前，對於保險業之財產有質權、抵押權或留置權者，就其財產有別除權；有別除權之債權人不依清理程序而行使其權利。但行使別除權後未能受清償之債權，得依清理程序申報列入清理債權（本法一四九條之十第四項）。

⑶清理費用優先受償　清理人因執行清理職務所生之費用及債務，應先於清理債權，隨時由受清理保險業財產清償之（本法一四九條之十第五項）。

⑷消滅時效的重行起算　依前條第一項規定申報之債權或為清理人所明知而列入清理之債權，其請求權時效中斷，自清理完結之日起重行起算（本法一四九條之十第六項）。

㈤清理的效力——債權擬制消滅與追加分配

⑴債權擬制消滅　債權人依清理程序已受清償者，其債權未能受清償之部分，對該保險業之請求權視為消滅（本法一四九條之十第七項前段）。

⑵可能發生追加分配問題　清理完結後，如復發現可分配之財產時，應

追加分配,於列入清理程序之債權人受清償後,有剩餘時,第三項之債權人仍得請求清償(本法一四九條之十第七項後段)。

㈥**清理完結後的後續工作** 保險業經主管機關勒令停業進行清理者,於清理完結後,免依公司法或合作社法規定辦理清算(本法一四九條之十一第一項)。但是必須進行下列後續工作:

⑴**刊登收支表、損益表,並報主管機關廢止保險業許可** 清理人應於清理完結後十五日內造具清理期內收支表、損益表及各項帳冊,並將收支表及損益表於保險業所在地之新聞紙及主管機關指定之網站公告後,報主管機關廢止保險業許可(本法一四九條之十一第二項)。

⑵**辦理廢止登記** 保險業於清理完結後,應以主管機關廢止許可日,作為向公司或合作社主管機關辦理廢止登記日及依所得稅法第七五條第一項所定應辦理當期決算之期日(本法一四九條之十一第三項)。

⑶**繳銷營業執照** 保險業解散清算時,應將其營業執照繳銷(本法一五〇條)。

第十一項　健全保險業發展相關的法律責任

壹 民事賠償責任

保險業負責人依照民法或其他相關法律的規定,可能發生契約責任、侵權行為責任或其他民事責任,在此謹說明保險法中連帶無限清償責任。

保險公司違反保險法令經營業務,致資產不足清償債務時,其董事長、董事、監察人、總經理及負責決定該項業務之經理,對公司之債權人應負連帶無限清償責任(本法一五三條一項)。第一項責任,於各該負責人卸職登記之日起滿三年解除(本法一五三條三項)。主管機關對前項應負連帶無限清償責任之負責人,得通知有關機關或機構禁止其財產為移轉、交付或設定他項權利,並得函請入出境許可之機關限制其出境(本法一五三條二項)。

刑事犯罪責任

㈠主要刑事罪名　保險法關於刑事犯罪責任的規定，多針對非保險業為之；針對保險業負責人的犯罪處罰規定，包括：

⑴散布流言或以詐術損害保險業罪　散布流言或以詐術損害保險業、外國保險業之信用者，處五年以下有期徒刑，得併科新臺幣一千萬元以下罰金（本法一六六條之一）。

⑵非保險業經營保險業務　非保險業經營保險業務者，處三年以上十年以下有期徒刑，得併科新臺幣一千萬元以上二億元以下罰金。其因犯罪獲取之財物或財產上利益達新臺幣一億元以上者，處七年以上有期徒刑，得併科新臺幣二千五百萬元以上五億元以下罰金（本法一六七條一項）。法人之代表人、代理人、受僱人或其他從業人員，因執行業務犯前項之罪者，除處罰其行為人外，對該法人亦科該項之罰金（本法一六七條二項）。

⑶以投資方式控制保險業人事圖得不法利益或損害保險業罪及其相關規定

a.構成要件：保險業負責人或職員或以他人名義投資而直接或間接控制該保險業之人事、財務或業務經營之人，意圖為自己或第三人不法之利益，或損害保險業之利益，而為違背保險業經營之行為，致生損害於保險業之財產或利益者，處三年以上十年以下有期徒刑，得併科新臺幣一千萬元以上二億元以下罰金。其因犯罪獲取之財物或財產上利益達新臺幣一億元以上者，處七年以上有期徒刑，得併科新臺幣二千五百萬元以上五億元以下罰金（本法一六八條之二第一項）。

b.二人以上共犯，得加重刑度：保險業負責人或職員或以他人名義投資而直接或間接控制該保險業之人事、財務或業務經營之人，二人以上共同實施前項犯罪之行為者，得加重其刑至二分之一（本法一六八條之二第二項）。

c.處罰未遂犯：第一項之未遂犯罰之（本法一六八條之二第三項）。

d.適用洗錢防制法的規定：第一六八條之二第一項之罪，為洗錢防制法第三條第一項所定之重大犯罪，適用洗錢防制法之相關規定（本法一六八條之七）。

e.自首減輕或免除其刑：犯第一六七條或第一六八條之二之罪，於犯罪

後自首，如自動繳交全部犯罪所得財物者，減輕或免除其刑；並因而查獲其他正犯或共犯者，免除其刑（本法一六八條之三第一項）。

f.偵查中自白，減輕或免除其刑：犯第一六七條或第一六八條之二之罪，在偵查中自白，如自動繳交全部犯罪所得財物者，減輕其刑；並因而查獲其他正犯或共犯者，減輕其刑至二分之一（本法一六八條之三第二項）。

g.加重罰金或加重刑度：犯第一六七條或第一六八條之二之罪，其因犯罪獲取之財物或財產上利益超過罰金最高額時，得於犯罪獲取之財物或財產上利益之範圍內加重罰金；如損及保險市場穩定者，加重其刑至二分之一（本法一六八條之三第三項）。

與本罪相關的是保險業的撤銷權：

a.無償行為之撤銷：第一六八條之二第一項之保險業負責人、職員或以他人名義投資而直接或間接控制該保險業之人事、財務或業務經營之人所為之無償行為，有害及保險業之權利者，保險業得聲請法院撤銷之（本法一六八條之六第一項）。茲所謂無償行為是指沒有對價的行為。為了貫徹法律政策，解決舉證困難：①視為無償行為：第一項之保險業負責人、職員或以他人名義投資而直接或間接控制該保險業之人事、財務或業務經營之人與其配偶、直系親屬、同居親屬、家長或家屬間所為之處分其財產行為，均視為無償行為（本法一六八條之六第四項）。②推定無償行為：第一項之保險業負責人、職員或以他人名義投資而直接或間接控制該保險業之人事、財務或業務經營之人與前項以外之人所為之處分其財產行為推定為無償行為（本法一六八條之六第五項）。

b.有償行為之撤銷：前項之保險業負責人、職員或以他人名義投資而直接或間接控制該保險業之人事、財務或業務經營之人所為之有償行為，於行為時明知有損害於保險業之權利，且受益之人於受益時亦知其情事者，保險業得聲請法院撤銷之（本法一六八條之六第二項）。依保險法第一六八條之六第一項、第二項的規定聲請法院撤銷時，得並聲請命受益之人或轉得人回復原狀。但轉得人於轉得時不知有撤銷原因者，不在此限（本法一六八條之六第三項）。不論有償行為的撤銷或是無償行為的撤銷權，都自保險業知有撤銷原因時起，一年間不行使或自行為時起經過十年而消滅（本法一六八條之六

第六項)。

(4)為非保險法上的保險業或外國保險業代理、經紀或招攬保險罪　為非本法之保險業或外國保險業代理、經紀或招攬保險業務者,處三年以下有期徒刑,得併科新臺幣三百萬元以上二千萬元以下罰金;情節重大者,得由主管機關對保險代理人、經紀人、公證人或兼營保險代理人或保險經紀人業務之銀行停止一部或全部業務,或廢止許可,並註銷執業證照(本法一六七條之一第一項)。法人之代表人、代理人、受僱人或其他從業人員,因執行業務犯前項之罪者,除處罰其行為人外,對該法人亦科該項之罰金(本法一六七條之一第二項)。

(5)關係企業放款無十足擔保或條件優於其他同類放款對象罪　保險業依第一四六條之三第三項或第一四六條之八第一項規定所為之放款無十足擔保或條件優於其他同類放款對象者,其行為負責人,處三年以下有期徒刑或拘役,得併科新臺幣二千萬元以下罰金(本法一六八條六項)。

所謂第一四六條之三第三項是指:保險業依第一項第一款、第二款及第三款對其負責人、職員或主要股東,或對與其負責人或辦理授信之職員有利害關係者,所為之擔保放款,應有十足擔保,其條件不得優於其他同類放款對象,如放款達主管機關規定金額以上者,並應經三分之二以上董事之出席及出席董事四分之三以上同意;其利害關係人之範圍、限額、放款總餘額及其他應遵行事項之辦法,由主管機關定之。

所謂本法第一四六條之八第一項是指:第一四六條之三第三項所列舉之放款對象,利用他人名義向保險業申請辦理之放款,適用第一四六條之三第三項規定。

(6)保險業負責人或職員消極抵制主管機關監管、接管或勒令停業之命令罪　保險業於主管機關監管、接管或勒令停業清理時,其董(理)事、監察人(監事)、經理人或其他職員有下列情形之一者,處一年以上七年以下有期徒刑,得併科新臺幣二千萬元以下罰金:一、拒絕將保險業業務財務有關之帳冊、文件、印章及財產等列表移交予監管人、接管人或清理人或不為全部移交。二、隱匿或毀損與業務有關之帳冊、隱匿或毀棄該保險業之財產,或為其他不利於債權人之處分。三、捏造債務,或承認不真實之債務。四、無

故拒絕監管人、接管人或清理人之詢問，或對其詢問為虛偽之答復，致影響被保險人或受益人之權益者（本法一七二條之一）。

㈡**犯罪所得財物或財產上利益的發還或沒收**　犯本法之罪，犯罪所得屬犯罪行為人或其以外之自然人、法人或非法人團體因刑法第三八條之一第二項所列情形取得者，除應發還被害人或得請求損害賠償之人外，沒收之（本法一六八條之四）。

㈢**罰金的易服勞役**　犯本法之罪，所科罰金達新臺幣五千萬元以上而無力完納者，易服勞役期間為二年以下，其折算標準以罰金總額與二年之日數比例折算；所科罰金達新臺幣一億元以上而無力完納者，易服勞役期間為三年以下，其折算標準以罰金總額與三年之日數比例折算（本法一六八條之五）。

 ## 行政處分責任

由於保險業受到主管機關的嚴格行政監督，因此保險業違背法律規定，遭受行政處分的情形也最多。本法第一七二條之二第一項：「保險業或受罰人經依本節規定處罰後，於規定限期內仍不予改正者，主管機關得按次處罰。」但同條第二項也規定：「依本節規定應處罰鍰之行為，其情節輕微，以不處罰為適當者，得免予處罰。」主管機關對保險業的監督，十分細緻，由於保險法關於保險業的監理規定多不具有倫理性，加上保險業不適合自由刑，因此對於違反規定的保險業、保險業負責人或職員、股東，多只處以行政罰鍰，不處以徒刑或科以罰金，只是保險業違反法令的利得較大，影響金融安定，因此罰鍰的數額，有時十分龐大。保險法行政處分的主要規定如下：

㈠**未經許可並辦理設立登記而營業**　未依第一三七條規定，經主管機關核准經營保險業務者，應勒令停業，並處新臺幣三百萬元以上三千萬元以下罰鍰（本法一六六條）。

㈡**未領有執業證照而執行保險輔助人職務**　未領有執業證照而經營或執行保險代理人、經紀人、公證人業務者，處新臺幣九十萬元以上九百萬元以下罰鍰（本法一六七條之一第三項）。

㈢**保險輔助人違反保險輔助人財物與業務的管理規則等規定**　保險法第

一六七條之二規定：違反第一六三條第四項所定管理規則中有關財務或業務管理之規定、第一六三條第七項規定，或違反第一六五條第一項或第一六三條第五項準用上開規定者，應限期改正，或併處新臺幣十萬元以上三百萬元以下罰鍰；情節重大者，廢止其許可，並註銷執業證照。上述規定，涉及下列條文：

(1)保險代理人、經紀人、公證人之資格取得、申請許可應具備之條件、程序、應檢附之文件、董事、監察人與經理人應具備之資格條件、解任事由、設立分支機構之條件、財務與業務管理、教育訓練、廢止許可及其他應遵行事項之管理規則，由主管機關定之（本法一六三條四項）。

(2)保險經紀人為被保險人洽訂保險契約前，於主管機關指定之適用範圍內，應主動提供書面之分析報告，向要保人或被保險人收取報酬者，應明確告知其報酬收取標準（本法一六三條七項）。

(3)違反保險輔助人應有固定業務處所，專設帳簿的規定：保險代理人、經紀人、公證人，應有固定業務處所，並專設帳簿記載業務收支（本法一六五條一項）。

(4)銀行得經主管機關許可擇一兼營保險代理人或保險經紀人業務，並應分別準用本法有關保險代理人、保險經紀人之規定（本法一六三條五項）。

㈣**保險業違背建立或確實執行內部控制、稽核制度、招攬處理制度或程序之規定**　違反第一六五條第三項或第一六三條第五項準用上開規定，未建立或未確實執行內部控制、稽核制度、招攬處理制度或程序者，應限期改正，或併處新臺幣十萬元以上三百萬元以下罰鍰（本法一六七條之三）。

㈤**保險輔助人違背主管機關檢查的配合義務之規定**　主管機關依第一六三條第五項、第一六五條第四項準用第一四八條規定派員，或委託適當機構或專業經驗人員，檢查保險代理人、經紀人、公證人或兼營保險代理人或保險經紀人業務之銀行之財務及業務狀況或令其於限期內報告營業狀況，保險代理人、經紀人或公證人本人或其負責人、職員，或兼營保險代理人或保險經紀人業務之銀行部門主管、部門副主管或職員，有下列情形之一者，處保險代理人、經紀人、公證人或兼營保險代理人或保險經紀人業務之銀行新臺幣三十萬元以上三百萬元以下罰鍰，情節重大者，並得解除其負責人職務：

一、拒絕檢查或拒絕開啟金庫或其他庫房。二、隱匿或毀損有關業務或財務狀況之帳冊文件。三、無故對檢查人員之詢問不為答復或答復不實。四、屆期未提報財務報告、財產目錄或其他有關資料及報告，或提報不實不全或未於規定期限內繳納查核費用（本法一六七條之四第一項）。

保險代理人、經紀人、公證人及兼營保險代理人或保險經紀人業務之銀行之關係企業或其他金融機構，於主管機關依第一六三條第五項、第一六五條第四項準用第一四八條第四項規定派員檢查時，怠於提供財務報告、帳冊、文件或相關交易資料者，處新臺幣三十萬元以上三百萬元以下罰鍰（本法一六七條之四第二項）。

㈥**保險業違背不得與未領有執照之人為代理、經紀或公證業務往來之規定**　保險業與第一六七條之一第三項之人為代理、經紀或公證業務往來者，處新臺幣一百五十萬元以上一千五百萬元以下罰鍰（本法一六七條之五）。

㈦**保險業違反不得兼營、非保險業務、非社員業務的規定**　保險業違反第一三八條第一項、第三項、第五項或第二項所定辦法中有關業務範圍之規定者，處新臺幣九十萬元以上九百萬元以下罰鍰（本法一六八條一項）。其涉及的相關條文內容如下：

⑴**違反不得兼營財產險、人身險的規定**　財產保險業經營財產保險，人身保險業經營人身保險，同一保險業不得兼營財產保險及人身保險業務。但財產保險業經主管機關核准經營傷害保險及健康保險者，不在此限（本法一三八條一項）。

⑵**違反不得兼營保險法規定以外的業務**　保險業不得兼營本法規定以外之業務。但經主管機關核准辦理其他與保險有關業務者，不在此限（本法一三八條三項）。

⑶**違反不得經營非社員業務的規定**　保險合作社不得經營非社員之業務（本法一三八條五項）。

⑷**違反主管機關關於財產保險業經營傷害保險、健康保險辦法的規定**　財產保險業依前項但書規定經營傷害保險及健康保險業務應具備之條件、業務範圍、申請核准應檢附之文件及其他應遵行事項之辦法，由主管機關定之（本法一三八條二項）。

㈧**保險業違反關於賠償準備金提存額度、提存方式之規定**　保險業違反第一三八條之二第二項、第四項、第五項、第七項、第一三八條之三第一項、第二項或第三項所定辦法中有關賠償準備金提存額度、提存方式之規定者，處新臺幣九十萬元以上九百萬元以下罰鍰；其情節重大者，並得廢止其經營保險金信託業務之許可（本法一六八條二項）。其涉及之條文內容如下：

⑴要保人與被保險人須為同一人、信託契約之受益人須為保險契約之受益人，且以被保險人、未成年人、受監護宣告尚未撤銷者為限的規定：人身保險契約中屬死亡或失能之保險金部分，要保人於保險事故發生前得預先洽訂信託契約，由保險業擔任該保險信託之受託人，其中要保人與被保險人應為同一人，該信託契約之受益人並應為保險契約之受益人，且以被保險人、未成年人、受監護宣告尚未撤銷者為限（本法一三八條之二第二項）。

⑵違反保險業辦理保險金信託業務應設置信託專戶，並以信託財產名義表彰（本法一三八條之二第四項）。

⑶前項信託財產為應登記之財產者，應依有關規定為信託登記（本法一三八條之二第五項）。

⑷違反保險業辦理保險金信託資金運用範圍的限制：保險業辦理保險金信託，其資金運用範圍以下列為限：一、現金或銀行存款。二、公債或金融債券。三、短期票券。四、其他經主管機關核准之資金運用方式（本法一三八條之二第七項）。

⑸違反營業及會計獨立的規定：保險業經營保險金信託業務，應經主管機關許可，其營業及會計必須獨立（本法一三八條之三第一項）。

⑹違反提存賠償準備的規定：保險業為擔保其因違反受託人義務而對委託人或受益人所負之損害賠償、利益返還或其他責任，應提存賠償準備（本法一三八條之三第二項）。

⑺違反主管機關關於應提存賠償準備額度、提存方式的規定：保險業申請許可經營保險金信託業務應具備之條件、應檢附之文件、廢止許可、應提存賠償準備額度、提存方式及其他應遵行事項之辦法，由主管機關定之（本法一三八條之三第三項）。

㈨**保險業違反不得向外借款、為保證人或以財產提供他人擔保之規定**

保險業違反第一四三條規定者,處新臺幣九十萬元以上九百萬元以下罰鍰(本法一六八條三項)。保險業不得向外借款、為保證人或以其財產提供為他人債務之擔保。但保險業有下列情形之一,報經主管機關核准向外借款者,不在此限:一、為給付鉅額保險金、大量解約或大量保單貸款之週轉需要。二、因合併或承受經營不善同業之有效契約。三、為強化財務結構,發行具有資本性質之債券(本法一四三條)。

　　㈩**保險業違反分配盈餘買回其股份、退還股金或資本適足性規定**　保險業違反第一四三條之五或主管機關依第一四三條之六各款規定所為措施者,處新臺幣二百萬元以上二千萬元以下罰鍰(本法一六八條四項)。

　　⑴**保險業違反分配盈餘買回其股份、退還股金的規定**　保險業有下列情形之一者,不得以股票股利或以移充社員增認股金以外之其他方式分配盈餘、買回其股份或退還股金:一、資本等級為資本不足、顯著不足或嚴重不足。二、資本等級為資本適足,如以股票股利、移充社員增認股金以外之其他方式分配盈餘、買回其股份或退還股金,有致其資本等級降為前款等級之虞。前項第一款之保險業,不得對負責人發放報酬以外之給付。但經主管機關核准者,不在此限(本法一四三條之五第一項、二項)。

　　⑵**違反資本適足等級的規定**　主管機關應依保險業資本等級,對保險業採取下列措施之一部或全部:

　　　a.資本不足者:①令其或其負責人限期提出增資、其他財務或業務改善計畫。屆期未提出增資、財務或業務改善計畫,或未依計畫確實執行者,得採取次一資本等級之監理措施。②令停售保險商品或限制保險商品之開辦。③限制資金運用範圍。④限制其對負責人有酬勞、紅利、認股權憑證或其他類似性質之給付。⑤其他必要之處置。

　　　b.資本顯著不足者:①前款之措施。②解除其負責人職務,並通知公司(合作社)登記主管機關廢止其負責人登記。③停止其負責人於一定期間內執行職務。④令取得或處分特定資產,應先經主管機關核准。⑤令處分特定資產。⑥限制或禁止與利害關係人之授信或其他交易。⑦令其對負責人之報酬酌予降低,降低後之報酬不得超過該保險業資本等級列入資本顯著不足等級前十二個月內對該負責人支給平均報酬之百分之七十。⑧限制增設或令限

期裁撤分支機構或部門。⑨其他必要之處置。

　　c.資本嚴重不足者：除前款之措施外，應採取第一四九條第三項第一款規定之處分（本法一四三條之六）。

　　㈡保險業違反資金運用的限制規定　保險業資金的運用，影響其對被保險人或受益人的理賠能力，因此保險法從第一四六條起至一四六條之九，總計十個條文，就保險業者內部帳簿之管理、對外投資範圍、投資額度……等都有嚴密規定，從嚴監理。違反規定者，視其具體狀況，得分別處以新臺幣一百萬元以上一千萬元以下罰鍰或解除其負責人職務；其情節重大者，並得廢止其許可。（本法一六八條第五項）

　　㈢保險業違反對關係企業放款必須經董事會重度決議之規定　保險業依第一四六條之三第三項或第一四六條之八第一項規定所為之擔保放款達主管機關規定金額以上，未經董事會三分之二以上董事之出席及出席董事四分之三以上同意者，或違反第一四六條之三第三項所定辦法中有關放款限額、放款總餘額之規定者，其行為負責人，處新臺幣二百萬元以上二千萬元以下罰鍰（本法一六八條七項）。

　　㈣保險業對於主管機關的檢查有隱匿、拒絕或其他不配合之情事　主管機關依第一四八條規定派員，或委託適當機構或專業經驗人員，檢查保險業之業務及財務狀況或令保險業於限期內報告營業狀況時，保險業之負責人或職員有下列情形之一者，處新臺幣一百八十萬元以上一千八百萬元以下罰鍰，情節重大者，並得解除其負責人職務：一、拒絕檢查或拒絕開啟金庫或其他庫房。二、隱匿或毀損有關業務或財務狀況之帳冊文件。三、無故對檢查人員之詢問不為答復或答復不實。四、逾期提報財務報告、財產目錄或其他有關資料及報告，或提報不實、不全或未於規定期限內繳納查核費用者（本法一六八條之一第一項）。

　　㈤保險業之關係企業或其他金融機構對於主管機關的檢查有隱匿、拒絕或其他不配合之情事　保險業之關係企業或其他金融機構，於主管機關依第一四八條第四項派員檢查時，怠於提供財務報告、帳冊、文件或相關交易資料者，處新臺幣一百八十萬元以上一千八百萬元以下罰鍰（本法一六八條之一第二項）。

(吾)**保險業違反不得超額承保之規定**　保險業違反第七二條規定超額承保者，除違反部分無效外，處新臺幣四十五萬元以上四百五十萬元以下罰鍰（本法一六九條）。

(夫)**保險業違反安定基金的提撥、建檔或規避查核之規定**　保險業有下列情事之一者，由安定基金報請主管機關處新臺幣三十萬元以上三百萬元以下罰鍰，情節重大者，並得解除其負責人職務：一、未依限提撥安定基金或拒絕繳付。二、違反第一四三條之三第五項規定，未依規定建置電子資料檔案、拒絕提供電子資料檔案，或所提供之電子資料檔案嚴重不實。三、規避、妨礙或拒絕安定基金依第一四三條之三第六項規定之查核　（本法一六九條之二）。

(圭)**保險業違反辦理再保險業務分散危險之規定**　保險業辦理再保險業務違反第一四七條所定辦法中有關再保險之分出、分入、其他危險分散機制業務之方式或限額之規定者，處新臺幣九十萬元以上九百萬元以下罰鍰（本法一七〇條之一第一項）。

(夫)**專業再保險業違反主管機關關於業務範圍或財務管理之規定**　專業再保險業違反第一四七條之一第二項所定辦法中有關業務範圍或財務管理之規定者，處新臺幣九十萬元以上九百萬元以下罰鍰　（本法一七〇條之一第二項）。

(九)**保險業違反指定簽證核保精算人員、聘請外部複核精算人員等規定**　保險業違反第一四四條第一項至第四項、第一四五條規定者，處新臺幣六十萬元以上六百萬元以下罰鍰，並得令其撤換核保或精算人員（本法一七一條一項）。

(亖)**簽證精算人員、複核精算人員違反公平公正原則之規定**　保險業簽證精算人員或外部複核精算人員違反第一四四條第五項規定者，主管機關得視其情節輕重為警告、停止於三年以內期間簽證或複核，並得令保險業予以撤換（本法一七一條二項）。簽證精算人員應本公正及公平原則向其所屬保險業之董（理）事會及主管機關提供各項簽證報告；外部複核精算人員應本公正及公平原則向主管機關提供複核報告。簽證報告及複核報告內容不得有虛偽、隱匿、遺漏或錯誤等情事（本法一四四條五項）。

㈢**保險業違反提交營業狀況資金運用報告等規定**　保險業違反第一四八條之一第一項或第二項規定者，處新臺幣六十萬元以上六百萬元以下罰鍰（本法一七一條之一第一項）。按：保險法第一四八條之一第一項規定：保險業每屆營業年度終了，應將其營業狀況連同資金運用情形，作成報告書，併同資產負債表、損益表、股東權益變動表、現金流量表及盈餘分配或虧損撥補之議案及其他經主管機關指定之項目，先經會計師查核簽證，並提經股東會或社員代表大會承認後，十五日內報請主管機關備查。保險法第一四八條之一第二項規定：保險業除依前項規定提報財務業務報告外，主管機關並得視需要，令保險業於規定期限內，依規定之格式及內容，將業務及財務狀況彙報主管機關或其指定之機構，或提出帳簿、表冊、傳票或其他有關財務業務文件。

㈣**保險業違反提供說明文件或文件記載真實義務之規定**　不實保險業違反第一四八條之二第一項規定，未提供說明文件供查閱、或所提供之說明文件未依規定記載，或所提供之說明文件記載不實，處新臺幣六十萬元以上六百萬元以下罰鍰（本法一七一條之一第二項）。保險業應依規定據實編製記載有財務及業務事項之說明文件提供公開查閱（本法一四八條之二第一項）。

㈤**保險業違反重大訊息的報告義務之規定**　保險業違反第一四八條之二第二項規定，未依限向主管機關報告或主動公開說明，或向主管機關報告或公開說明之內容不實，處新臺幣三十萬元以上三百萬元以下罰鍰（本法一七一條之一第三項）。按：保險業於有攸關消費大眾權益之重大訊息發生時，應於二日內以書面向主管機關報告，並主動公開說明。（本法一四八條之二第二項）。

㈥**保險業違反建立內部控制及稽核制度之規定**　保險業違反第一四八條之三第一項規定，未建立或未執行內部控制或稽核制度，處新臺幣六十萬元以上一千二百萬元以下罰鍰（本法一七一條之一第四項）。按：保險業應建立內部控制及稽核制度；其辦法，由主管機關定之（本法一四八條之三第一項）。

㈦**保險業違反建立資產品質評估等內部處理制度及程序之規定**　保險業違反第一四八條之三第二項規定，未建立或未執行內部處理制度或程序，處新臺幣六十萬元以上一千二百萬元以下罰鍰（本法一七一條之一第五項）。

按：保險業對資產品質之評估、各種準備金之提存、逾期放款、催收款之清
理、呆帳之轉銷及保單之招攬核保理賠，應建立內部處理制度及程序；其辦
法，由主管機關定之（本法一四八條之三第二項）。

㈥**股東違反持有股份申報義務之規定**　保險公司股東持股違反第一三九
條之一第一項、第二項或第四項規定，未向主管機關申報或經核准而持有股
份者，處該股東新臺幣四十萬元以上四百萬元以下罰鍰（本法一七一條之二
第一項）。按：同一人或同一關係人單獨、共同或合計持有同一保險公司已發
行有表決權股份總數超過百分之五者，自持有之日起十日內，應向主管機關
申報；持股超過百分之五後累積增減逾一個百分點者，亦同（本法一三九條
之一第一項）。同一人或同一關係人擬單獨、共同或合計持有同一保險公司已
發行有表決權股份總數超過百分之十、百分之二十五或百分之五十者，均應
分別事先向主管機關申請核准（本法一三九條之一第二項）。中華民國九十九
年十一月十二日修正之條文施行前，同一人或同一關係人單獨、共同或合計
持有同一保險公司已發行有表決權股份總數超過百分之五者，應自施行之日
起六個月內向主管機關申報。於申報後第一次擬增減持股比率而增減後持股
比率超過百分之十者，應事先向主管機關申請核准；第二次以後之增減持股
比率，依第一項及第二項規定辦理（本法一三九條之一第四項）。

㈦**股東違反主管機關有關申報、公告持股數等規定**　保險公司股東違反
主管機關依第一三九條之一第五項所定辦法中有關持股數與其他重要事項變
動之申報或公告規定，或未於主管機關依同條第六項所定期限內處分股份者，
處該股東新臺幣四十萬元以上四百萬元以下罰鍰　（本法一七一條之二第二
項）。按：同一人或同一關係人依第二項或前項規定申請核准應具備之適格條
件、應檢附之書件、擬取得股份之股數、目的、資金來源、持有股票之出質
情形、持股數與其他重要事項變動之申報、公告及其他應遵行事項之辦法，
由主管機關定之（本法一三九條之一第五項）。未依第一項、第二項或第四項
規定向主管機關申報或經核准而持有保險公司已發行有表決權之股份者，其
超過部分無表決權，並由主管機關命其於限期內處分（本法一三九條之一第
六項）。

㈧**股東違反對保險公司關於股份總數通知義務之規定**　保險公司股東違

反第一三九條之一第七項規定未為通知者，處該股東新臺幣十萬元以上一百萬元以下罰鍰（本法一七一條之二第三項）。同一人或本人與配偶、未成年子女合計持有同一保險公司已發行有表決權股份總數百分之一以上者，應由本人通知保險公司（本法一三九條之一第七項）。

　　㈢**保險業違反撤銷登記後清算義務之規定**　保險業經撤銷或廢止許可後，遲延不清算者，得處負責人各新臺幣六十萬元以上六百萬元以下罰鍰（本法一七二條）。

◀◀ 第二節　保險公司 ▶▶

第一項　總　說

　　保險公司是保險業的一種，此種保險業的特點，在於其組織係以股份有限公司之方式為之，所以是屬於公司之一種。本法第一五一條明定：「保險公司除本法另有規定外，適用公司法關於股份有限公司之規定。」也就是說關於公司之設立解散清算，內部之組織及股東權之行使，公司會計、股票及公司債之發行等等事項，除本法有特殊規定外，全部依照公司法股份有限公司之規定。本節以下各項乃專就本法對於保險公司所設之特別規定論述之。

第二項　保險公司的股票

　　股份有限公司股票的發行，公司法已有詳細規定。按股票依票面上是否記載有股東姓名為標準，可分為記名式股票與無記名式股票兩種。記名式股票之發行，在公司法無何限制，而無記名式股票因轉讓手續簡單，易於為大股東所吸收，而發生操縱之流弊，因此民國一〇七年八月一日修正公布的公司法，廢除無記名股票制度，並於同年十一月一日施行。保險公司較一般之股份有限公司具有公益性，其興衰關乎大多數人之利益，因此本法第一五二

條規定：「保險公司之股票，不得為無記名式。」根本禁止發行無記名股票。

第三項　保險公司負責人的連帶賠償責任

本法第一五三條第一項規定：「保險公司違反保險法令經營業務，致資產不足清償債務時，其董事長、董事、監察人、總經理及負責決定該項業務之經理，對公司之債權人應負連帶無限清償責任。」是為保險公司負責人的一種特殊責任，其成立要件如下：

㈠**須保險公司違反法令經營業務**　例如人壽保險公司依法本不得經營財產保險業務，而竟違法經營是。若經營業務，並不違反法令，縱有下述要件，亦不適用本條。

㈡**須致資產不足清償債務**　違法經營之結果，須致資產不足清償債務，若其資產仍足償債務，則無適用本條之必要。

㈢**須由負責決定業務之負責人負責**　此項責任，須由董事長、董事、監察人、總經理及負責決定該項業務之經理負之。因而不僅股東無此項責任之可言，即未負責決定此項業務之經理等，亦不負此項責任。

合乎以上之要件，則上述之負責人等應對公司之債權人負連帶無限清償責任。又主管機關對於上揭應負連帶無限清償責任之負責人，得通知有關機關或機構禁止其財產為移轉、交付或設定他項權利，並得函請入出境許可之機關限制其出境　（本法一五三條二項）。同時此項責任依同條第三項規定：「第一項責任，於各該負責人卸職登記之日起滿三年解除。」其責任相當重大，目的在使各該負責人知所警惕，而不敢從事違法之經營，以免貽害社會。

第四項　保險公司的登記

保險公司有本國保險公司與外國保險公司之別。本國保險公司必須先經主管機關許可，再辦理登記；而外國保險公司則須經主管機關認許，再辦理

登記。本法就此設有規定如下：

　　㈠**本國保險公司的登記**　本國保險公司是公司法中公司的一種，應該適用公司關於設立登記、解散登記、增資減資以及分公司設立等登記的規定。

　　㈡**外國保險公司的登記**　外國公司欲在我國境內營業或設立分公司者，非依公司法之規定辦理分公司登記，不得以外國公司名義在中華民國境內經營業務（公司法三七一條一項），外國保險公司白亦當辦理分公司（在經濟部）登記，但外國保險分公司與一般外國分公司不同，保險法對外國保險分公司訂有更嚴格的監管程序，即必須經主管機關（金融監督管理委員會）許可，依法辦理營業登記，繳存保證金，才可以營業，此觀本法第一三七條第三項：「外國保險業非經主管機關許可，並依法為設立登記，繳存保證金，領得營業執照後，不得開始營業。」可知。

◀◀ 第三節　保險合作社 ▶▶

第一項　總　說

　　保險合作社是保險業的一種，同時也是合作社的一種，所以本法第一五六條規定：「保險合作社，除依本法規定外，適用合作社法及其有關法令之規定。」茲將本法對於保險合作社所設之特殊規定，於以下各項列述之。

第二項　保險合作社的基金

　　本法第一五七條第一項規定：「保險合作社除依合作社法籌集股金外，並依本法籌足基金。」按依合作社法之規定，合作社之股金，須由社員認購（合作社法一七條），保險合作社亦當如是。惟保險合作社較一般合作社需要之資金為多，所以除股金外，更應依本法籌足基金。其基金之最低額，由主管機關審酌各地經濟實況及該保險業之需要，呈請行政院核定（本法一三九條）。

保險合作社至少必須籌足行政院核定的最低額度，才可以設立。

其次此項基金屬於舉債之性質，應予償還。惟依本法第一五七條第二項規定：「前項基金非俟公積金積至與基金總額相等時，不得發還。」以示限制，俾維持其資金之擔保力。

第三項　保險合作社的社員

保險合作社以社員為其構成分子，同時只以社員為其保險對象，本法第一三八條第五項「保險合作社不得經營非社員之業務」訂有明文。所以社員對於保險合作社言之，頗關重要。惟社員與保險合作社間之保險關係，乃基於保險契約而成立，並非取得社員身分即當然成立保險關係，同時縱屬保險關係消滅，也不當然喪失社員身分。以下專就保險合作社與其社員基於社員身分所生之問題說明之：

㈠社員的人數　保險合作社為一種社團法人，惟一般之社團法人關於社員人數並無限制。但保險合作社則不然，依本法第一六二條規定：「財產保險合作社之預定社員人數不得少於三百人；人身保險合作社之預定社員人數不得少於五百人。」這是因為保險合作社之目的並不在乎積極營利，而在乎分散危險，而人數愈多，危險才愈能分散，所以法律上才限制其社員人數。

㈡社員的義務　社員對於保險合作社有繳納股金及基金的義務，而此等股金或基金必須現實繳納，保險合作社的資金始能充實。所以本法第一六一條規定：「保險合作社之社員，對於保險合作社應付之股金及基金，不得以其對保險合作社之債權互相抵銷。」使保險合作社對其社員之股金及基金債權，受到特別之保障，藉以充實其資金。

其次保險合作社社員，對於合作社之債務，除有限責任合作社外，應負責任。為防止社員逃避此種責任，本法第一五八條乃規定：「保險合作社於社員出社時，其現存財產不足抵償債務，出社之社員仍負擔出社前應負之責任。」

第四項　保險合作社的理事

保險合作社以理事為負責人，對外代表合作社，對內執行業務，其責任可謂重大，非專心從事，則對於合作社之業務難免有不良之影響。因此本法第一五九條規定：「保險合作社之理事，不得兼任其他合作社之理事、監事或無限責任社員。」保險合作社之理事之所以不得兼任其他合作社之理事、監事或無限責任社員，乃期專注經營，且防止因兼任其他合作社之理事、監事或無限責任社員而直接或間接影響保險合作社之利益。

第五項　保險合作社的登記

保險合作社亦應為各種登記，其程序須先向目的事業主管機關申請許可，此之主管機關是指金融監督管理委員會。登記程序，應於保險業管理辦法中訂明（本法一七六條參照）；然後再辦理設立登記，設立登記程序則適用合作社法之規定，因而其主管機關自應為合作主管機關。

◀◀ 第四節　外國保險業 ▶▶

為有效管理外國保險業在我國境內分支機構業務及財務，確保本國被保險人之權益，並因應未來各種不同組織型態之外國保險業來我國設立分支機構，本法就外國保險業自亦應加以規定。茲就本法有關外國保險業所設特別規定，分述如下：

第一項　外國保險業之意義

何謂外國保險業？依本法第六條第二項規定：「本法所稱外國保險業，指依外國法律組織登記，並經主管機關許可，在中華民國境內經營保險為業之

機構。」此可分四點述之：

　　㈠**外國保險業係一種機構**　外國保險業須為一種機構，也就是一種團體。因而依照本法，個人不得為外國保險業。

　　㈡**外國保險業係依本法以經營保險為業之機構**　外國保險業顧名思義自須實際經營保險業務，也就是對外承保，而自為保險人。至於業務之經營須依本法之規定，在保險契約成立時有保險費請求權，在承保危險事故發生時，依其承保之責任，負擔賠償之義務（本法二條參照）。

　　㈢**外國保險業係依外國法律組織登記之機構**　關於本國保險業與外國保險業之區別標準，本法係採設立準據法說，也就是依照本法組織登記者為本國保險業，依外國法律組織登記者為外國保險業。

　　㈣**外國保險業係經主管機關許可在我國境內營業之機構**　外國保險業須在我國營業，若不在我國境內營業，則非我法律效力之所及，自無承認其保險業資格而加以規範之必要。故本法所稱之外國保險業以經主管機關許可，在我國境內營業者為限。

第二項　外國保險業之許可及管理

　　本法第一三七條第三項規定：「外國保險業非經主管機關許可，並依法為設立登記，繳存保證金，領得營業執照後，不得開始營業。」其次，為免爭議並統一規範本國保險業及外國保險業，乃於本法第一三七條第四項規定：「外國保險業，除本法另有規定外，準用本法有關保險業之規定。」外國保險業申請設立許可應具備之條件、程序、應檢附之文件、廢止許可、營業執照核發、增設分公司之條件、營業項目變更、撤換負責人之情事、資金運用及其他應遵行事項之辦法，由主管機關定之（本法一三七條五項）。

　　此處應予注意者，乃公司組織外國保險業在我國設立分支機構者，除須先依上開規定申請主管機關許可外，尚須依公司法規定向經濟部申請認許；其屬合作社組織者，尚須依合作社法規定向內政部申請許可。至於有關外國保險公司之登記，前已述及，於茲不贅。

◀◀ 第五節　保險業代理人、經紀人、公證人、保險業務員 ▶▶

第一項　保險業代理人、經紀人、公證人

　　保險業的代理人、經紀人及公證人三者，均為保險的輔助人，其意義已均見前述（本書一六頁），於此不贅。茲所應述者，尚有下列之問題：

　　本法第一六三條規定：「保險代理人、經紀人、公證人應經主管機關許可，繳存保證金並投保相關保險，領有執業證照後，始得經營或執行業務。」可見此等人開始執行業務，須具下列三種要件：

　　㈠須向主管機關登記　此之主管機關指金融監督管理委員會而言。保險業之經紀人、代理人、公證人須向金融監督管理委員會登記始可。至其登記程序及與登記有關事項，則應分別依「保險經紀人管理規則」、「保險代理人管理規則」、「保險公證人管理規則」之規定為之。

　　㈡須繳存保證金或投保相關保險　保險代理人、經紀人、公證人應經主管機關許可，繳存保證金並投保相關保險。所謂相關保險，在保險代理人、公證人為責任保險；在保險經紀人為責任保險及保證保險。至於所繳存保證金、投保相關保險之最低金額及實施方式，由主管機關考量保險代理人、經紀人、公證人經營業務與執行業務範圍及規模等因素定之。

　　㈢須領有執業證書　此執業證書應由金融監督管理委員會發給，在現階段應分別依「保險經紀人管理規則」、「保險代理人管理規則」、「保險公證人管理規則」之規定為之。

第二項　保險業務員

　　本法第八條之一規定：「本法所稱保險業務員，指為保險業、保險經紀人公司、保險代理人公司或兼營保險代理人或保險經紀人業務之銀行，從事保險招攬之人。」由於保險商品係由保險業誘致引發顧客需要而出賣之商品，因而其事業經營上需大量之保險招攬人員，惟我國目前保險業之業務人員及其他從事保險居間人員素質良莠不齊，常在為保險居間時損及被保險人權益，致生紛爭，故有將保險業務員納入管理，以提高素質之必要。

附　錄

保險法參考書目（以出版年次為序）

書　名	著　者	出版年度	引用略稱
《社會保險》	林　良　桐	民國三五年	
《商事法要論》	王　孝　通	民國三七年	
《新保險法釋義》	林　振　鏞	民國三七年	
《各國社會安全制度》	張　則　堯	民國四二年	
《商事法要義》（保險編）	王　效　文	民國四三年	
《保險法概論》	陳　顧　遠	民國四四年	陳著
《商事法大綱》（保險章）	曾　如　柏	民國四四年	
《保險法論》	桂　　　裕	民國四八年	桂著
《火險原理與實務》	范　廣　大	民國四九年	
《保險法》	袁　宗　蔚	民國五二年	袁著
《商事法概要》（保險編）	張　國　鍵	民國五三年	
《保險法》	劉　宗　榮	民國一〇五年	
《保險法論》	水口吉藏	大正一〇年	水口
《商行為法及保險法》	岡野敬次郎	昭和三年	
《保險契約法》	青山眾司	昭和四年	青山
《健康保險法》	清　水　玄	昭和四年	
《保險法》	松本烝治	昭和四年	
《保險法講義要領》	田中耕太郎	昭和四年	
《保險法要論》	大濱信泉	昭和九年	

《保險法》	野　津　務	昭和一二年	野津
《保險法講義》	大橋光雄	昭和一二年	
《社會保險》	近藤文二	昭和二三年	
《保險法》	伊澤孝平	昭和三二年	
《保險法》	大森忠夫	昭和三二年	
《社會保障法》	吾妻光俊	昭和三二年	
《社會保障》	坂寄俊雄	昭和三三年	
《新版保險法》	田中誠二	昭和三五年	
《學說判例總覽保險法》	高窪喜八郎 朝川信夫	昭和三七年	朝川
《保險入門》	龜井利明(譯) 安井信夫	昭和三八年	
《例解保險法海商法》	田中誠二 原茂太一	昭和三九年	
《德國保險契約法》	現代外國法 典叢書	昭和三一年	
《法國保險契約法》	現代外國法 典叢書	昭和三二年	
《美國保險法要義》	王學猛(譯)	民國五二年	
《保險辭典》	大林良一 水澤謙三	昭和三七年	
《保險名詞釋義》	保險業託辦 統計研究業 務監理會	民國五二年	
《損害保險實務講座》（共七卷）	有　斐　閣		
《生命保險實務講座》（共七卷）	有　斐　閣		
《票據法》	鄭　玉　波	民國九三年	鄭著
《海商法》	鄭玉波著 林群弼修訂	民國九四年	鄭著

《民法債編總論》	鄭玉波著	民國九五年	鄭著
	陳榮隆修訂		
《民法物權》	鄭玉波著	民國九六年	鄭著
	黃宗樂修訂		

國家圖書館出版品預行編目資料

保險法論／鄭玉波著;劉宗榮修訂.一一修訂十二版一
刷.一一臺北市：三民，2023
　　面；　公分

　　ISBN 978-957-14-7634-6　（平裝）
　　1. 保險法規

587.5　　　　　　　　　　　　　112005754

保險法論

| 作　　　者 | 鄭玉波 |
| 修 訂 者 | 劉宗榮 |

發 行 人	劉振強
出 版 者	三民書局股份有限公司
地　　　址	臺北市復興北路 386 號 (復北門市)
	臺北市重慶南路一段 61 號 (重南門市)
電　　　話	(02)25006600
網　　　址	三民網路書店 https://www.sanmin.com.tw

出版日期	初版一刷 1965 年 4 月
	修訂十一版一刷 2019 年 2 月
	修訂十二版一刷 2023 年 6 月
書籍編號	S582840
I S B N	978-957-14-7634-6

三民書局